Textbook of Special Needs Education

特別支援教育

松浪健四郎　藤田主一　三好仁司

齋藤雅英　宇部弘子　市川優一郎
長沼俊夫　舟橋　厚　村井敬太郎

中山書店

序

　本書は教職課程の「特別支援教育」のテキストとして作られた．約20年ぶりに教育職員免許法が全面的に改正され，2019年度より始まった教職課程に「特別の支援を必要とする幼児，児童及び生徒に対する理解」が新たに加えられることになったためである．その背景のひとつは，通常学級に在籍する特別な教育的ニーズのある児童生徒に対して，よりよい支援ができるようにするためと考えることができる．

　学校教育の現場では，さまざまな課題が山積しており，障害の有無に関係なく配慮や支援を必要とする児童生徒が多数存在している．そのため，教員には新たな知識や支援方法の取得が求められている．免許法の改正では教職課程の質保障の観点から，教職課程の編成に当たり参考とする指針である「教職課程コアカリキュラム」が示された．本科目のコアカリキュラムには，通常の学級に在籍する特別の支援を必要とする児童生徒が，学習活動で達成感をもちながら学び，生きる力を身に付けていくことができるよう，必要な知識や支援方法を理解することが全体目標として掲げられている．つまり，すべての児童生徒を対象に，その困難に気づき，適切な支援を重ねることが求められているのである．

　このテキストは，日本体育大学の教員が中心となって執筆されているが，わが国の特別支援教育を最前線で推進してこられた諸先生にも執筆いただけることとなった．そして，前述のコアカリキュラムに沿って作成されていることから，教職課程のあるどの学校でも使用することができる．

　さらに深い学習を希望する場合には，章末に掲げた参考図書などを活用していただきたい．本書のなかで展開されている一人ひとりの違いを理解し，認め合うこと，そしてそれにともなう課題に対する具体的な指導方法が，現在そして将来にわたって役立つことができれば幸いである．本書が，教員をめざす大学生や，児童生徒にかかわるすべての教職員や教育関連の関係者などに読まれ，講義や研修に活用され，特別支援教育の充実が図られることを期待している．

　最後に，本書の企画から出版まで多大なるご厚意を寄せていただいた中山書店の鈴木幹彦氏に，こころより感謝申し上げる次第である．

2021年3月

日本体育大学スポーツ文化学部准教授
編者を代表して　**齋藤雅英**

目次 Contents

第4部 学校における特別支援教育の実践　155

執筆者一覧

■監修

松浪健四郎　日本体育大学理事長

藤田主一　日本体育大学スポーツ文化学部

三好仁司　日本体育大学体育学部

■編集

齋藤雅英　日本体育大学スポーツ文化学部

宇部弘子　日本体育大学児童スポーツ教育学部

市川優一郎　日本体育大学体育学部

長沼俊夫　日本体育大学体育学部

舟橋　厚　日本体育大学体育学部

村井敬太郎　日本体育大学体育学部

■執筆

尾崎康子　東京経営短期大学こども教育学科

清水直治　星槎大学共生科学部

星野真由美　育英大学教育学部

トート・ガーボル　相模女子大学学芸学部

野口謙二　サザンミシシッピ大学心理学科

岡部康成　帯広畜産大学畜産学部

若尾良徳　日本体育大学児童スポーツ教育学部

亀岡聖朗　桐蔭横浜大学スポーツ健康政策学部

三村　覚　大阪産業大学スポーツ健康学部

鈴木悠介　東京都立高島特別支援学校

竹内麻子　世田谷区子ども家庭課

Topics

横田匡俊　日本体育大学スポーツマネジメント学部

本堂杏実　日本体育大学大学院

田中信行　日本体育大学体育学部

初瀬勇輔　株式会社ユニバーサルスタイル

杉沼春美　日本体育大学／日本知的障害者水泳連盟

森脇愛子　青山学院大学教育人間科学部

荒井弘和　法政大学文学部

監修のことば

これから教育者をめざす君へ

特別支援教育とスポーツ，そして未来へ

　日本体育大学が附属の高等支援学校を北海道の網走市に設置して，はや5年の歳月が経つ．国立や公立の教員養成大学が支援学校を設置するのは，アメリカの旧師範大学の影響であろうが，経営的には税の投入なくしては成り立たない．なのに，日体大は果敢に日本初の試みとして，私立大学でありながら支援学校の設置に踏み出した．冒険である．教育に関わる強い覚悟なくして挑戦できない経営の難しい学校であろう．教員養成大学として永い歴史を誇る日体大は，特別支援学校教諭免許状を出すべく先陣を切った．

　日体大理事会，評議員会，そして教授会や同窓会の皆さんの理解なくしては，支援学校の設立は困難であるが，日体大に関係する多くの皆さんには「人間愛」があった．私立大学でありながら日体大が全国に教員を輩出し，すべての児童・生徒を指導する立場にあるがゆえ，他大学の卒業生に見られない強烈な「人間愛」が，一人ひとりの卒業生に宿っていて賛同してくれたのだ．この『日体魂』こそが，私たちの誇りである．

　1964年の東京オリンピック，レスリング競技で忘れがたい試合があった．トルコ代表のフセイン・アクバシュ選手対日本の上武洋次郎選手の決勝戦．フリースタイル・バンタム級，アクバシュ選手は前年の世界チャンピオンだった．金メダル最有力候補だ．

　試合は上武選手の勝利，アクバシュ選手は銀メダルだったが，顔に笑みをうかべて上武選手を讃えたのが印象的であった．表彰式は，日本人観客が大拍手をこのトルコ代表選手に贈り，彼の敢闘を，勇気を眼に焼きつける．私は大変なショックを受けた記憶を今ももち，いつも困ったときに蘇るほどの強烈さであった．

　アクバシュ選手は，真っすぐ歩けない小児マヒ（ポリオ）のレスラーだったのである．ポリオ・ワクチンのなかった頃，日本でも多くの小児マヒの人たちがいた．大きな肉体のハンディをもちながら，スポーツのなかでも過激かつ過酷であるレスリングに取り組み，立派にオリンピック・メダリストの仲間入りを果たした．私たちに大きな感動を与えてくれたばかりか，人間の強さを説いてくれもした．

　数年後，私は彼にインタビューした．「なぜ，強くなれたのですか」との問いに，「ハンディを逆利用し，独自の技術を創造できたからでしょう」と，はにかみながら語ってくれた．

　私は日体大3年次終了後，アメリカの州立東ミシガン大学教育学部体育学科に編入した．レスリング部の監督宅でホームスティをしたり，学生寮で生活した．1ド

ル 360 円，日本がまだ敗戦国としての形跡をとどめていた時代であった．ゆえに先進国アメリカの印象は強烈で，何もかも刺激的．学ぶべきことが多かったばかりか，留学生の多さに驚きもした．

　旧師範大学の歴史を誇っていた大学だけに，キャンパス内に立派な「ハンディキャップ・スクール」が設置されていた．教育学部生たちには，必修科目として実習をその学校で行うカリキュラム．私は週に 2 回，学校を訪れて体操と水泳を指導した．1 クラス 15 名，全員，サリドマイドによる両手に障害のある児童たちであったが，マット運動を教えると喜ばれた．前転だけでも彼らは興奮した．水泳も同様に喜ばれた．

　私は，すべての子どもたちに体育やスポーツが必要なのだ，と痛感した．また，どんなハンディを肉体的にもとうとも，身体を動かす欲望を強くもっているということも学んだ．逆に健常者の私たちのほうが，「障害児に運動をさせてはいけない」と決め込んでいることを反省した．当時，私には障害児に対する偏見があったことを恥じるばかりである．

　1992 年のオリンピックはスペインのバルセロナで行われた．私は NHK-TV のレスリング解説者として現地入りしていた．日本の報道各社は多数の記者や関係者を送り込み，報道合戦は熱を帯びていた．

　日体大 OB のマラソン代表の谷口浩美選手，有森裕子選手らを沿道で大声あげて応援した．世界的に紛争がなく，文字どおり平和の祭典であった．

　オリンピックが終わった翌日から，車いすの人たちを街で多く見かけた．「パラリンピックが始まる」という．日程を変更して開会式を観た．感動するしかなかった．オリンピックと同様の興奮を感じる．キリスト教国だからパラリンピックに人気があるのだと思っていたが，それは私の誤解であった．

　帰国して新聞を見た．各紙ともベタ記事 10 行，あの開会式を，なぜきちんと伝えないのか．あんなに多数の記者たちがいたのに，いったい，どこへ行ってしまったのか．記者たちには障害者たちの競技会なんて興味を示すイベントではなかったのだ．悲しい現実であった．

　当時，私は朝日新聞に月 1 回，「新聞批評」を連載していた．「記者たちの偏見にショック，障害者たちを応援すべき」という内容の原稿を書いた．以後，朝日新聞の運動面では，障害者スポーツを大きく報じてくれるようになったうえ，NHK も追随してくれるようになる．

　私の代議士時代，「『スポーツ振興法』は古くて現実にマッチしていない．東京に再びオリンピックを招致するためにも新しい法律が必要だ」という声が上がり，自民党の遠藤利明（元五輪相）代議士を中心に私たちは「スポーツ基本法」を立法する議員連盟を作り活動した．

　「スポーツは世界人類共通の文化である」と前文 1 行目にあるが，これは私が書かせたものである．老若男女を問わず，健常者や障害者を問わず，国民すべてがスポ

ーツをする権利を有するという法律，国と自治体はそのために施策を講じなければならない．

　プロとアマの垣根がなくなったこと，高齢者や障害者についても記述されたこと，オリンピック・ムーブメントが内包されていることなど，新しい解釈が法律に盛り込まれた．とりわけ，障害者がスポーツに取り組みやすくしている点は，古い振興法では無視されていた面だ．高齢者にしてもしかり，スポーツは若者だけの文化だと捉えていた反省もあろうか．

　「スポーツ基本法」は，世界中の発展途上国やアジアの国々のモデルになることも視野に入れて作成された．国際化された社会，それは共生社会であることが前提である．すべての人々が相互理解を深め，仲よく暮らすことができる，スポーツを楽しめる社会を創造することが大切である．

　2021 年開催予定の東京オリンピックやパラリンピックは，1964 年時のそれとは異なる．64 年のオリンピックは，日本が敗戦から立ち直り，先進国への仲間入りを謳う大会で，一種の革命であった．ソフト面，ハード面，いずれも敗戦後 18 年で先進国を凌駕する勢いで国を変え，多くのレガシーを残した．

　2021 年の大会は，あらゆる差別をなくし，あらゆる偏見を捨て，すべての人たちが共生する社会を構築することをレガシーとするものだ．一人ひとり国民の心が充実し，文字どおりのバリアフリーの国家建設を世界に披露するものでなければならない．それが近代社会の象徴であろう．

　望んで障害をもった人はいない．この人たちに希望と勇気をいかにすれば与えることができるか．それを私たちが考え，行動すべきだ．

　「労作教育」「スポーツ教育」「情操教育」の 3 本柱を主軸に，日体大附属高等支援学校はスタートした．新しいタイプの人材を輩出し，期待される学校にせねばならないと覚悟する．

日本体育大学理事長

松浪　健四郎

青年は教師をめざす

　毎年，大学入学試験の試験監督を担当しているときに，静寂な教室のなかで受験する高校生の姿を観察することが多い．かなり重々しい雰囲気であるため，その静寂を破ることは許されないが，問題冊子をパラパラとめくる音や鉛筆を縦横に動かすことで，それが何か無言の自己主張であるかのように見えてしまう．高校生は，決してそんなことを考えて受験するわけではないが，一人ひとり顔が違うように，どのような状況でも必ず個性があるものだと実感する．彼らは，見事，大学生になった後に，いつの日か今の自分の行動を思い出すことがあるのだろうかと思いを馳せる．

　そのような高校生と，面接試験で向かい合うことがある．さて，この高校生はどのような考え方をもっているのだろうか．それを知るには，対面して会話するのが最もよい．そこで，まず緊張している高校生に安心感とリラックスした気分を与える意味もあって，「あなたは，なぜこの大学を受験したのですか．志望動機を教えてください」という質問を投げかけてみる．この質問に対しては，おそらく事前に練習してくるはずなので，しっかり答えられると，彼らはここで落ち着きを取り戻すことができる．そこからが個性である．そして，彼らの多くは，必ずと言ってよいほど「私は将来，保健体育の教師になって，子どもたちを指導したい」と答えるのだ．そのように言ったのだから，さらになぜ教師になりたいのかという理由をいろいろ考え出さなければならない．自分が授業のなかで教えを受けたり部活動のフィールドのなかで指導を受けたりした特定の教師やコーチを頭に描き，その人と自分とを同一視して，今度は自分が教師やコーチの立場になって，子どもたちに体育やスポーツの楽しさを教えていきたいという結論に到達する．懸命に話しているプロセスにも個性がある．もちろん，そのことばに偽りはないはずだが，まだまだ教えを受ける側なのに，入試という場面では教える側に立って答えなければいけないようだ．流暢に話せると，「やった，うまく話せた」と思うに違いないが，そこから次の個性が問われてくる．

　学生の皆さんは，「でもしか先生」ということばを聞いたことがあるだろうか．1945（昭和20）年8月に太平洋戦争が終結し，戦後の復興が進むなかで，全国各地の学校では教師の絶対数が不足していた．さらに高度経済成長と並行して教員採用数が増加し，1970年代ごろまで教師を志望する者は比較的容易に就職することができた．しかし，経済成長に関わる華やかな職種に就けない者，とくにやりたい仕事が見つからない者は，仕方がないから「先生でもやろうか」という消極的な動機で教職に就くことが多かった．あるいは自分の能力を振り返り，今の自分にはとくに

優れた技能がないので「先生にしかなれない」という理由で教師を選択する者がいた。「でもしか先生」とは、そのような者を揶揄したことばである。当時、「でもしか先生」がどの程度存在していたのかは不明であるが、そのような安易な姿勢の教師に教育された子どもたちも、今やかなりの高齢者である。現在では、教職課程での履修内容が増え、また教員採用試験が難しくなっていることから、教職への道は当時に比べると狭き門である。そのため、「でもしか先生」ということばは、すでに死語である。むしろ、今は「なるには先生」（教師になるには積極的な活動が必要だという趣旨）を問う時代であるといってよいだろう。

戦前の教員養成は、師範学校や高等師範学校が担っていた。戦後はこの制度が改められ、文部省（現在の文部科学省）から認定された教職課程を有するすべての国公私立大学において、所定の単位を修得すれば教員免許状を授与される。たとえば、文部科学省が発表している学校基本調査を見ると、1960（昭和35）年の大学・短期大学への進学率が10.3％（高等学校への進学率は57.7％）だったのに対し、2019（令和元）年には58.1％（高等学校への進学率は98.8％）になり、進学率そのものは5倍を超える。また、2018（平成30）年度の教員免許状取得者は約21万3千人、同年の公立学校教員採用選考試験の受験者総数が約16万人、採用者総数は約3万3千人、全体で4.9倍という数字が示されている。試験区分別では、小学校3.2倍、中学校6.8倍、高等学校7.7倍、特別支援学校3.5倍、養護教諭6.7倍、栄養教諭7.4倍などであり、この数字から見ても「でもしか先生」の時代では考えられないほど採用の厳しさがうかがえる。

このところ、「教育ルネサンス」ということばに触れることがある。ルネサンスとは「再生、復活、復興」を意味し、本来は文化運動を指すことばであるが、あえて教育に使用する場合、それは現在の学校や教育の世界にさまざまな問題が起こるからであろう。

日本の教師は多忙を極める。2019年に公表されたOECD（経済協力開発機構）による国際教員指導環境調査（TALIS）調査報告（5年毎に実施）によると、中学校教員の1週間の仕事時間は、調査した先進国のなかで最も長いという結果である。一方で授業時間の合計は一番短く、その代わりに部活動などの課外指導、事務業務は参加国で最長だった。小学校教員は、仕事時間、事務業務、授業準備が最長だったのである。

なぜ、このように日本の教師は多忙なのだろうか。教師の本来の仕事は子どもたちへの授業であるはずだが、それは勤務時間の3分の1にすぎない。さまざまな理由が考えられるが、問題視されていることのひとつは、生徒指導に加え、会議への参加や提出書類の作成など学校運営にかかわる仕事の多さである。教師の長時間勤務なしには、学校運営が成り立たないのが現状である。もっと子どもと向き合いたいと思うのは教師の本音であろうが、現実には日常業務の過多のため指導に集中できない教師が多く、個人的な時間を削ってでもやり繰りしようしているのが現状である。自分のキャリア・アップに十分取り組めない、保護者との対応が難しいなど、

責任感と使命感が強い反面，能力にかかわる自己評価が低く，ストレスが溜まってバーンアウトする教師，体罰へエスカレートする教師も目立つ．

　それでも「青年は教師をめざす」のである．こんなエピソードがある．私が，教育心理学関係の学会に参加していたとき，1人の女性がニコニコして私に近づいてきた．そして「先生，こんにちは」と話しかけてきたのである．いろいろ話を聞くと，その女性は中学校の教師で，大学の教職課程で私の授業を履修したという．2年間の長期研修の機会を得たので，現在某国立大学大学院の修士課程で勉強しているのだそうだ．修士論文を提出して，修了後はまた現場で頑張りたいと生き生きと語ってくれたのである．とても嬉しくなって，しばらくの間，大学や大学院，中学校，研究の話などで盛り上がった．

　教師は魅力ある職業のひとつである．憧れだけでは教師になれないのはもちろんだが，その憧れが強い動機づけになって日々の努力へつながっている．戦後から今日まで，壺井栄の小説「二十四の瞳」(1952年)，日本テレビドラマ「熱中時代」(1978年)，TBSテレビドラマ「3年B組金八先生」(1979年)，TBSテレビドラマ「スクール☆ウォーズ」(1984年)，フジテレビドラマ「GTO」(1998年)，日本テレビドラマ「ごくせん」(2002年)，TBSテレビドラマ「ドラゴン桜」(2005年)など，教師や生徒を主人公にした話題作が社会に広がった．これらの作品から教師のイメージが変化し，教師を志す青年の気持ちを動かしていったのであろう．

　現在，日本では小学校，中学校，高等学校，中等教育学校，特別支援学校などに勤務する教師の数は約110万人である．教員免許状の取得をめざして，大学の教職課程を履修する学生は多く，教職課程での学びに力を入れている大学も多い．厳しいながらも教師の道へ門戸が広がっているので，若い教師が増えることによる教師全体の若返りが期待される．介護等体験や教職実践演習，特別支援教育を含むカリキュラムの増加，教員免許状更新講習制度の導入など，教師を取り巻く環境は確実に新たな展開へ進んでいる．苦しいときもあるだろうが，大学生には信頼され愛される教師をめざしてほしいものである．

日本体育大学スポーツ文化学部　教授

藤田 主一

第1部

特別支援教育の
歴史と制度

特別支援教育とは

① 障害の概念

国際生活機能分類

ICF : International Classification of Functioning, Disability and Health

「障害とは何か」と尋ねられて何と答えるだろうか. 広辞苑(第6版)では「身体器官に何らかのさわりがあって機能を果たさないこと」と説明されているが, 生活のなかで「障害」という言葉をそれ以上にあまり深く考えることなく多用しているのではないだろうか. しかし, ひと口に障害といっても, **障害の概念は時代とともに, また社会の考え方によって変遷してきた**ことを知っておこう.

障害の概念は, 世界保健機関(WHO)において示されており, 日本をはじめ国際社会ではその考え方に追随している. WHOでは, 2001年に新しい障害観として国際生活機能分類(ICF)が示された(図1). それまでの障害の考え方は, 生物学的な障害があると能力障害に繋がり, それがひいては社会的不利となるというものであり, 障害をマイナス的な観点として捉えられていた. それに対して, ICFでは, 障害を考えるときに, その人がもっている健常の心身機能・身体構造・参加状況さらにはプラスの環境因子に重点を置いてみなければなら

図1 国際生活機能分類

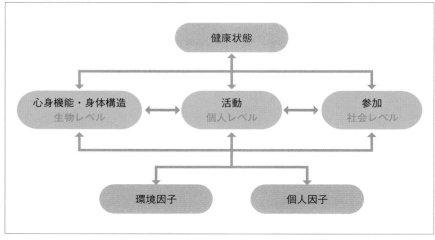

（厚生労働省.『国際生活機能分類—国際障害分類改訂版』2002を参考に筆者作成）

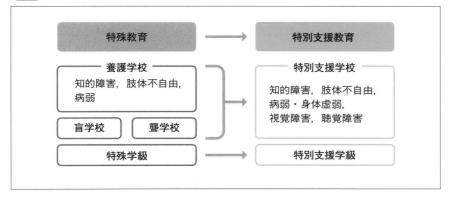

図2 特殊教育から特別支援教育へ

ないことを示しており，障害のマイナス面よりもむしろプラス面を重視するという立場に立っている．

② 特殊教育から特別支援教育へ

日本では2007年に，それまでの特殊教育から特別支援教育へと制度が変更された（図2）．特殊教育では，3つの障害種別（知的障害・肢体不自由・病弱）の養護学校と盲学校，聾学校に分かれていたものが，特別支援教育では，「特別支援学校」という枠組みに統一された．また，特殊学級は特別支援学級へと名称が変更された．そして，特別支援教育への変更において最も重要な点は，従来の特殊教育の対象から外れていた学習障害（LD），注意欠如多動性障害（ADHD），高機能自閉症などの発達障害を特別支援教育の対象として位置づけたことである．これらの発達障害の児童生徒は知的障害を伴わないことが多いため，これまで通常学級に在籍していたが，通常学級では適切な支援が受けられなかった．そこで，特別支援教育では，特別な支援を必要としている児童生徒の一人ひとりの教育的ニーズに応じて支援する教育をめざし，発達障害の児童生徒への支援体制を整えることになった．

特別支援教育の構造

次に，特別支援教育全体の構造をみてみよう（図3）．特別支援教育を行う場として，特別支援学校，そして通常の小・中学校にある特別支援学級と通級による指導がある．

特別支援学校は，障害の程度が比較的重い子どもを対象として教育を行う学校である．公立特別支援学校（小・中学部）の1学級の標準人数は6人であり，対象障害種は，視覚障害，聴覚障害，知的障害，肢体不自由，病弱・身体虚弱である．

LD：learning disabilities

ADHD：attention-deficit hyperactivity disorder

♂特別支援学校

図3 特別支援教育の対象の概念（義務教育段階）

義務教育段階の全児童生徒数 989万人		
		（平成29年5月1日現在）

特別支援学校	小学校・中学校	
視覚障害 知的障害 病弱・身体虚弱 聴覚障害 肢体不自由	**特別支援学級** 視覚障害 肢体不自由 自閉症・情緒障害 聴覚障害 病弱・身体虚弱 知的障害 言語障害 特別支援学級に在籍する 学校教育法施行令第22条の3に 該当する者：約1万8千人	**通常の学級** **通級による指導** 視覚障害 肢体不自由 自閉症 聴覚障害 病弱・身体虚弱 学習障害（LD） 言語障害 情緒障害 注意欠陥多動性障害（ADHD）
0.7(%) （約7万2千人）	**2.4**(%) （約23万6千人）	**1.1**(%) （約10万9千人）

4.2(%) （約41万7千人）

（文部科学省. 日本の特別支援教育の状況について.
新しい時代の特別支援教育の在り方に関する有識者会議. 2019を参考に筆者作成）

特別支援学級

　特別支援学級は，障害のある児童生徒のために小・中学校に障害の種別ごとに置かれる少人数の学級であり，1学級の標準人数は8人である．知的障害，肢体不自由，病弱・身体虚弱，弱視，難聴，言語障害，自閉症・情緒障害の学級がある．

通級による指導

　通級による指導は，小・中学校の通常の学級に在籍する障害のある児童生徒が，ほとんどの授業を通常の学級で受けながら，週に1〜8時限の頻度で通級指導学級などに出向いて，障害に基づく種々の困難の改善・克服に必要な特別の指導を受ける教育形態である．対象とする障害種は言語障害，自閉症，情緒障害，弱視，難聴，LD，ADHD，肢体不自由および病弱・身体虚弱である．

　このように，**特別支援教育は，障害のある児童生徒について，一人ひとりの**

教育的ニーズを把握し，障害に応じた適切な指導や必要な支援を行うことによって，その可能性を最大限に伸ばし，自立と社会参加に必要な力を培うことを目的としている．これを実現するためには，障害の状態などに応じて，特別な配慮に基づく教育課程や教材の作成，専門的な知識や経験をもつ教職員の配置，障害に配慮した施設・設備の整備などが必要である．特殊教育から特別支援教育への変更が，障害のある児童生徒にとってQOLを高めるための大きな一歩となることが期待される．

QOL：Quality of Life

 ## インクルーシブ教育

インクルーシブ教育とは

インクルーシブ（inclusive）は「包括的な」という意味であり，インクルーシブ教育とは，障害のある者とない者を包括して共に学ぶことを表している．以前からインクルーシブの考え方は唱えられていたが，1994年のサラマンカ声明において教育理念としてのインクルーシブ教育を提起したことにより，一躍，国際的に注目されることになった．さらに，2006年に「障害者の権利に関する条約（以下，障害者権利条約）」が国連総会で採択されたが，この障害者権利条約の第24条の1にインクルーシブ教育システムと明記されている（表1）．それによりインクルーシブ教育は，国際的な教育の枠組みとなった．

インクルーシブ教育システムについて文部科学省は「人間の多様性の尊重等を強化し，障害者が精神的及び身体的な能力等を可能な最大限度まで発達させ，自由な社会に効果的に参加することを可能にするという目的の下，障害のある者と障害のない者が共に学ぶインクルーシブ教育の仕組み」と説明している．障害者権利条約は，日本だけでなく世界各国の政府の合意を得たものであり，この条約のもとに提唱されているインクルーシブ教育は国際的な潮流としてさまざまな国で実践されている．この国際的な時代にあって，日本でもインクルーシブ教育が行政の主導のもとに進められている．

> **サラマンカ声明**
>
> 1994年にスペインのサラマンカで，ユネスコとスペイン政府によって開催された世界会議において採択された，特別なニーズ教育に関する声明．

🔖 障害者権利条約

文部科学省「特別支援教育の在り方に関する特別委員会報告1」，2012

> **❷ 調べてみよう**
>
> 障害者権利条約が2006年に国連で採択されてから，2014年に日本で批准されるまで，どんな歴史があったか調べてみよう．
> 2011年　障害者基本法改正
> 2012年　障害者総合支援法
> 2013年　障害者差別解消法
> 2013年　障害者雇用促進法改正

表1 障害者権利条約におけるインクルーシブ教育システムに関する条文

第24条

1　締約国は，教育についての障害者の権利を認める．締約国は，この権利を差別なしに，かつ，機会の均等を基礎として実現するため，次のことを目的とするあらゆる段階における障害者を包容する教育制度（an inclusive education system）及び生涯学習を確保する．（後略）

2　締約国は，1の権利の実現に当たり，次のことを確保する．
   a. 障害者が障害を理由として教育制度一般から排除されないこと（not excluded from the general education system）及び障害のある児童が障害を理由として無償のかつ義務的な初等教育から又は中等教育から排除されないこと．
   b. 障害者が，他の者と平等に，自己の生活する地域社会において，包容され，質が高く，かつ，無償の初等教育の機会及び中等教育の機会を与えられること．
   c. 個人に必要とされる合理的配慮が提供されること．
   d. 障害者が，その効果的な教育を容易にするために必要な支援を教育制度一般の下で受けること．
   e. 学問的及び社会的な発達を最大にする環境において，完全な包容という目標に合致する効果的で個別化された支援措置がとられることを確保すること．

※第24条の1に書かれている「あらゆる段階における障害者を包容する教育制度（an inclusive education system）」をインクルーシブ教育システムと呼んでいる．

合理的配慮とは

合理的配慮

「障害のある子どもが，他の子どもと平等に『教育を受ける権利』を享有・行使することを確保するために，学校の設置者及び学校が必要かつ適当な変更・調整を行うことであり，障害のある子どもに対し，その状況に応じて，学校教育を受ける場合に個別に必要とされるもの」であり，「学校の設置者及び学校に対して，体制面，財政面において，均衡を失した又は過度の負担を課さないもの」（特別支援教育の在り方に関する特別委員会, 2012）.

　インクルーシブ教育システムにおいて重要な概念に「合理的配慮」がある．障害者権利条約の24条の2にも「障害のある者が一般的な教育制度から排除されないこと，自己の生活する地域において初等中等教育の機会が与えられること，個人に必要な『合理的配慮』が提供される等が必要とされている」と書かれている（表1）．

　インクルーシブ教育において，障害のある子とない子が共に学ぶということは，両方の子どもに客観的に同じ質や量の教育を与えることではない．障害のある子どもの特性や障害由来のデメリットに対する合理的配慮を行うことによって，どの子どもも自分の教育的ニーズに的確に応えてもらうことこそが，共に学ぶインクルーシブ教育にとって重要な点である．

　ところで，インクルーシブ教育が障害のある者とない者が共に学ぶことであるなら，障害のある子どもだけを対象にした特別支援教育はインクルーシブな対応ではないという意見がある．この問題に対して，文部科学省（特別支援教育の在り方に関する特別委員会報告1, 2012）は，「インクルーシブ教育システムにおいては，同じ場で共に学ぶことを追求するとともに，個別の教育的ニーズのある幼児児童生徒に対して，自立と社会参加を見据えて，その時点で教育的ニーズに最も的確に応える指導を提供できる，多様で柔軟な仕組みを整備す

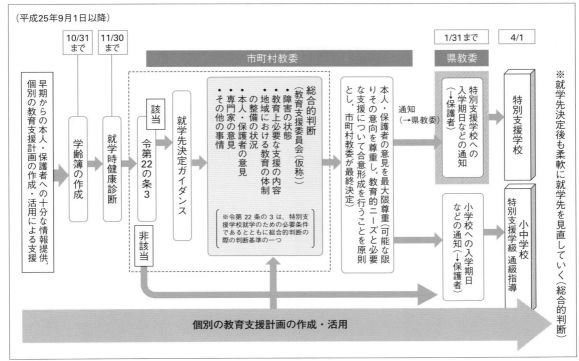

図5 障害のある児童生徒の就学先決定について

（文部科学省，小中学校等への就学について 2019.）

ることが重要である．小中学校における通常の学級，通級による指導，特別支援学級，特別支援学校といった，連続性のある『多様な学びの場』を用意しておくことが必要である」と説明している．

④ 就学のプロセス

　幼児期の障害のある子どもの多くは，保育所，幼稚園，認定こども園などの保育機関に入園するが，どの機関が適しているかを判断する公的に統一した基準があるわけではなく，保護者が希望した保育機関が受け入れを認めたときに入園が決定される．それに対して，小学校に就学するときには，市町村の教育委員会によって一定の基準のもとに就学先に対する総合的判断が行われる．

就学先決定までの流れ

　就学先決定までの具体的な流れを図5に示す．まず小学校に就学が予定されている子どもは，全員が学齢簿に登録され，**就学時健康診断**（以下，就学時健診）を受診する．この就学時健診は，市町村の教育委員会によって，就学の前

就学時健康診断

表2 就学基準

区分	障害の特徴
視覚障害者	両眼の視力が概ね0.3未満のもの又は視力以外の視機能障害が高度のもののうち，拡大鏡等の使用によっても通常の文字，図形等の視覚による認識が不可能又は著しく困難な程度のもの
聴覚障害者	両耳の聴力レベルが概ね60デシベル以上のもののうち，補聴器等の使用によっても通常の話声を解することが不可能又は著しく困難な程度のもの
知的障害者	一 知的発達の遅滞があり，他人との意思疎通が困難で日常生活を営むのに頻繁に援助を必要とする程度のもの 二 知的発達の遅滞の程度が前号に掲げる程度に達しないもののうち，社会生活への適応が著しく困難なもの
肢体不自由者	一 肢体不自由の状態が補装具によっても歩行，筆記等日常生活における基本的な動作が不可能又は困難な程度のもの 二 肢体不自由の状態が前号に掲げる程度に達しないもののうち，常時の医学的観察指導を必要とする程度のもの
病弱者（身体虚弱を含む）	一 慢性の呼吸器疾患，腎臓疾患及び神経疾患，悪性新生物その他の一疾患の状態が継続して医療又は生活規制を必要とする程度のもの 二 身体虚弱の状態が継続して生活規制を必要とする程度のもの

（学校教育法施行令第22条の3）

年の10月から11月にかけて行われる．就学時健診の目的は，一般には，子どもの健康状態を把握し入学後の健康の保持と増進を図ることであるが，それ以外の目的として，視覚障害者，聴覚障害者，知的障害者，肢体不自由者，病弱者およびその疑いのあるものをスクリーニングし，就学支援や教育的支援などに結び付けることがある．

　就学時健診において心身の障害あるいはその疑いがあることがスクリーニングされた子どもに対して，さらに学校教育法施行令第22条の3に書かれている特別支援学校の就学基準（表2）に該当するかどうかを判断する．そして，それに該当する子どもの保護者は「就学先決定ガイダンス」を受けることになる．そして，市町村教育委員会で設置された教育支援委員会（従来の就学指導委員会）において，障害の状態や専門家の意見を踏まえ，子どもの就学先の学校種につ

いて検討される．ただし，ここからが重要であるが，就学先を決める際には，市町村教育委員会が本人・保護者から意見を聞くことが義務づけられている．本人・保護者の意見を最大限尊重し，本人・保護者と市町村教育委員会，学校等が教育的ニーズと必要な支援について合意形成を行ったうえで，市町村教育委員会が最終決定することになっている．以前は，本人・保護者の意見を聞かずに就学先を決定した時代もあったが，この反省を踏まえて，現在では，市町村教育委員会が本人・保護者の意見を十分に聴取して合意に努めることが求められている．

障害の程度が軽い子どもの選択肢

学校教育法施行令第22条の3の就学基準（表2）に該当する障害の重い子どもは，基本的に特別支援学校に行くことが多いが，就学基準に該当しない障害の程度が比較的軽い子どもは居住地域の小学校に通うことになる．これらの子どもには，①地域の小学校にある特別支援学級に在籍する，②通常学級に在籍するが通級による指導を受ける，③通常学級に在籍したまま担任などによる援助を受けるという3つの就学方法の選択肢がある．それらを選ぶ際の判断基準を表3に示す．ただし，この判断基準で便宜的に決めるのではなく，一人ひとりの子どもの特性と教育ニーズを把握し，その子どもがどのような教育の場でどのような教育内容を受けることが最も適切であるかを判断することが重要である．

なお，LDとADHDの子どもは，通級による指導を受けることが基本である．それに対して，知的障害の子どもは，通級による指導の対象ではない．知的障害の子どもへの指導は，日常の学校生活で継続的に行う必要があるため，週数時間だけの通級による指導には適さないと考えられている．

⑤ 就学奨励

前項の就学プロセスでみてきたように，障害のある子どもは，特別支援学校や特別支援学級に就学することがある．これらの特別支援学校や特別支援学級が子どもの居住地域にない場合には，家から離れた学校に通わなければならないので交通費がかかる．また，特別支援学校や特別支援学級では，通常の学校や学級とは異なる経費がかかることがある．そこで，2013年より特別支援教育就学奨励費の制度ができた．これは，障害のある子どもが特別支援学校や特別支援学級などで学ぶ際に必要となる，保護者が負担する教育関係経費を国や地方公共団体が補助する仕組みである．対象の経費は，通学費，給食費，教科書費，学用品費，修学旅行費，寄宿舎日用品費，寝具費，寄宿舎からの帰省費などである．

表3 特別支援学級と通級による指導の対象となる障害の種類および程度

	特別支援学級	通級による指導
弱視者	拡大鏡等の使用によっても通常の文字，図形等の視覚による認識が困難な程度のもの	拡大鏡等の使用によっても通常の文字，図形等の視覚による認識が困難な程度の者で，通常の学級での学習に概ね参加でき，一部特別な指導を必要とするもの
難聴者	補聴器等の使用によっても通常の話声を解することが困難な程度のもの	補聴器等の使用によっても通常の話声を解することが困難な程度の者で，通常の学級での学習に概ね参加でき，一部特別な指導を必要とするもの
肢体不自由者	補装具によっても歩行や筆記等日常生活における基本的な動作に軽度の困難がある程度のもの	肢体不自由の程度が，通常の学級での学習に概ね参加でき，一部特別な指導を必要とする程度のもの
病弱者・身体虚弱者	一 慢性の呼吸器疾患その他疾患の状態が持続的又は間欠的に医療又は生活の管理を必要とする程度のもの 二 身体虚弱の状態が持続的に生活の管理を必要とする程度のもの	病弱又は身体虚弱の程度が，通常の学級での学習に概ね参加でき，一部特別な指導を必要とする程度のもの
言語障害者	口蓋裂，構音器官のまひ等器質的又は機能的な構音障害のある者，吃音等話し言葉におけるリズムの障害のある者，話す，聞く等言語機能の基礎的事項に発達の遅れがある者，その他これに準じる者で，その程度が著しいもの	口蓋裂，構音器官のまひ等器質的又は機能的な構音障害のある者，吃音等話し言葉におけるリズムの障害のある者，話す，聞く等言語機能の基礎的事項に発達の遅れがある者，その他これに準じる者で，通常の学級での学習に概ね参加でき，一部特別な指導を必要とする程度のもの
自閉症者・情緒障害者	一 自閉症又はそれに類するもので，他人との意思疎通及び対人関係の形成が困難である程度のもの， 二 主として心理的な要因による選択性かん黙等があるもので，社会生活への適応が困難である程度のもの	自閉症者 自閉症又はそれに類するもので，通常の学級での学習に概ね参加でき，一部特別な指導を必要とする程度のもの 情緒障害者 主として心理的な要因による選択性かん黙等があるもので，通常の学級で学習に概ね参加でき，一部特別な指導を必要とする程度のもの
知的障害者	知的発達の遅滞があり，他人との意思疎通に軽度の困難があり日常生活を営むのに一部援助が必要で，社会生活への適応が困難である程度のもの	
学習障害者（LD）		全般的な知的発達に遅れはないが，聞く，話す，読む，書く，計算する又は推論する能力のうち特定のものの習得と使用に著しい困難を示すもので，一部特別な指導を必要とする程度のもの
注意欠陥多動性障害者（ADHD）		年齢又は発達に不釣合いな注意力，又は衝動性・多動性が認められ，社会的な活動や学業の機能に支障をきたすもので，一部特別な指導を必要とする程度のもの

（文部科学省．平成25年初等中等教育局長通知）

大日方さんの隣を歩いて見えてきたこと

横田 匡俊（日本体育大学）

　ある会議で大日方（おびなた）邦子さんと一緒になった．大日方さんはチェアスキーの元選手．1994年リレハンメルから5大会連続で出場し，2つの金メダルを含む10個のメダルを獲得したパラリンピック界のレジェンドだ．3歳のときに交通事故で右足を切断，左足にも障害が残った大日方さん．移動には，車，車いす，義足，杖を使う．はたから見ると移動に不自由を感じさせない，実にアクティブな女性である．

　帰路，地下鉄の駅まで一緒に歩いた．駅に降りるエレベーターは交差点の対角側にしかなく，乗換え時のホームのエレベーターも遠かった．それでも大日方さんは，エスカレーターの乗降をよどみなくこなし，私と変わらないスピードで進んでいく．そんな大日方さんを見ながら「さすがパラリンピアン，エレベーターがなくても大丈夫なのか」と呑気に思った矢先，大日方さんの歩みが止まった．

　原因は，エスカレーターの手前にあったわずかな段差だ．結局，私の少しのサポートでその段差もクリアし，無事に地下鉄を乗り換えたのだが，そこまで困った様子を見せず，私の想像を大きく超えるスムーズさで移動してきた大日方さんが，私が気にも留めなかったわずかな段差で止まってしまったことは，大きな驚きだった．

　大日方さんの隣を歩いた30分ほどの時間，本当にいろいろなことに気づかされた．エレベーターを1基設置しただけでは，バリアフリーとは言えないこと．ハード整備は，当事者の目線に立ったちょっとした配置の工夫が重要なこと．そして，「ソフト」＝「人」の意識とサポートがやはり大切だということ．まさに目から鱗，見える世界が変わったすばらしい体験だった．

　その日から，私が街を見る目は確かに変わった．障害のある方だけではない．少し足を引きずって歩くお年寄り，ギプスをして松葉づえで通勤する会社員，抱っこひもで乳幼児を抱え，スーパーの袋をいくつもぶら下げたベビーカーを押して必死に歩くお母さん．街のなかには，移動に苦労している人は多い．私自身，当時は子どもが小さく，ベビーカーを押しての移動が多かったことも手伝い，本当に皆が住みやすい街とはどんな街だろう，と，そんな視点で周りを眺めるようになった．そして，自分自身も住みやすい街を実現するための「ソフト」の一部なんだ，という自覚も芽生えた．

　大日方さんと一緒に街を歩く機会を得た私は幸運だった．しかし，私に限らず，多くの人がこのような体験をすれば，きっと街は変わるだろう．東京パラリンピックは，誰もがそれを擬似的に体験できるチャンスだ．パラリンピアンを身近に感じることで見える世界を広げ，住みやすい街とはどんな街なのか，考えるきっかけを多くの人が得てほしい．そう強く願っている．

2 特別支援教育の制度

 学習のポイント

1. 「特殊教育」から「特別支援教育」と変わっていく歴史的経緯と意味を学ぼう.
2. インクルーシブ教育とはなにか？ 特別支援教育における役割を知ろう.

① 障害のある児童生徒の特別支援教育

特別支援教育の歴史

日本における障害のある児童生徒を対象とする学校教育の制度は，障害の状態によって就学を猶予または免除されている児童生徒に対する教育の機会を確保するために，重篤な障害や重複する障害のある児童生徒の教育に焦点を当てた条件整備および教育の場を確保する「特殊教育」から，幼児児童生徒一人ひとりの教育的ニーズを把握し，その持てる力を高め，生活や学習上の困難を改善または克服するため，適切な指導および必要な支援を行う「特別支援教育」へと，変遷の歴史を経過してきた．**障害に特化した特別な教育から，障害がもたらす教育的ニーズに応える教育への変化である**．

こうしたなかで，盲・聾・養護学校で行われてきた障害の種別に基づいた教育を，複数の障害種を教育の対象とする「特別支援学校」に転換し，それに対応して，特別支援教育に係る教育職員免許状を「特別支援学校教諭免許状」に一本化するとともに，特別支援学校に地域の特別支援教育のセンター的機能を位置づけた．

特別支援学校における特別支援教育

障害のある児童生徒の特別支援教育は，障害の状態などに応じて，特別支援学校，小・中学校の特別支援学級，通級による指導などにおいて，少人数の学

表1 障害のある児童生徒の特別支援教育の制度

2001(平成13)年1月	21世紀の特殊教育の在り方について(最終報告)	・一人ひとりのニーズを把握し,必要な支援を行うという考えに基づく対応,障害の程度に関する基準および就学手続きの見直し,が必要
2003(平成15)年3月	今後の特別支援教育の在り方について(最終報告)	・「特殊教育」から「特別支援教育」への転換 ・一人ひとりの教育的ニーズに応える指導・支援
2005(平成17)年12月	特別支援教育を推進するための制度の在り方について(答申)	・小・中学校における特別支援教育の制度的見直し ・通常の学級に在籍する発達障害の可能性のある児童生徒も対象に含む
2006(平成18)年12月	改正教育基本法	・第4条第2項「国及び地方公共団体は,障害のある者が,その障害の状態に応じ,十分な教育を受けられるよう,教育上必要な支援を講じなければならない」を新設
2007(平成19)年4月	改正学校教育法	・第8章 特別支援教育　第72条 特別支援学校,第81条小・中学校に特別支援学級の設置
2007(平成19)年4月 2012(平成24)年7月	特別支援教育の推進について(通知) 共生社会の形成に向けたインクルーシブ教育システム構築のための特別支援教育の推進(報告)	・特別な支援を必要とする幼児児童生徒が在籍するすべての学校において,特別支援教育を実施 ・インクルーシブ教育システム ・「基礎的環境整備」と「合理的配慮」 ・連続性のある「多様な学びの場」

級編制や特別の教育課程のもとに,障害に配慮した施設・設備などを活用して,専門的な知識・経験のある教職員による指導や支援が行われている.

　特別支援学校は,学校教育法施行令第22条の3の就学基準に該当する,障害の程度が比較的重い児童生徒を対象に教育を行う学校であり,公立の特別支援学校(小・中学部)の1学級の標準人数は6人(重複障害の場合は3人)である.幼稚部を含む場合や高等部だけの特別支援学校もある.対象の障害種は,視覚障害,聴覚障害,知的障害,肢体不自由,病弱(身体虚弱を含む)に分かれる.

小・中学校の特別支援教育の推進

　2001(平成13)年1月の「21世紀の特殊教育の在り方について(最終報告)」において,今後は障害のある幼児児童生徒の視点に立って一人ひとりのニーズを把握し,必要な支援を行うという考えに基づく対応が必要であること,障害の程度に関する基準および就学手続きの見直しについて指摘された(表1).

　そして,2003(平成15)年「今後の特別支援教育の在り方について(最終報告)」で,これまでの障害の程度などに応じて特別な場で指導を行う「特殊教育」から,障害のある児童生徒一人ひとりの教育的ニーズに応じて適切な教育的支援を行う「特別支援教育」への転換を図ることが明記された.特別支援教育は,「これまでの特殊教育の対象の障害だけでなく,その対象でなかったLD(学習障

害），ADHD（注意欠陥・多動性障害），高機能自閉症も含めて障害のある児童生徒に対して，その一人一人の教育的ニーズを把握し，当該児童生徒の持てる力を高め，生活や学習上の困難を改善又は克服するために，適切な教育を通じて必要な支援を行うものである」とされた．そして小・中学校における特殊学級は，学習活動の全部を在籍する学級で指導を行う固定制指導から，特別支援学級と名称を変え，学校としての全体的・総合的な対応を行うことになった．

　2005（平成17）年には「特別支援教育を推進するための制度の在り方について（答申）」が発出され，小・中学校における特別支援教育の制度的見直しに言及し，小・中学校における特別支援教育の推進に当たって，通常の学級に在籍する発達障害の可能性のある児童生徒に対する適切な指導および必要な支援，障害のある児童生徒と障害のない児童生徒との交流および共同学習などを含めた学校全体での取り組み，特別支援学校のセンター的機能の発揮と小・中学校との連携協力，通常の学級の担任教師や障害のある児童生徒および障害のない児童生徒の保護者の理解と協力が不可欠である，ことが示された．

　このような提言を受けて法律改正が行われ，2006（平成18）年12月には，「改正教育基本法」第4条第2項「国及び地方公共団体は，障害のある者が，その障害の状態に応じ，十分な教育を受けられるよう，教育上必要な支援を講じなければならない」という条文が新設され，翌2007（平成19）年4月1日に施行された「改正学校教育法」では，第8章特別支援教育のもとに，特別支援学校（第72条）および，教育上特別の支援を必要とする児童生徒に対して教育を行うために，小・中学校に特別支援学級（第81条）を置くことができると規定した．

　こうした一連の法的整備のもとで，2007（平成19）年から小・中学校で学ぶ障害のある児童生徒に対して，特別支援教育が本格的に実施されることになった．そして2007（平成19）年4月1日付「特別支援教育の推進について（通知）」では，特別支援教育を，「障害のある幼児児童生徒の自立や社会参加に向けた主体的な取組を支援するという視点に立ち，幼児児童生徒一人一人の教育的ニーズを把握し，その持てる力を高め，生活や学習上の困難を改善又は克服するため，適切な指導及び必要な支援を行うもの」と捉え，小・中学校の通常の学級に在籍する知的な遅れのない発達障害も含めて，特別な支援を必要とする幼児児童生徒が在籍するすべての学校において実施されるものであり，「**障害の有無やその他の個々の違いを認識しつつ様々な人々が生き生きと活躍できる共生社会の形成の基礎**」となり，日本における現在および将来の社会にとって重要な意味をもっている，と指摘した．

　日本では長い間，障害の種別や程度によって教育の場を細かく分けて手厚く教育を行う仕組みである「特殊教育」が行われてきたが，このように2007年4月からは，特別な支援が必要な幼児児童生徒が在籍するすべての学校において，特別支援教育が推進されている．

教科書に関しては，2018（平成30）年6月に学校教育法第34条の一部が改正され，「特別な配慮を必要とする児童生徒等」の学習上の困難の程度を低減させるために，紙の教科書に代えて学習者用デジタル教科書を使用することができるようになった．

障害のある児童生徒の学びの場

特別支援学校

2017（平成29）年5月1日時点で，特別支援教育の対象の概念（義務教育段階）をみると，特別支援学校に在籍する児童生徒の割合は，義務教育段階の全児童生徒数（989万人）の0.7%（約7万2千人）であり，義務教育段階の全児童生徒数が減少傾向にあるのに対して，2007（平成19）年比で1.7倍と増加傾向にある．また，特別支援教育の対象の児童生徒数は全児童生徒数の4.2%（約41万7千人）に当たり，全体としても増加傾向が示されている．

特別支援学級

2007（平成19）年4月に改正学校教育法が施行され，第81条において特別支援学級を置くことができるとされた．障害のある児童生徒のために小・中学校に障害の種別ごとに置かれる少人数の学級（公立学校では1学級8人が標準）で，知的障害，肢体不自由，病弱・身体虚弱，弱視，難聴，言語障害，自閉症・情緒障害の学級がある．

在籍する児童生徒の障害の種別によって学級を設置できることや，異学年の児童生徒から成る学級を編制できるなど，制度上は通常の学級と異なっているが，**特別支援学級は小・中学校の学級のひとつであり，通常の学級と同様に，小学校学習指導要領および中学校学習指導要領に基づく教育が実践される**．

通級による指導

通級による指導は，学校教育法施行規則第140条および第141条に基づき，1993（平成5）年度に制度として開始された．小・中学校の通常の学級に在籍する障害のある児童生徒に対して，通常の学級で行う通常の教育で概ね学習ができるものの，それだけでは十分ではないために，各教科などの大部分の授業を通常の学級で行いながら，一部の授業について，週のうち何時間かを児童生徒の障害に応じた種々の困難の改善・克服に必要な特別の指導を，特別の指導の場（「通級指導教室」）で行う教育形態である．対象とする障害種は言語障害，自閉症，情緒障害，弱視，難聴，LD，ADHD，肢体不自由および病弱・身体虚弱である．

2016（平成28）年には，高等学校における通級による指導が制度化された．

通常の学級に在籍する支援が必要な児童生徒

文部科学省初等中等教育局が2012（平成24）年に実施した「公立小・中学校の通常の学級に在籍する発達障害の可能性のある特別な教育的支援を必要とする児童生徒に関する調査」の結果によると，知的発達に遅れはないものの学習面または行動面で著しい困難を示すとされた児童生徒の割合は，**表2**のとおりである．

調査の結果を受けて，各学校として校内委員会を効果的に機能させるなど，

表2 「公立小・中学校の通常の学級に在籍する発達障害の可能性のある特別な教育的支援を必要とする児童生徒に関する調査」の結果

項目内容	回答
学習面または行動面で著しい困難を示す	6.5%
学習面（「聞く」「話す」「読む」「書く」「計算する」「推論する」の1つあるいは複数）で著しい困難を示す	4.5%
行動面（「不注意」，「多動性－衝動性」，あるいは「対人関係やこだわりなど」について1つか複数）で著しい困難を示す	3.6%
学習面と行動面ともに著しい困難を示す	1.6%

※調査対象：全国（岩手，宮城，福島の3県を除く）の公立小・中学校の通常の学級に在籍する児童生徒を母集団とする抽出調査（標本児童生徒数：53,882人（小学校：35,892人，中学校：17,990人），回収率は97％，ただし，学級担任を含む複数の教員によって判断された回答に基づくものであり，医師の診断によるものでない）

　特別支援教育に関する校内体制を一層工夫し改善する必要があること，発達障害の可能性のある児童生徒を取り出して支援するだけでなく，それらの児童生徒も含めた学級全体に対する指導をどのように行うかを考えていく必要があること，などが指摘された．こうした現状を踏まえて，**小・中学校の通常の学級に在籍する発達障害の可能性のある児童生徒も，新たに特別支援教育の対象となり，通常の学級における特別支援教育は，すべての学校で取り組むべき特別支援教育となった**．

 特別な支援が必要な児童生徒の学習指導要領

特別支援学校の学習指導要領

　幼稚園，小学校，中学校，高等学校および特別支援学校の教育課程は，教育課程の基準として学習指導要領に基づくとされている．2017（平成29）年4月に特別支援学校幼稚部・小学部・中学部学習指導要領が告示され〔高等部学習指導要領は，2019（平成31）年告示〕，障害種ごとに教育課程の編成，各教科の目標および内容などが示された．

　特別支援学校学習指導要領の主な特徴は，障害の種別にかかわらず，障害のある幼児児童生徒が「自立や社会参加を目指し，障害による学習上又は生活上の困難を主体的に改善・克服する」ために，特別な指導領域として自立活動が設けられていることである．

小学校および中学校学習指導要領における特別支援教育

小・中学校における特別な支援が必要な児童生徒の指導について，2017（平成29）年に告示された小学校および中学校学習指導要領では，特別支援学校に在籍する児童生徒を除く障害のある児童生徒について，「特別な配慮を必要とする児童（生徒）への指導」において，障害のある児童（生徒）への指導について，特別支援教育に関する記述を充実させた．それらは，

①特別支援学校のセンター的機能である助言や援助を受けながら，個々の児童（生徒）の障害の状態などに応じた指導内容や指導方法の工夫を，組織的かつ計画的に行う，

②特別支援学級及び通級による指導における特別の教育課程を編成する際の基本的な考え方を提示する，

③特別支援学級に在籍する児童（生徒）及び通級による指導を受ける児童（生徒）に対しては，個別の教育支援計画および個別の指導計画を全員に作成する，などである．

4 障害のある児童生徒の教育課程

特別支援学校の教育課程

障害の種別にかかわらず，特別支援学校では自立活動の指導が行われるが，特別支援学校の教育課程は，障害の状態などに応じて弾力的に編成できるという特徴がある．特に，知的障害がある児童生徒を教育する特別支援学校では，ほかの障害種と異なり，児童生徒の学習上の特徴から，各教科などを合わせた指導の形態で指導を行うことが，学校教育法施行規則第130条第2項で規定されるとともに，特別支援学校小学部および中学部学習指導要領の第1章総則で示されている．

各教科などを合わせた指導（領域・教科を合わせた指導）は，これまで「日常生活の指導」「遊びの指導」「生活単元学習」「作業学習」などとして実践され，知的障害のある児童生徒の意欲的・主体的な学校生活を実現するために，教育課程の編成上重要な位置づけにある．

自立活動を取り入れた特別の教育課程

特別支援学級における指導および通級による指導の教育課程は，基本的には，小学校および中学校学習指導要領に沿って編成を行うが，児童生徒の実態に応じて，特別支援学校学習指導要領を参考とした特別の教育課程を編成することができる（学校教育法施行規則第138条）．

小学校および中学校学習指導要領では，特別支援学級において実施する「特別の教育課程」については，「障害による学習上又は生活上の困難を克服し自立を図るため，（ア）特別支援学校小学部（中学部）学習指導要領第7章に示す自立

小・中学校の特別支援学級で使用する教科用図書については，特別な教育課程の編成により当該学年の教科書を使用することが適切でない場合は，特別支援学級を置く学校の設置者の定めるところにより，ほかの適切な教科用図書を使用することができる（学校教育法施行規則第139条）とされた．

活動を取り入れること．（イ）児童（生徒）の障害の程度や学級の実態等を考慮の上，各教科の目標や内容を下学年の教科の目標や内容に替えたり，各教科を，知的障害者である児童（生徒）に対する教育を行う特別支援学校の各教科に替えたりするなどして，実態に応じた教育課程を編成すること」とされている．

　通級による指導においても，「（ウ）障害のある児童（生徒）に対して，通級による指導を行い，特別の教育課程を編成する場合には，特別支援学校小学部（中学部）学習指導要領第7章に示す自立活動の内容を参考とし，具体的な目標や内容を定め，指導を行うものとする．その際，効果的な指導が行われるよう，各教科等と通級による指導との関連を図るなど，教師間の連携に努めるものとする」となっている．また，高等学校においても，通級による指導を通常の教育課程に「加え，又はその一部に替える」ことができる，とされている．

　さらに指導計画の作成に当たって，各教科などの指導と密接な関連を保つようにし，計画的・組織的に指導が行われるようにするものとされているが，各教科の内容を取り扱う場合でも，通級による指導の内容については，「障害による学習上又は生活上の困難の改善又は克服」を目的とする指導であるとの位置づけが明確に示された．

　その際に，児童生徒の実態を的確に把握し，自立活動の指導の効果が最も上がるように，児童生徒の個別の指導計画を作成し，児童生徒が在籍する通常の学級の担任教師と通級による指導の担当教員が連携に努め，児童生徒の学習の進捗状況などについて随時に情報交換を行うとともに，通級による指導の効果が通常の学級においても波及することをめざしていくことが重要である．

全員に作成する個別の教育支援計画と個別の指導計画

　小学校および中学校学習指導要領では，特別支援学級に在籍する児童生徒および通級による指導を受けている児童生徒については，個別の教育支援計画と個別の指導計画を全員に作成することが示された．

　そして小学校および中学校学習指導要領解説総則編では，特別支援学校や医療・福祉などの関係機関と連携を図り，障害のある児童（生徒）の教育についての専門的な助言や援助を活用しながら，適切な指導を行うことが大切であり，障害のある児童（生徒）一人ひとりについて，指導の目標や内容，配慮事項などを示した計画（個別の指導計画）を作成し，教職員の共通理解のもとにきめ細かな指導を行うこと，また学校生活だけでなく家庭生活や地域での生活も含め，長期的な視点に立って幼児期から学校卒業後までの一貫した支援を行うことが重要であるために，家庭や医療機関，福祉施設などの関係機関と連携し，さまざまな側面からの取り組みを示した計画（個別の教育支援計画）を作成する，としている．

個別の指導計画

個別の教育支援計画

図1 合理的配慮と基礎的環境整備の関係

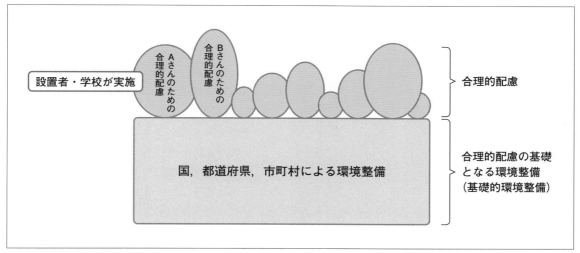

〔文部科学省：中央教育審議会初等中等教育分科会.
共生社会の形成に向けたインクルーシブ教育システム構築のための特別支援教育の推進（報告）. 2012.〕

⑤ インクルーシブ教育システム構築のために

共生社会の形成に向けて

　2012（平成24）年7月に，「共生社会の形成に向けたインクルーシブ教育システム構築のための特別支援教育の推進（報告）」が公示され，可能な限り障害のある児童生徒が障害のない児童生徒と同じ場で共に学ぶことを追求する，インクルーシブ教育システム構築の方向性を明示した．この報告において，特別支援教育は，共生社会の基礎づくりとして，インクルーシブ教育システム構築のために必要不可欠であるとされた．

「基礎的環境整備」と「合理的配慮」

　学校における合理的配慮は，一人ひとりの幼児児童生徒の障害の状態や教育的ニーズに応じて，発達の段階を考慮しながら，設置者・学校と本人・保護者により可能な限り合意形成を図ったうえで決定することが望ましく，また，個々の障害のある幼児児童生徒が十分な教育が受けられるように提供できているかという観点からの評価が重要である．その合理的配慮を提供する基礎となっている学校の教育環境の整備を，「基礎的環境整備」と呼んだ．インクルーシブ教育システム構築に向けた取り組みとして，基礎的環境整備の充実を図っていく必要がある．合理的配慮と基礎的環境整備の関係を図1に示す．

交流および共同学習

　小学校学習指導要領および中学校学習指導要領では，「障害のある幼児児童

共生社会とは，この報告によれば，「これまで必ずしも十分に社会参加できるような環境になかった障害者等が，積極的に参加・貢献していくことができる社会」であり，誰もが相互に人格と個性を尊重し支え合い，人々の多様な在り方を相互に認め合える全員参加のインクルーシブ社会をめざすことは，最も積極的に取り組むべき重要な課題とした．こうした背景には，日本においても2014年1月20日に批准した「障害者の権利条約」がある．

27

生徒との交流及び共同学習の機会を設け，共に尊重し合いながら協働して生活していく態度を育むようにする」とされ，交流および共同学習を行う目的を明確にするなかで，共生社会の実現をめざそうとしている．

　特別支援学校と小・中学校の間，または特別支援学級と通常の学級との間でそれぞれ行われる交流および共同学習は，特別支援学校や特別支援学級，あるいは通常の学級に在籍する障害のある児童生徒にとっても，障害のない児童生徒にとっても，共生社会の形成に向けて経験を広め，社会性を養い，豊かな人間性を育てるうえで，大きな意義を有するとともに，多様性を尊重する心を育むことが期待されている．

連続性のある「多様な学びの場」

　インクルーシブ教育システムでは，障害のある児童生徒と障害のない児童生徒が同じ場で共に学ぶことを追求するなかで，個別の教育的ニーズのある児童生徒に対して，自立と社会参加を見据えて，その時点で教育的ニーズに最も的確に応える指導が提供できるような，多様で柔軟な仕組みを整備することが重要である．小・中学校における通常の学級，通級による指導，特別支援学級，そして特別支援学校といった，連続性のある「多様な学びの場」を用意しておくことが必要であるとされた（図 2）．

　このような多様な学びの場で，障害のある児童生徒が障害のない児童生徒と平等に学ぶためには，必要かつ適当な変更・調整を行う「合理的配慮」が不可欠であり，インクルーシブ教育システムを構築する過程のなかに，特別支援教育の推進が位置づけられている．

　さらに，障害のある幼児児童生徒の学びの場の柔軟な選択を踏まえ，幼稚園から，小・中学校，そして高等学校の教育課程の連続性を重視して，卒業後の自立と社会参加に向けて，小・中学校における特別支援教育の充実が図られている．

校内支援体制の整備

　小・中学校の通常の学級で，障害のある児童生徒や発達障害の可能性のある児童生徒に対して，詳細に個々の実態を把握し，障害の状態に応じた指導内容や指導方法の工夫を計画的，組織的に行うには，担任教師や教科担任の教員が担うだけでなく，必要に応じて校内の支援体制を活用した授業展開が求められる．

　校長のリーダーシップのもとで校内支援体制を確立し，地域の関係機関との連携を深め，学校全体で対応していくことが重要である．そのうえで，特別支援教育支援員の充実やさまざまな専門職を活用することで，多様な教育的ニー

図2 日本の義務教育段階の多様な学びの場の連続性

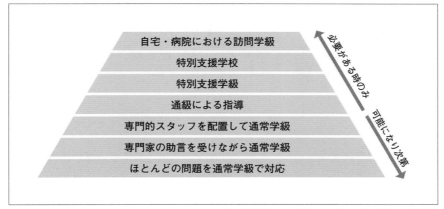

〔文部科学省：中央教育審議会初等中等教育分科会.
共生社会の形成に向けたインクルーシブ教育システム構築のための特別支援教育の推進（報告）. 2012.〕

ズに的確に応えて，障害のある児童生徒への指導や支援を充実させることができる.

教員の専門性の向上

　特別支援教育はすべての学校において行われることから，特別支援学校の教員はもとより，小・中学校の通常の学級のすべての教員は，特別支援教育に関する一定の知識・技能を有していることが求められる. 特に発達障害に関する一定の知識・技能は，発達障害の可能性のある児童生徒の多くが通常の学級に在籍していることから必須である.

　また，特別支援学級の担任教師や通級による指導を担当する教員は，小・中・高校における特別支援教育の重要な担い手であり，小・中・高校における特別支援教育を充実させるためには，校内研修や校外研修なども活用しながら，特別支援教育に関する専門的な知識・技能の向上を図る必要がある.

近年では，高等学校でも，入学前に中学校や保護者から発達障害やその可能性があると告げられる生徒の数が増えており，高等学校の教員においても同様である.

● 文献
- 改正障害者基本法〔2011（平成23）年8月5日公布・施行〕.
- 改正教育基本法〔2006（平成18）年12月22日公布・施行〕.
- 改正学校教育法〔2007（平成19）年4月1日公布・施行〕.
- 学校教育法施行規則〔1947（昭和22）年文部省令第11号〕.
- 障害者の権利条約（2014年1月20日批准，2月19日発効）.
- 文部科学省：小学校学習指導要領〔2017（平成29）年告示〕（平成29年3月）.
- 文部科学省：中学校学習指導要領〔2017（平成29）年告示〕（平成29年3月）.
- 文部科学省：特別支援学校教育要領・学習指導要領解説自立活動編（幼稚部・小学部・中学部）〔2018（平成30）年3月〕.
- 文部科学省：特別支援学校教育要領・学習指導要領解説総則編（幼稚部・小学部・中学部）〔2018（平成30）年3月〕.

手がなくても "五体満足"

本堂 杏実（日本体育大学）

　皆さんは"障害者"と聞いて何を考えますか？　私は，左全手指欠損としてこの世に誕生しました．簡単に言うと，私には左手がありません！　これを聞いて，皆さんは可哀想だと思いますか？　大変そうだと思いますか？　素直に言うと，物を掴めないし持てないし本当に辛くて大変です！　……って笑いながら冗談を言えるくらい私は自分の障害について深く考えていません．皆さん一人ひとり個性があるように，私も自分の左手を個性として考えているだけです．

　ここで私が伝えたいのは，本人達は周りが思う以上に自分自身の障害について深く考えていないということです．それは，この身体が当たり前だから．普通だから．考えても何も変わらないから．

　私は，幼稚園年長からラグビーを始め，障害の有無も性別も関係なく楽しく練習をして試合にも出場をしていました．私も両親も障害があるからできないなどの言い訳を考えたことはなく，手がないなら人一倍練習をすればよい．それは，苦手な分野をできるように努力するのと同じで当たり前のことをしているのだと考えていました．

　中学生，高校生，大学生になると女子の大会では大会最優秀選手にも選ばれ，関東選抜や日本選抜として海外の選手達との試合を経験したこともありました．

　そんな矢先，パラリンピック競技への声が掛かりました．私は女子ラグビー日本代表になるのが夢であったため，悩みに悩んでさまざまな葛藤がありましたが，周りからの後押しもありパラリンピックの世界へ飛び込むという選択をしました．

　私が選択した人生は，私を大きく変えることとなりました．障害が当たり前の世界，自身の障害について自虐をして周りを笑わせる世界，みんな何でも自分でできる，できないことなどほぼありません．できないことがあれば「手伝って」と言うだけ．

　もちろん，私も皆さんもたくさんの工夫やたくさんの助言があるなかで競技生活を行うことができています．「結局，誰かの助けがないと無理じゃん」と思った方もいるかもしれませんが，誰かが目の前で努力をして，苦戦をしていたら手を差し伸べたり，差し伸べてくれたりしますよね．それと同じことです．障害者だから優しくしなきゃいけないとか，どう接していいかわからないとかそんなことを考える必要はありません．それらを考える前に行動してみてください．案外，何とかなるものです．もし，嫌なら声を掛けなければいい．それだけのことです．

　私は，この手で生まれてきて後悔は一度もありません，だからこそ一人ひとりが自分の個性を恥じることなく生きて行くことが当たり前の世の中になるのを願っています．

第2部

障害特性の理解と支援
および指導の方法

3 視覚障害と聴覚障害の理解と支援

学習のポイント

1. 視覚障害と聴覚障害の特性を理解しよう.
2. 特別支援教育における視覚障害と聴覚障害の支援を学ぼう.

≫ 視覚障害

視覚の仕組みと視覚障害

視覚の仕組み

人間が環境から得る情報の大半は視覚情報であり, 視覚に障害があることで, 日常の生活に困難が生じる. 外界からの光として人間の眼球に入った視覚情報は, 角膜, 水晶体, 硝子体を通り, 網膜上に存在する視細胞で電気信号に変換される. その電気信号は視神経を通り, 後頭葉の一次視覚野に到達し, 視覚が生じる(図1). この経路のどこかに障害があることが, 視覚障害の原因となる.

視覚障害とは

人間の視覚の機能(視機能)には, 視力, 視野, 色覚, 光覚, 調節, 屈折, 眼

図1 眼球の水平断面図

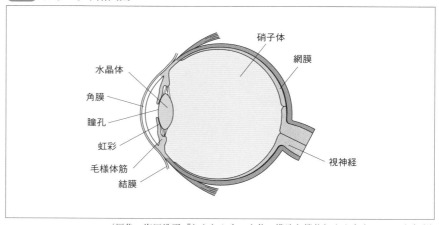

(編集:塩田浩平『わかりやすい人体の構造と機能』中山書店. p.333を参考)

図2 ランドルト環

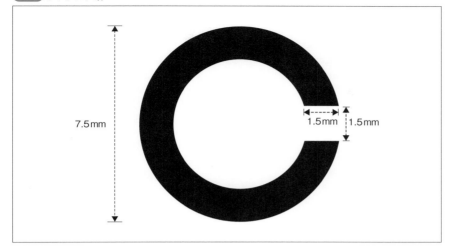

ランドルト環

ランドルトはフランスの眼科医の名前（19〜20世紀）. 発案者の名前をとってこのように呼ばれる.

球運動，両眼視などがあり，視覚障害とは，このような視機能が十分に働かないことにより，見えないあるいは見えにくくなっている状態をいう．通常の視力検査では，**ランドルト環**が用いられ，小数視力が測定される．**図2**の大きさの場合，検査距離5.0mにおいて視力1.0となる．

また，学校教育法施行令においては，特別支援学校の対象となる視覚障害の程度は以下のとおりに定められている．

「両眼の視力がおおむね0.3未満のもの又は視力以外の視機能障害が高度のもののうち，拡大鏡等の使用によっても通常の文字，図形等の視覚による認識が不可能又は著しく困難な程度のもの」（学校教育法施行令第22条の3）

② 分類

盲

主に点字を使用し，視覚以外の聴覚や触覚を活用した学習を行う必要がある状態を「盲」としている．

弱視（ロービジョン）

視力が0.3未満であり，拡大文字などを使用して通常の活字による学習が可能な状態を「弱視（ロービジョン）」という．視力0.1未満を「強度弱視」，0.1以上0.3未満を「軽度弱視」とする場合もある．

障害には，遺伝などで生まれつき障害がある場合と，事故や疾患などで後天的に障害が生じる場合がある．先天的なものと後天的なものでは，本人の受け止め方や，配慮・指導などが変わってくることがある．

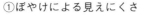 弱視の見え方の種類

①ぼやけによる見えにくさ　　②コントラストが低い見えにくさ

③視野が狭い見えにくさ　　④視野の中心が見えない見えにくさ

（編集：岐阜大学教育学部特別支援教育研究会．『特別支援教育を学ぶ』
ナカニシヤ出版．2016．p.113を参考）

③ 原因

柿澤敏文（研究代表）．全国
視覚特別支援学校及び小・
中学校弱視学級児童生徒の
視覚障害原因等に関する調
査研究─ 2015 年度調査─
報告書．2016.

　視覚障害の原因と眼疾患の部位や症状は，多岐にわたっている．「全国視覚
特別支援学校及び小・中学校弱視学級児童生徒の視覚障害原因等に関する調査
研究─ 2015 年度調査─」において，視覚特別支援学校在籍者が回答した視覚障
害の原因は，頻度の多さの順で先天素因（54.73％），未熟児網膜症（18.40％），
原因不明（11.25％），全身病（6.24％），腫瘍（6.13％），外傷（2.03％），感染症
（1.15％），中毒（0.07％）であった（柿澤，2016）．

　また，同調査にて，特別支援学校在籍者が回答した眼疾患の部位と症状は，
網脈絡膜疾患（47.99％），眼球全体（24.23％），視神経視路疾患（15.52％），角膜
疾患（3.59％），水晶体疾患（3.32％），硝子体疾患（3.05％），ぶどう膜疾患（0.85
％），その他（1.46％）となった．

特徴

図3に示すように，弱視の見え方はさまざまなタイプがあり，代表的な特徴としては，①ぼやけ，②コントラストの低さ，③視野狭窄，④中心暗点などがあげられる（川嶋，2016）．実際の見え方は個人差が多く，これらが複合的に生じることもある．

川嶋英嗣．弱視児・者の見え方．編集：岐阜大学教育学部特別支援教育研究会『特別支援教育を学ぶ 第3版』ナカニシヤ出版．2016．pp.112–3

⑤ 教育課程

視覚障害のある児童生徒の教育課程は，視覚障害の状態や特性に応じて，以下のように編成されている．

特別支援学校（視覚障害）

2015（平成27）年時点で，視覚障害を対象とする特別支援学校（複数の障害種を対象とする学校も含む）は全国に83校あり，幼稚部，小学部，中学部，高等部によって編成されている（文部科学省，2015）．高等部では普通科の教育に加えて，あん摩マッサージ指圧師，はり師，きゅう師，理学療法などの国家資格を取得する職業課程もある．

文部科学省．特別支援教育の現状．2015．

弱視特別支援学級

小学校や中学校において編成される特別支援学級であり，対象となる視覚障害の程度が「拡大鏡の使用によっても通常の文字，図形等の視覚による認識が困難な程度のもの」とされている．弱視特別支援学級は，各児童生徒の視覚障害の状態に対応した指導計画が立てられ，少人数の学級編制で行われる．

通常の学級

通常の学級において大半の教科指導を受けるため，個々のニーズに応じた配慮や環境整備がなされたうえで，基本的には小学校や中学校の学習指導要領に則った教育が行われる．障害の程度が「拡大鏡等の使用によっても通常の文字，図形等の視覚による認識が困難な程度の者で，通常の学級での学習におおむね参加でき，一部特別な指導を必要とするもの」については，「通級による指導」を行うこともできる．

⑥ 指導方法

特別支援学校における配慮事項

視覚障害のある児童生徒に対する指導は，個々人の見え方に十分配慮する必

表1 視覚障害のある児童生徒に対して求められる配慮

1	児童が聴覚，触覚及び保有する視覚などを十分に活用して，具体的な事物・事象や動作と言葉とを結び付けて，的確な概念の形成を図り，言葉を正しく理解し活用できるようにすること．
2	児童の視覚障害の状態等に応じて，点字又は普通の文字の読み書きを系統的に指導し，習熟させること．なお，点字を常用して学習する児童に対しても，漢字・漢語の理解を促すため，児童の発達の段階等に応じて適切な指導が行われるようにすること．
3	児童の視覚障害の状態等に応じて，指導内容を適切に精選し，基礎的・基本的な事項に重点を置くなどして指導すること．
4	触覚教材，拡大教材，音声教材等の活用を図るとともに，児童が視覚補助具やコンピュータ等の情報機器などの活用を通して，容易に情報の収集や処理ができるようにするなど，児童の視覚障害の状態等を考慮した指導方法を工夫すること．
5	児童が空間や時間の概念を活用して場の状況や活動の過程等を的確に把握できるよう配慮し，見通しをもって意欲的な学習活動を展開できるようにすること．

（文部科学省，『特別支援学校小学部・中学部学習指導要領』2017．）

要がある．文部科学省(2017)による特別支援学校の学習指導要領では，各教科の指導において，表1のような配慮が記載されている．

自立活動

　視覚障害の特別支援教育では，「個々の児童又は生徒が自立を目指し，障害による学習上又は生活上の困難を主体的に改善・克服するために必要な知識，技能，態度及び習慣を養い，もって心身の調和的発達の基盤を培う」ことを目標に，自立活動の授業が行われる．

　内容は，健康の保持，心理的な安定，人間関係の形成，環境の把握，身体の動き，コミュニケーションという項目が設定されており，個々の教育的ニーズに対応し，歩行指導や点字の初期指導，日常生活動作の指導などの系統的な指導が行われる．

点字

　盲児童生徒の特別支援教育では，自立活動において点字指導が行われる．点字は直径1mmの6つの点から50音を表現することができ，それに触れることによって，触覚で文字を読むことができる．近年では点字の出力が可能なプリンターやディスプレイや，点字キーボードなどの機器も開発され，広く活用されている(図4)．

経験・触察

　視覚障害の児童生徒のなかには，視覚的経験が制限されるため，バーバリズ

私たちの周りには多くの点字が存在している．切符の券売機，エレベーターのボタン，アルコール飲料の缶など，一度，目をつぶってさわってみよう(本当に必要としている人のじゃまにならないよう注意して)

バーバリズム

ムとよばれる実体験に基づかない言語使用をすることがある．そのため，現状の視機能に加え，聴覚や触覚を十分に活用することで，的確な概念やイメージを形成していく指導が必要となる．

　たとえば，盲児童生徒の指導には，実際の物体に能動的に触れる経験により，全体の形を理解し，イメージを形成していく触察の能力を育んでいく．運動指導の場では，手足の動きを補助すると同時に，指導者の身体に触ることで，フォームなどのイメージを掴むことを学習していく．触察が難しい対象の場合は，模型や標本を用いることもできる．

　また弱視児童生徒の場合は，一人ひとりの見え方に応じて，視覚による学習と触察を使い分けることが求められる．

▶ 探してみよう

点字以外にも，視覚障害者のための配慮は町中のいたるところにある．どんなものがあるか探してみよう．
→道路の点字ブロック，牛乳などの紙パック，紙幣など

図 4　点字五十音表

一般的な日本語の点字は，6 つの点の凹凸のあるなしで 50 音を示す．あいうえおの母音が基本となり，それに凹凸を加えてそれぞれの文字を示している．

学習環境

　弱視児童生徒の学習指導では，レンズを用いて文字を拡大する弱視レンズや，カメラで撮影した文字や図をモニタ上に拡大表示する拡大読書器などの補助具が使用される．また，教室内の照明の明るさも児童生徒の特徴に合わせて，座席位置や配慮，遮光眼鏡や書見台の使用などの工夫がなされる．児童生徒の目の疲労にも十分に注意し，配慮する必要がある．運動指導においては，特に眼疾患と安全面に配慮した指導のための環境を整えることが重要である．

聴覚障害

聴覚の仕組みと聴覚障害

聴覚の仕組み

　空気の波動（音波）により伝えられる音は，耳介から外耳道を通り，鼓膜に到達する．鼓膜の内外には圧力差があるため，音波は鼓膜を振動させる．その振動が耳小骨とよばれる 3 つの骨（ツチ骨，キヌタ骨，アブミ骨）により増幅され，蝸牛へ伝わる．リンパ液で満たされている蝸牛内部には有毛細胞があり，振動を電気信号に変換する．電気信号は聴神経を通り，大脳皮質の聴覚野に到達することで聴覚が生じる．図 5 に聴覚器官の構造を示した．

聴覚障害とは

言語障害については第 6 章を参照

　聴覚障害とは，上記の経路のどこかで障害が生じ，まったく聞こえない，あるいは聞こえにくいことである．聴覚障害は言語の発達にも大きな影響を及ぼし，先天性も含めて言語の取得前の時期に発症した場合，言葉の理解や発声に困難を示すことが多くなる．そのため，早期発見，早期支援が重要となる．近

図 5　聴覚器官の構造

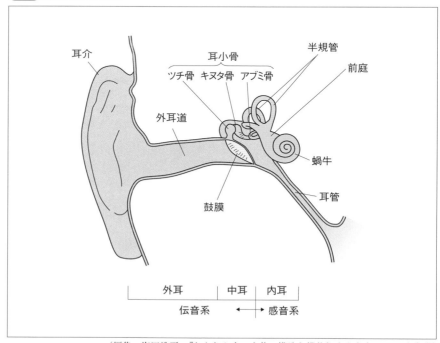

（編集：塩田浩平．『わかりやすい人体の構造と機能』中山書店．p.345を参考）

表2 難聴の程度

難聴の程度	平均聴力レベル	状態
軽度	25dB 以上 40dB 未満	小さな声や騒音下での会話の聞き間違いや聞き取り困難を自覚する. 会議などでの聞き取り改善目的では, 補聴器の適応となることもある.
中等度	40dB 以上 70dB 未満	普通の大きさの声の会話の聞き間違いや聞き取り困難を自覚する. 補聴器の良い適応となる.
高度	70dB 以上 90dB 未満	非常に大きい声か補聴器を用いないと会話が聞こえない. しかし, 聞こえても聞き取りには限界がある.
重度	90dB 以上	補聴器でも, 聞き取れないことが多い. 人工内耳の装用が考慮される.

(日本聴覚医学会. 難聴対策委員会報告―難聴(聴覚障害)の程度分類について―. 2014を参考に筆者作成)

年では, 新生児聴覚スクリーニング検査(耳音響放射および聴性脳幹反応)により, 早期に発見されることも多い.

学校教育法施行令においては, 特別支援学校の対象となる聴覚障害の程度は以下のとおりに定められている.

「両耳の聴力レベルがおおむね 60 デシベル以上のもののうち, 補聴器や人工内耳等の使用によっても通常の話声を解することが不可能又は著しく困難な程度のもの」(学校教育法施行令第 22 条の 3)

② 分類

障害の発症時期による分類では, 先天性と後天性に分けることもあるが, 言語発達の観点から言語習得の時期を境にする「言語習得期前／後難聴」として分類される.

平均聴力レベルによる分類を**表2** に示した. 日本聴覚医学会(2014)によると, 難聴(聴覚障害)の程度により, 軽度(25 ～ 40dB), 中等度(40 ～ 70dB), 高度(70 ～ 90dB), 重度(90dB ～)に分類される. 平均聴力レベルは, オージオメーターにより 500(a), 1000(b), 2000Hz(c)の純音に対する聴力閾値が測定され, (a+2b+c)/4 ＝平均聴力の式で算出される.

また, 障害部位による分類もある(図5 参照). 耳介から耳小骨までの外耳と中耳の障害による難聴は「伝音(性)難聴」とよばれる. 軽度から中等度の難聴を示し, 原因の治療や補聴器等により, 聞こえが改善されることが多いとされている.

一方, 内耳以降の経路における障害は, 「感音(性)難聴」とされる. 中等度から重度の難聴になることが多く, 医学的な処置で回復が難しい傾向にある. そ

日本聴覚医学会. 難聴対策委員会報告―難聴(聴覚障害)の程度分類について―. 2014.

🔉 伝音(性)難聴

🔉 感音(性)難聴

して，感音(性)難聴に中耳炎が加わるなどにより，伝音性と感音性の難聴が合併する「混合(性)難聴」もみられる．

③ 原因

障害部位別の難聴には，以下の原因が考えられる．

▶**伝音(性)難聴**：中耳炎や外耳炎，耳小骨の先天性奇形，耳硬化症，外傷性損傷などがあげられる．

▶**感音(性)難聴**：母体のウイルス感染や薬物，あるいは遺伝などの先天的な原因があげられる．後天的な原因には，加齢やメニエール病発症のほか，原因不明の突発性難聴も含まれる．また，近年ではヘッドホン難聴といわれる急性音響性難聴の数も増加している．

メニエール病

内耳になんらかの異常が発生して，突然の回転性めまいを繰り返す疾患．難聴や耳鳴り，耳閉感を伴う．原因はよくわかっていない．

④ 特徴

伝音(性)難聴では，あらゆる周波数帯において聴力が低下し，音が小さく聞こえる．一方で感音(性)難聴では，主観的な音量は問題ではなく，音が歪んで聞こえる(周波数選択性の低下)．たとえば高い音など，特定の周波数帯の音が聞こえなくなることがあるため，大きな音量で言葉を聞いても，その内容の理解が困難になる．また，早口が聞きとりにくい(時間分解能の低下)という特徴もある．

内耳に起因する感音(性)難聴では，ある一定の大きさの音量を超えると，障害のない者に比べてより過敏になり，騒がしさに苦痛を感じる「聴覚補充現象(リクルートメント現象)」が現れることもある．

⑤ 教育課程

視覚障害と同様，聴覚障害においてもその状態や特性に応じて，以下の教育課程が編成されている．

特別支援学校(聴覚障害)

文部科学省．特別支援教育の現状．2015．

文部科学省(2015)によると，聴覚障害の特別支援学校は，2015(平成27)年時点で全国に118校ある．視覚障害と同様に，幼稚部，小学部，中学部，高等部によって編制されている．幼稚部では早期の教育的対応を重視し，聴覚に関する教育相談も行われる．小中学部では，小中学校に準じた教育課程に加えて，障害の程度や種類に応じた指導が行われる．高等部では，普通科に加え

て，将来の職業自立をめざした職業学科で職業教育を受けることができる．

難聴特別支援学級

　難聴特別支援学級の対象となる聴覚障害の程度は，「補聴器等の使用によっても通常の話声を解することが困難な程度のもの」とされている．音声や言葉に関する特別な配慮や指導を行ったうえで，基本的には小中学校の通常の教育課程や指導方法によって学習する．通常の学級との交流や共同学習も行われ，障害に応じた個別指導も可能である．オージオメーターや集団補聴器のような機器が導入されていることも多い．

通常の学級

　聴覚障害の程度が軽度である場合，通常の学級に在籍し指導を受ける．その際には，学習上，生活上の困難を最小に抑えるための十分な配慮のもとで教育が行われる．障害の程度が「補聴器等の使用によっても通常の話声を解することが困難な程度の者で，通常の学級での学習におおむね参加でき，一部特別な指導を必要とするもの」は，「通級による指導」も可能であり，特別指導として

事例　　聞き取りにくさに対する授業の工夫

- -

　中学校2年生のKさんは，感音性難聴のため補聴器を装用しながら通常学級に通っている．普段は，教師がFM補聴器用マイクを使用し，授業を行っている．

　ある日の社会科の授業において，グループディスカッションが行われた．Kさんのグループでは活発に意見が飛び交っていたが，Kさん自身は全く発言することができず，内容もあまり理解できていないようであった．授業の後に教師がKさんに話しかけると，「いろんな場所でいろんな人が話していると，聞き取りにくくなったから，討論するのをあきらめてしまった」とのことであった．

　そこで，次回の授業のグループディスカッションでは，各グループに1名ずつ司会役の生徒を決め，司会役の進行にしたがって挙手をしてから順番に発言をするようにした．また他のグループとの間の距離をとるなど，周囲の雑音を可能な限り少なくするよう工夫をした．その授業後のKさんは，「前回よりも討論に参加することができた」と笑顔で答えていた．

　障害のある児童とそれ以外の児童が一緒に授業を受ける際，どんな配慮が必要になるか，話し合ってみよう．

聴覚活用，言語指導，音読指導などを受ける.

⑥ 指導方法

特別支援学校における配慮事項

　文部科学省(2017)による特別支援学校の学習指導要領では，各教科の指導における配慮として，表 3 の点をあげている.

自立活動

　聴覚障害の特別支援教育では，視覚障害と同様の目的・項目において自立活動が行われる. 個々の教育的ニーズに応じて行われる指導としては，聴覚活用，発声・言語指導，コミュニケーション指導，障害認識の指導などがあげられる.

聴覚活用

　聴覚障害のある児童生徒は，補聴器を装用していることが多い. 近年補聴器の性能はめざましく向上しているが，補聴器の効果が認められない場合，人工内耳の装用が検討される. 聴覚障害の教育課程では，このような補聴器や人工内耳を適切に活用するための指導が行われる. そして，保有する聴覚を最大限活用し，音や音楽や言葉の聞き取りについて，体験を通した指導が行われる. このような指導は，聴覚活用に対する関心や意欲を育てることにもつながる.

発声・言語指導

　保有している聴力を活かしながら，息の使い方，声の出し方，舌・あご・唇の使い方などを指導していく. また自らの経験と言語を結びつけることで言葉の概念を形成し，言葉の的確な理解と表出をめざした体系的な言語指導が行われる.

コミュニケーション指導

　聴覚障害に起因して，他者と適切にコミュニケーションをとることが困難になることがある. そのため，手話，読話，指文字，キュードスピーチ，聴覚口話等の効果的なコミュニケーション手段の指導が必要になる. そこでは，コミュニケーション自体の意欲を育てることも重要である.

　運動指導の際には，児童生徒の視線を確認しながら，聞こえる距離で指示を出したり，視覚的な手がかりとなるサインなどを多用したりすることで，指導者や他の児童生徒とのコミュニケーションを促進させるような配慮が求められる.

運動指導を行う場合には，振動で補聴器や人工内耳の体外装置や送信コイルなどが外れてしまうことがあるので，帽子の着用などで予防する必要がある.

探してみよう

テレビやインターネットなどで，実際の手話が使われる場面を見てみよう. テレビの手話ニュースなどで，話者が情報を伝達するために，手話以外にもどんな工夫をしているか考えてみよう.

表3 聴覚障害のある児童生徒に対して求められる配慮

1	体験的な活動を通して，学習の基盤となる語句などについて的確な言語概念の形成を図り，児童の発達に応じた思考力の育成に努めること．
2	児童の言語発達の程度に応じて，主体的に読書に親しんだり，書いて表現したりする態度を養うよう工夫すること．
3	児童の聴覚障害の状態等に応じて，音声，文字，手話，指文字等を適切に活用して，発表や児童同士の話し合いなどの学習活動を積極的に取り入れ，的確な意思の相互伝達が行われるよう指導方法を工夫すること．
4	児童の聴覚障害の状態等に応じて，補聴器や人工内耳等の利用により，児童の保有する聴覚を最大限に活用し，効果的な学習活動が展開できるようにすること．
5	児童の言語概念や読み書きの力などに応じて，指導内容を適切に精選し，基礎的・基本的な事項に重点を置くなど指導を工夫すること．
6	視覚的に情報を獲得しやすい教材・教具やその活用方法等を工夫するとともに，コンピュータ等の情報機器などを有効に活用し，指導の効果を高めるようにすること．

（文部科学省．『特別支援学校小学部・中学部学習指導要領』2017.）

障害認識

　自身の障害を理解し，障害による困難さを改善する意欲を育む指導が行われる．また，まわりの児童生徒にも障害に関する教育を行うことが，聞こえやすく，またコミュニケーションをしやすくするための工夫や，環境の調整につながっていく．

◉文献
- 柿澤敏文（研究代表）．全国視覚特別支援学校及び小・中学校弱視学級児童生徒の視覚障害原因等に関する調査研究―2015年度調査―報告書．2016.
- 川嶋英嗣．弱視児・者の見え方．編集：岐阜大学教育学部特別支援教育研究会『特別支援教育を学ぶ 第3版』ナカニシヤ出版．2016．pp.112-3
- 文部科学省．特別支援教育の現状．2015．（http://www.mext.go.jp/a_menu/shotou/tokubetu/002.htm）（最終閲覧：令和3年3月10日）
- 文部科学省．特別支援学校小学部・中学部学習指導要領．2017.
- 日本聴覚医学会．難聴対策委員会報告―難聴（聴覚障害）の程度分類について―．2014.

4 肢体不自由と病弱の理解と支援

≫ 肢体不自由

① 肢体不自由とは

　肢体不自由とは，「**身体の動きに関する器官が，病気やけがで損なわれ，歩行や筆記などの日常生活が困難な状態**」（文部科学省：教育支援資料，2013）をいう．身体の動きに関する器官には，骨，関節，筋肉，神経がある．また，日常生活が困難な状態は，一時的ではなく永続的であることが想定されている．つまり，足首を捻挫して歩行が困難な状態となっても，一定期間で回復する場合は，肢体不自由とはみなさない．

　なお，今日「肢体不自由」という用語は，教育分野だけでなく，医療，福祉，労働などの幅広い分野で使用されている．この「肢体不自由」という用語は，昭和の初め頃（1928年頃）に高木憲次（1889 〜 1963年）によって提唱された．それ以前には，俗に「身体不具」とか，「片輪」などと呼ばれていた．東京大学の整形外科教授であった高木は，身体の動きが困難な人に対する偏見や処遇に対して疑問を呈し，「肢体不自由」の用語を考案したのである．

文部科学省初等中等教育局特別支援教育課．教育支援資料－障害のある子供の就学手続きと早期からの一貫した支援の充実－．2013.

「身体不具」や「片輪」という呼称は，差別的であるとみなされ，今日では公的に使用することはない．本書では，歴史的用語として使用している．

原因となる主な疾患と特徴

肢体不自由児の状態を理解し，個々の実態に即した指導や適切な支援をするには，その手掛かりのひとつとして，肢体不自由の原因となっている疾患について知ることも大切である．肢体不自由の原因となる疾患はたいへん多様であるが，ここでは，主な疾患についてあげる．

脳原性の疾患

脳原性疾患のなかで最も多いのは脳性まひである．特別支援学校（肢体不自由），小・中学校に設置される肢体不自由特別支援学級においても，在籍者が最も多い疾患となっている．

原因は，発育過程における脳の形成異常やさまざまな原因による脳損傷の後遺症という，非進行性の脳病変である．発生時期は，受胎から生後4週間までとされている．運動と姿勢の異常，すなわち運動機能障害があり，成長に伴って症状が改善したり増悪したりすることもあるが，消失することはない．

筋原性の疾患

筋原性疾患で多くみられる疾患は筋ジストロフィーである．筋原性の変性疾患で進行性であり，筋力が徐々に低下して運動に困難をきたすだけでなく，長期的には呼吸筋の低下によって呼吸も困難になっていく疾患である．

基本的に定型発達，成長をしていく途中から発症し，徐々に進行をしていくことや，遺伝の要因も含まれることが多い．そのため，身体面での配慮のみならず，本人や家族の心情を踏まえた，適切な関わりをしていくことが重要である．

脊椎脊髄性の疾患

脊椎脊髄の疾患で比較的多いものに二分脊椎がある．遺伝的要素に胎生期における環境要因が関わって発症するとされており，受胎計画段階から，ビタミンのひとつである葉酸を服用することで発生率が減少してきている．症状は病変部位によるが，体幹のまひは少なく，下肢のまひや膀胱直腸障害が主にみられ，水頭症の合併から脳圧を下げるための手術が必要なこともある．

なお，歩行可能な事例でも10歳を過ぎ，さまざまな原因で機能が低下し，歩けなくなる事例もある．また，肥満になりやすい面もあり，食事や運動，便秘のコントロールへの配慮のほか，心理面への配慮も望まれる．

骨・関節の疾患

骨・関節の疾患の代表的なもののひとつとしては，骨形成不全症がある．症状はさまざまであるが，骨折しやすさや歯牙形成異常，低身長などがみられる．骨折の繰り返しにより，四肢の変形ではなく，脊柱の側弯や腰痛・背部痛

脳性まひを含めた脳原性疾患のある人は，動きや姿勢の困難のみならず，知的障害や言語障害，てんかん発作，視覚的な情報の統合的な処理の困難さなどがあることが多い．そのための配慮が必要である．

筋ジストロフィーは，病気の進行に伴い，肢体不自由の状態像を示すが，地域によっては，特別支援学校の病弱部門で対応されるところも多い．

がみられることがあるほか，さまざまな活動に慎重になることや，なかには虐待と間違われる場合もあることへの配慮も必要である．

虐待との鑑別は，X線検査を用いることで可能である．

③ 教育機関と教育課程

肢体不自由のある児童生徒は，障害の状態や本人・保護者の希望や地域の特性に応じて，以下の教育機関で学んでいる．

特別支援学校（肢体不自由）

肢体不自由特別支援学校の教育内容は，**基本的には，それぞれの学年の各教科の内容と自立活動の内容が中心となる**．しかしながら，児童生徒の障害の状態や発達の段階などに応じて，適切に教育内容を設定できるように学校教育法施行規則や学習指導要領に示されている．それらは，

- 学校教育法
- 学習指導要領

①各教科の各学年の目標および内容の全部または一部を，当該学年の前各学年の目標および内容の全部または一部によって替えることができる，

②知的障害を併せ有する者については，各教科または各教科の目標および内容に関する事項の一部を，当該各教科に相当する知的障害特別支援学校の各教科または各教科の目標および内容の一部によって替えることができる，

③重複障害者のうち障害の状態により特に必要がある場合には，各教科，道徳科，外国語活動もしくは特別活動の目標および内容に関する事項の一部または各教科，外国語活動もしくは総合的な学習の時間に替えて自立活動を主として指導を行うことができる，

ことなどである．

また，個々の児童または生徒が自立をめざし，障害による学習上または生活上の困難な状態を主体的に改善・克服するために必要な知識，技能，態度および習慣を養い，もって心身の調和的発達の基盤を培うことを目標として設定されている自立活動の指導も重点的に行われている．

特別支援学級（肢体不自由）

肢体不自由特別支援学級では，**通常の授業に加えて，障害による学習上および生活上の困難を改善・克服するための自立活動の指導が行われる**．また，都道府県によってその設置数がかなり異なっている．児童生徒の障害の状態も，自力での移動が可能な場合から全介助に至るまでさまざまであり，学年相応の教科の学習を行っている場合もあれば，自発的なコミュニケーションが困難である場合もある．全国的に見ると，在籍する児童生徒数が1名の学級が多い．特別支援学級において肢体不自由に対する指導を受けながら，可能な範囲で通常の学級で各教科の授業を受けることが一般的である．

通級による指導

通級による指導は，小学校や中学校の通常の学級に在籍しながら，週に数時間(1～8時間)，障害の状態を改善・克服するための指導を受けるものである．言語障害や発達障害では，多くの児童生徒が通級による指導を受けているが，肢体不自由ではごく限られた地域でしか行われていない．その理由は，肢体不自由のある児童生徒の多くが病院にてリハビリテーションを受けているためである．近年は肢体不自由特別支援学校から教師が小・中学校を巡回する形の通級による指導が増えてきている．

通常の学級

肢体不自由があっても多くの児童生徒が，小学校，中学校，高等学校の通常の学級において学んでいる．車いすを使用している場合は，教室内でのスペースの確保，校内の段差の解消，教室を1階にする，あるいは階段に昇降機を設置するなど環境整備が必要となる．また車いす利用者が使用できるトイレの設置も必要である．

学習において筆記に困難がある場合は，個々に応じた自助具や補助具の活用が必要で，近年ではタブレットの利用も増えている．**特別支援教育支援員等**(以下「支援員」という)が配置され，校内の移動やトイレの介助と共に授業において支援を行っていることも多い．体育の授業では，かつては見学に留まることも多かったが，その単元のなかで個別課題を設定して参加することが増えている．

学校生活を送るうえでどのような配慮を行えばよいのかを学校と本人，保護者がしっかりと話し合う必要がある．

🖈**特別支援教育支援員**

近年は，肢体不自由特別支援学校からコーディネーターが訪れ，肢体不自由児が在籍している学校の教員へ，具体的な支援方法について助言を行うことが増えてきている．

表1 脳性まひ児の障害特性と困難の例

障害・困難	授業等に及ぼす影響の例
上肢の障害	● 文字を書くことが難しい ● 手指を使った作業(道具，楽器，実験器具などの利用)が難しい ● 時間がかかる
下肢の障害	● 活動場所の制約 ● 移動運動，跳躍運動などの制限 ● 実地調査や校外学習の難しさ
体幹保持困難	● 疲れやすい ● 見えにくい ● 活動しにくい ● 技能の習得に時間がかかる
言語障害	● 意見が伝わりにくい ● 伝えるのに時間がかかる ● 思ったように歌えない
視知覚認知障害	● 位置や形を捉えづらい，文字を書きにくい ● 文字認識の困難さや行飛ばしがみられる ● 図形の位置関係がわからない
経験不足	● 興味の幅が狭い ● 時間の意識が弱い ● 受身であったり，自信がなかったりする

(川間健之助. 11各教科の指導. 編著：川間健之助, 長沼俊夫『肢体不自由児の教育（新訂）』
放送大学教育振興会. 2020. p.161-5.を参考に筆者作成)

④ 指導方法

肢体不自由児の学びの困難

　肢体不自由のある児童生徒は，その障害によって，日常生活や学習場面において さまざまなつまずきや困難が生じる．肢体不自由の程度は，一人ひとり異なっているため，その把握に当たっては，学習上または生活上にどのような困難があるのか，それは補助的手段の活用によってどの程度軽減されるのか，といった観点から行うことが必要である．ここでは，参考として脳性まひ児に多くみられる障害特性と困難の例を示す(表1).

特別の指導(自立活動)

　肢体不自由のある児童生徒が，特別支援学校および小・中学校に設置される特別支援学級で学ぶカリキュラムは，小・中学校の各教科などの指導に加えて「自立活動」の指導がある．前述した脳性まひ児の困難の軽減・克服のため，自立活動を中心に指導が行われる．実際の指導に当たっては，個別の指導計画に基づいて，児童生徒の状態に合わせて自立活動の6区分27項目から内容を選択

表2 肢体不自由のある児童生徒への自立活動の指導内容例

1 健康の保持
- 二分脊椎の児童生徒の場合は，尿路感染の予防のため排せつ指導，清潔の保持，定期的検尿等に十分留意した指導をする．
- 進行性疾患のある場合は，自分の体調や病気の状態に注意し，これらについて正しく理解して，身体機能低下の予防を図る生活の自己管理に配慮した指導をする．

2 心理的な安定
- 障害があることや過去の失敗経験などによって自信欠如や情緒が不安定になる場合には，自分のよさへの気づきを促し，活動への意欲を喚起する指導をする．
- 移動が困難な場合は，手段を工夫し実際に自分の力で移動ができるようになるなど，障害に伴う困難さを自ら改善し得たという成就感がもてるような指導をする．

3 人間関係の形成
- 自分でできること，補助的な手段を活用すればできること，ほかの人に依頼して手伝ってもらうことなどについて，実際の体験を通して理解を促す指導をする．
- 集団参加の基礎となる集団の雰囲気に合わせたり，集団に参加するための手順やきまりを理解したりして，遊びや集団活動に積極的に参加できるようにする．

4 環境の把握
- 感覚の過敏さや認知の偏りなど個々の特性に適切に対応できるようにする．
- 位置関係の認知が困難で，文字や図形を正しく書くことができない場合には，一つの文字や図形を取り出して輪郭を強調して見やすくしたり，文字の部首や図形の特徴を話し言葉で説明したりすることなどで効果的に学習する．

5 身体の動き
- 日常生活に必要な動作の基本となる姿勢保持や上肢・下肢の運動・動作の改善および習得，関節の拘縮や変形の予防，筋力の維持・強化などの基本的技能を指導する．
- 全身または身体各部位の筋緊張が強すぎる場合は，その緊張を弛めたり，弱すぎる場合には適度な緊張状態をつくりだしたりできるよう指導する．

6 コミュニケーション
- 障害の状態や発達段階等に応じて，話し言葉以外にも様々なコミュニケーション手段を選択・活用し，周りの人々との円滑なコミュニケーションができるようにする．
- 発音・発語の困難によって文字の習得が十分でない場合，具体物や写真，絵カード，簡単な記号等の利用によりコミュニケーションを図り，文字や語彙の習得を促す．

（徳永亜希雄．肢体不自由児の理解と指導．編著：杉野　学，長沼俊夫ら『特別支援教育の基礎』大学図書出版．2018．p.123）

し，関連づけて指導することが重要である．肢体不自由のある児童生徒の自立活動の指導内容例を示す（表2）．

病弱

① 病弱とは

「病弱」という言葉は医学的な用語ではなく，病気にかかっているため体力が弱っている状態を示す．学校教育においては，**心身の病気のため継続的または繰り返し医療または生活規制（生活の管理）を必要とする状態**を表す際に用いられる．

また，「身体虚弱」という言葉も医学的な用語ではなく，「体が弱い」状態を示す．身体虚弱とは，**病気ではないが身体が不調な状態が続く，病気にかかりやすいなどのため，継続して生活規制を必要とする状態**を表す用語である．

> **生活規制**
>
> 入院生活や日常生活または学校生活をするうえで，健康状態の維持や回復・改善のために必要な安静，服薬，食事，運動などに関して，留意しなければならない事項があることをさす．

学校教育では，原因ははっきりしないが病気にかかりやすい者，頭痛や腹痛など，いろいろな不定の症状を訴える者や，医師から生活規制が継続して必要と診断された者なども，身体虚弱者として必要な教育が行われている．

② 病弱教育の対象

病弱者および身体虚弱者を対象とする病弱教育は，時代の変遷により対象児の起因する病気が推移してきた．

戦前（1945年以前）

日本の病弱教育の始まりは，明治時代に当時の国民病であった脚気の子どもを対象に行われた．また，大正期に入り肺結核のまん延を防ぐ対策として，身体虚弱児の健康増進や体力向上を目的に，林間や臨海での転地療養をしながら教育を行うための学校などが全国各地に整備されるようになった．

戦後（1945年以降）

昭和20（1945）年代，病弱教育は，療養中の結核性疾患の子どもを主たる対象としていた．その後，医療の進歩や公衆衛生の普及・充実による結核の減少に伴い，昭和30（1955）年代以降には，気管支喘息や腎臓疾患などの慢性疾患の子どもも病弱教育の対象となってきた．また，1964年から筋ジストロフィー児が国立療養所に入所するようになったことから，筋ジストロフィー児に対する教育も行われるようになった．

さらに，児童生徒の病類の多様化傾向が一層顕著になったのは，1979年度からである．これは，国立療養所などの医療機関に入院している重症心身障害児の大半が，養護学校教育の義務制実施を契機として病弱養護学校に在籍するようになったことが要因である．

近年は，不登校傾向を伴う精神疾患の児童生徒が急増し，小児がんの児童生徒も漸増している．

表3 病弱教育を担う関係機関

	学校相談機関	内容
特別支援学校	特別支援学校（病弱）	主に病気により入院している子どもを対象とした特別支援学校で，病院に隣接または併設されていることが多い．小・中学校に準じた教育を行ったり，一人ひとりの発達段階や病状に応じた教育を行ったりしている．各都道府県に1〜2校設置．入院していなくても，病気のために地域の小・中学校に通うことが難しく，医療または生活規制が必要な場合は，通学生として転入できることもある（要事前相談）．病気の子どもの教育相談が可能．
特別支援学校	分校・分教室	病院内や病院に併設して分校や分教室を設置している特別支援学校がある．分校・分教室では本校と同様の教育を実施している．病院内に教室だけを設けている場合は，下記の小・中学校の病院内の学級との違いが分かりにくい．病院の状況や入院している子どもの病状等に応じて，分校・分教室または小・中学校の特別支援学級が設置されている．
特別支援学校	訪問教育	病院に隣接した特別支援学校（病弱）がない，病院内に学級がない，自宅での療養期間が長いなどの時に，特別支援学校から教員が病院や施設，自宅を訪問し教育を行っている．訪問日数や時間数については，学校により異なるため，確認が必要．
小・中学校	病院内に設置された特別支援学級	病院内に設置された小・中学校の病弱・身体虚弱特別支援学級．病気により入院している子どもを対象としている．小・中学校と同じ教科学習等を行ったり，一人ひとりの病状に応じた学習を行ったりしている．
小・中学校	病弱・身体虚弱特別支援学級	病気または身体虚弱の子どものために，小・中学校の校内に設置された特別支援学級．退院後も引き続き，医療または生活規制が必要な子どもや，退院後も日常的に通院するため学習空白が生じる子ども，または通常学級でのペースに体力がついていけない子どもが教科学習等を行っている．
教育（相談）センター等		教育全般にわたる相談を実施しており，その一環として病気の子どもの教育相談を実施．地域で活用できる上記の学校等に関する情報を入手できる．あるいは子どもの状況からどこに相談すればよいかをアドバイスしてくれる．
保健所・保健センター		病気に関する一般的な情報を入手できる．

（全国特別支援学校病弱教育校長会・国立特別支援教育総合研究所『病気の子どもの理解のために』2010.）

③ 教育機関と教育課程

　病気のため継続した医療や生活規制の必要な子どもについては，その病状などに応じた適切な指導と必要な支援を行うことが必要である．

　近年は，病状が安定したり，急な病状の変化などがみられなかったりする場合は，短期間で退院し，日常の生活をしながら治療を続けることも多くなっている．そのため，小・中学校などに復帰しても配慮が必要である．

　表3は，そのような病弱の子どものことについて教育を行っている特別支援学校（病弱）や小・中学校の特別支援学級（病弱・身体虚弱）について整理したものである．各学校や関係機関が連携し，病弱児の教育を継続的に進めていくことが重要である．

特別支援学校（病弱）

　特別支援学校（病弱）の多くは，病院などの医療機関が隣接または併設してお

病弱の児童生徒を指導する特別支援学校の教師には，病気に関する断片的な知識ではなく，病気に関するさまざまな情報のなかから指導に必要な病気の情報について整理できる力と，病気の状態に応じて弾力的に対応できる技術が求められる．

り，在籍する児童生徒の多くは，入院または通院による治療を必要とする者である．しかし，近年，病院の治療方法や医療制度が変わったことなどにより入院期間が短期化するとともに，通学生が増えてきている．

また，児童生徒の病気の種類や病状は多様であるため，一人ひとりに応じた教育支援が求められている．以前は教育を受ける機会が少なかった白血病の子どもが増え，ぜん息やアレルギー疾患の子どもの割合も高くなってきている．さらに，身体の病気だけではなく，統合失調症やうつ病などを発症することもある．特に子どもの場合，悩みやストレスなど倫理社会的な要因が身体面に影響を及ぼすことがあるので，身体と心を切り離して考えることはできない．

特別支援学級（病弱・身体虚弱）

小・中学校に設置される病弱者および身体虚弱者を対象とする特別支援学級は，病院内の学級と小・中学校内の学級とがある．

病院内の学級とは，入院中の児童生徒のために近隣の小学校や中学校を本校（児童生徒の在籍する学校）として，病院内に設置された特別支援学級（いわゆる「院内学級」）である．

♪ 院内学級

また，小・中学校などの学級とは，入院を必要とせず自宅等から通学できる病弱・身体虚弱の子どものために，小学校や中学校のなかに設置された特別支援学級である．こうした小・中学校内に設置された特別支援学級は，増加傾向にある．その理由としては，感染症や紫外線対策などで他の子どもと同じ教室で学習することが困難な児童生徒や，医療的ケアなどを必要とする児童生徒などが増加しているためと思われる．

④ 指導方法

病弱教育の意義

①病弱児の学習の遅れを補完し，学力をつける

病弱児は，長期，短期，繰り返しの入院などによる学習の空白がある．回復後に学業不振にならないように学習を補完し，学力をつける必要がある．

②積極性や自律性，社会性を育てる

療養が長期にわたることがあり，受け身的となり積極性や自律性が乏しくなりがちである．学習を通して，積極性や自律性を育て，視野を広げることなどで社会性を伸ばすことが大切である．

③心理的安定を図る教育

病弱児は，病気そのものの不安や家族や仲間と離れた生活による孤独を感じることが多く，心理的に不安になりやすい．教育を通して子どもが生きがいを

見出し，心理的な安定をもたらすことが大切である．このことが健康回復への
意欲を育てることにつながる．

④健康回復，健康維持のための教育

　病弱児が学習活動を行ううえで健康回復，健康維持は欠かせないものである．学習のなかに，自分の病状を理解し自己管理するための，無理のない，一人ひとりに合った活動やスポーツなどを取り入れることが望ましい．

特別の指導（自立活動）

　自立活動の指導に当たっては，医療機関との連携を密にしながら，幼児児童生徒の病弱・身体虚弱などに基づく種々の困難を改善・克服することなどをめざし，幼児児童生徒一人ひとりの障害の状態や発達段階などに応じた適切な指導を行う必要がある．

　病弱児の自立活動では，健康・体調を自己管理できる力を育てることが重要である．自己管理できる力とは，必要な服薬を守る力，必要なときに必要な支援・援助を求めることができる力，参加可能な活動を判断する力などである．

　病弱児の一般的な自立活動の指導のねらいと，具体的指導内容例および留意点について，次に示す．

①健康の維持・改善に関すること

ねらい▶ 自分の病気の状態を理解し，その改善を図り，病気の進行の防止に必要な生活様式についての理解を深め，それに基づく生活の自己管理することのできる力を養っていくことは極めて重要である．

a) 病気の状態の理解と生活管理に関すること

指導の実際 ❶ ｜ **精神性の疾患**

　うつ病など精神疾患の児童生徒は，食欲の減退などの身体症状，興味や関心の低下や意欲の減退などの症状がみられるが，それらの症状が病気によるものであることを理解できないことが多い．このような場合には，医師の了解を得たうえで，児童生徒が病気の仕組みと治療方法を理解するとともに，ストレスがそれらの症状に影響を与えることが多いので，自らその軽減を図ることができるように指導することが大切である．

　たとえば，日記を書くことでストレスとなった要因に気づいたり，小集団での話合いのなかで，ストレスを避ける方法や発散する方法を考えたりすることも有効である．

---

b) 健康状態の維持・改善に関すること

指導の実際 ❷ ｜ 心臓疾患

　心臓疾患のある児童生徒は，運動の制限の範囲を超えて動いてしまい病気の状態を悪化させることがあるため，病気の状態や体調に応じて生活の自己管理をできるようにすることが重要である．そのためには，心臓疾患の特徴，治療方法，生活規制など病気の状態と生活管理について，学校生活管理指導表を活用しながら発達の段階に応じた理解ができるようにするとともに，自覚症状や体温，脈拍等から自分の健康状態を把握し，その状態に応じて日常生活や学習活動の状態をコントロールしたり，自ら進んで医師に相談したりできるようにすることが大切である．このような指導を行うときには，生活規制や入院生活から生じるストレスなど心理的な側面に配慮することが欠かせない．

　こうしたことから，心臓疾患などの病気のある児童生徒が，健康の自己管理ができるようにするためには，表2の「1 健康の保持」の区分に示されている項目や「2 心理的な安定」などの区分に示されている項目のなかから必要な項目を選定し，それらを相互に関連づけて指導することが求められる．

---

②心理的な安定と意欲の向上

ねらい　自分の気持ちや情緒をコントロールして変化する状況に適切に対応するとともに，障害による学習上または生活上の困難を主体的に改善・克服する意欲の向上を図り，自己の良さに気づくことが重要である．

a) 情緒の安定に関すること

指導の実際 ❸ ｜ 白血病

　白血病の幼児児童生徒の場合，入院中は治療の副作用による貧血や嘔吐などが長期間続くことにより，情緒が不安定な状態になることがある．そのようなときは，悩みを打ち明けたり，自分の不安な気持ちを表現できるようにしたり，心理的な不安を表現できるような活動をしたりするなどして，情緒の安定を図ることが大切である．治療計画によっては，入院と退院を繰り返すことがあり，感染予防のため退院中も学校に登校できないことがある．このような場合には，テレビ会議システムなどを活用して学習に対する不安を軽減するような指導を工夫することが大切である．

---

b) 障害による学習上または生活上の困難を改善・克服する意欲に関すること

> **指導の実際 ❹ 筋ジストロフィー**
>
> 　筋ジストロフィーの児童生徒の場合，小学部低学年のころは歩行が可能であるが，年齢が上がるにつれて歩行が困難になり，その後，車いすまたは電動車いすの利用や酸素吸入などが必要となることが多い．また，同じ病棟内の友達の病気の進行を見ていることから将来の自分の病状についても認識している場合がある．　こうした状況にある児童生徒に対しては，卒業後も視野に入れながら学習や運動において打ち込めることを見つけ，それに取り組むことにより，生きがいを感じられるよう工夫し，少しでも困難を改善・克服しようとする意欲の向上を図る指導が大切である．
>
> 　肢体不自由があるために移動が困難な児童生徒の場合，手段を工夫し実際に自分の力で移動ができるようになるなど，障害に伴う困難を自ら改善し得たという成就感がもてるような指導を行うことが大切である．特に，障害の状態が重度のため，心理的な安定を図ることが困難な幼児児童生徒の場合，寝返りや腕の上げ下げなど，運動・動作をできるだけ自分で制御するような指導を行うことが，自己を確立し，障害による学習上または生活上の困難を改善・克服する意欲を育てることにつながる．

● **文献**

- 文部科学省初等中等教育局特別支援教育課．教育支援資料 ― 障害のある子供の就学手続きと早期からの一貫した支援の充実 ―．2013.
- 川間健之助．11 各教科の指導．編著：川間健之助，長沼俊夫『肢体不自由児の教育（新訂）』放送大学教育振興会．2020．p.161-5.
- 徳永亜希雄．肢体不自由児の理解と指導．編著：杉野　学，長沼俊夫ら『特別支援教育の基礎』大学図書出版．2018．p.123.
- 全国特別支援学校病弱教育校長会・国立特別支援教育総合研究所『病気の子どもの理解のために』2010.

5 知的障害の理解と支援

学習のポイント

1. 知的障害の概念と診断基準の変遷を知ることは，支援や指導の在り方へのヒントにつながる.
2. 子どもの知的欲求を満たす支援はどうつくられてきたのか，支援に際して子どもとの情緒的な
やりとりはなぜ大切なのか.

① 概念

知的障害については，長く本人の能力の障害に焦点を当てて定義されてきたが(医学モデル)，現代では社会的障壁(表1)にも焦点を当てて把握することが求められている(医学・社会統合モデル).

用語の変遷

知的障害に関わる用語の変遷をみると，20世紀の初めから精神薄弱と呼ばれた時代を経て，1959年に精神遅滞という用語がアメリカ精神遅滞協会により提唱され，日本の医学でも広く用いられてきた.日本の法律では，1947(昭和22)年の精神薄弱者福祉法や1970(昭和45)年の障害者基本法等の32法において用いられていた精神薄弱という用語が，1998(平成10)年の改正により知的障害に改められた.2013年からはアメリカ精神医学会によるDSM-5(精神疾患の分類と診断の手引き第5版)において精神遅滞という用語が知的能力障害に改められている(DSM-5, 2014).

診断基準

1990年のWHO総会で採択された診断ガイドラインICD-10(国際疾病分類第10版)では，精神遅滞を「精神の発達停止あるいは発達不全の状態であり，発達期に明らかになる全体的な知能水準に寄与する能力，たとえば認知，言

社会的障壁（バリア）

障害のある人が日常生活や社会生活を送るうえで，さまざまな困難や妨げとなっているもの・原因をいう.障害者基本法(2013年改正)は，社会的障壁について「障害がある者にとって日常生活又は社会生活を営む上で障壁となるような社会における事物，制度，慣行，観念その他一切のものをいう」と定義している(表1).

American Psychiatric Association. 日本語版用語監修：日本精神神経学会『DSM-5 精神疾患の診断・統計マニュアル』医学書院. 2014.

ICD-10の改訂版であるICD-11が，2019年にWHO総会で採択され，2022年に発効の予定である.

表1 社会的障壁の分類

物理的なもの	歩道や出入り口の段差や障害物など，利用しにくい施設や設備
制度的なもの	障害があることを理由に資格や免許の取得を制限するような仕組み
慣習によるもの	障害のある人のことを考えていないイベントや行事などのやり方
意識によるもの	障害のある人に偏見を抱いて，一方的に決めつけたり，無視するようなこと

〔石川県健康福祉部障害保健福祉課「障害のある人もない人も共に暮らしやすい石川県づくり条例
2019年10月施行」（リーフレット）〕

語，運動および社会的能力の障害によって特徴づけられる」としている．この診断基準では知能指数がIQ69以下であることが明記されている（ICD-10，2005）．

DSM-5では，知的能力障害の診断基準を知的機能（基準A）と適応機能（基準B）の両面から次のように定めている．

World Health Organization. 監訳：融　道男，中根允文ら『ICD-10 精神および行動の障害―臨床記述と診断ガイドライン』医学書院．2005．

DSM-5の知的能力障害の診断基準

知的能力障害は，発達期に発症し，概念的，社会的，および実用的な領域における知的機能と適応機能両面の欠陥を含む障害である．以下の3つの基準を満たさなければならない．

A．臨床的評価および個別化，標準化された知能検査によって確かめられる，論理的思考，問題解決，計画，抽象的思考，判断，学校での学習，および経験からの学習など，知的機能の欠陥

B．個人の自立や社会的責任において発達的および社会文化的な水準を満たすことができなくなるという適応機能の欠陥．継続的な支援がなければ，適応上の欠陥は，家庭，学校，職場，および地域社会といった多岐にわたる環境において，コミュニケーション，社会参加，および自立した生活といった複数の日常生活活動における機能を限定する．

C．知的および適応の欠陥は，発達期の間に発症する．

この診断基準では，知能指数（知的機能）よりも臨床的評価（適応機能）が優先されている．

本人の能力の障害とあわせて，社会的障壁にも着目する動きの起点のひとつとなったのが，2001年にWHO総会で採択されたICF（国際生活機能分類）である．ICFは，人間が生きていくこと（生活機能）と障害の関係を総合的に把握することを目的としており，医学モデル（障害は個人の問題と考える）と社会モデル（障害は主に社会により作られた問題と考える）をあわせた医学・社会統合モデルを採用している．知的障害の理解と支援に際しても，ICFを活用した捉え方が求められてきている．

ICF（国際生活機能分類）

→p.10

② 分類

医学的には，軽度，中等度，重度，最重度に分類が行われてきた．ICD-10では，分類に対応したIQ値が軽度（50 〜 69），中等度（35 〜 49），重度（20 〜 34），最重度（20未満）と記されている．これに対して，DSM-5では，軽度，中

表2 知的障害者の障害の程度（学校教育法施行令22条）

1　知的発達の遅滞があり，他人との意思疎通が困難で日常生活を営むのに頻繁に援助を必要とする程度のもの
2　知的発達の遅滞の程度が前号に掲げる程度に達しないもののうち，社会生活への適応が著しく困難なもの

表3 知的障害の原因

出生前				周産期	出生後	
内因性（受精前）		外因性（受精後）				
生理型	病理型	病理型				社会・心理型
多因子遺伝	先天性代謝異常，神経皮膚症候群，先天性奇形症候群，染色体異常	感染，薬物，妊娠中の放射線照射，脳形成発達障害，母体疾患，子宮内発達不全	胎盤機能不全，異常分娩，無酸素症，出生時頭部損傷	頭部損傷，感染症，脱髄性疾患，変性疾患，てんかん，中毒性代謝障害，栄養障害		児童虐待，感覚遮断

（大石史博，西川隆蔵ら『発達臨床心理学ハンドブック』ナカニシヤ出版．2005．を参考に筆者作成）

等度，重度，最重度のそれぞれの分類は，臨床的評価に基づくものとされている．

編集：柘植雅義，渡部匡隆ら『はじめての特別支援教育―教職を目指す大学生のために［改訂版］』有斐閣アルマ．2014．

　日本の教育行政では，特別支援学校の対象となる知的障害の程度は，従来「知的発達の程度」によって2つに分けられていたが，2002年以降，表2のように「支援の程度」によって分けられている（柘植ら，2014）．

③ 原因

　知的障害の原因については，多岐にわたっており，はっきりしないことも多い．知的障害の原因を，原因が生じた時期（出生前・周産期・出生後）や，原因の特定の有無（病理型・生理型）などにより整理すると表3のようになる（大石，2005）．

　生理型においては，「知能を決める数多くの遺伝子がたまたま好ましくない組み合わせになったため（多因子遺伝）」に知的障害が生じたと推測されており，はっきりとした知的障害の原因は特定されていない．知的障害の多くが，この生理型に当てはまるとされている．

　病理型は，何らかの病理的機制が認められ，その結果として知的障害が生じたものが該当する．病理型は受精前後で，内因性と外因性に分類できる．内因性の病理型の場合は，遺伝子や染色体異常に起因する．外因性の病理型は，胎児期，新生児期，乳児期，幼児期，児童期，青年期までのさまざまな原因（感染，中毒，外傷や疾患など）によって生じる．

　最後に，外因性の社会・心理型として，乳幼児期に，劣悪な養育環境（虐待，

知能検査（WISC-Ⅳ）

- -

　WISC-Ⅳ（ウェクスラー児童用知能検査第4版）は，知能検査として代表的に用いられている検査である．5歳から16歳の児童を対象とし，2010年に日本版が標準化された．WISC-Ⅳにおいては，表4に示すように，子どもの全般的な知的機能を表す合成得点である全検査IQと，4つの指標ごとの合成得点の算出が行われる（上野ら，2015）．これらの合成得点からは，まず，同年齢集団の平均を基準にして，当該児童の相対的な位置を表5の分類を参照して知ることができる（「個人間差」の視点）．次に，4つの指標ごとの合成得点間の差などから，個人の認知面での得意・不得意や特徴を知ることができる（「個人内差」の視点）（Wechsler，2011）．

表4　WISC-Ⅳの合成得点は何を測っているのか

合成得点（略称）	説　明	意　味
全検査IQ（FSIQ）	全体的な知的能力（知能）の発達水準の推定をする	・全般的知能
言語理解指標（VCI）	言語理解能力を測定する 言葉の概念を捉え，言葉を使って推論する能力を測る	・言語概念形成 ・言語による推理力・思考力 ・言語による習得知識
知覚推理指標（PRI）	非言語的な情報をもとに推論する力を測定する 新奇な情報に基づく課題処理能力を測定する	・非言語による推理力・思考力 ・空間認知 ・視覚－運動協応
ワーキングメモリー指標（WMI）	聞いた情報を記憶に一時的にとどめ，その情報を操作する能力を測定する	・聴覚的ワーキングメモリー ・注意，集中
処理速度指標（PSI）	単純な視覚情報を素早く正確に，順序よく処理，あるいは識別する能力を測定する	・視覚刺激の早い正確な処理力 ・注意，動機づけ ・視覚的短期記憶 ・筆記技能，視覚－運動協応

（上野一彦，松田　修ら『日本版WISC-Ⅳによる発達障害のアセスメント―代表的な指標パターンの解釈と事例紹介』日本文化科学社．2015．）

表5　合成得点の記述分類

合成得点	分類	理論上の割合（%）
130以上	非常に高い	2.2
120～129	高い	6.7
110～119	平均の上	16.1
90～109	平均	50.0
80～89	平均の下	16.1
70～79	低い（境界域）	6.7
69以下	非常に低い	2.2

（Wechsler, D. 訳編：日本版WISC-Ⅳ刊行委員会『日本版WISC-Ⅳ知能検査
理論・解釈マニュアル』日本文化科学社．2011．を参考に筆者作成）

適切な刺激を与えられないなど)で育った子どもに知的障害が起こることもある.

④ 特徴

　知的障害といっても，原因も認知機能や行動の特徴もさまざまであり，他の疾病や障害を重複している場合もあり，個人差が大きい．しかし，「さまざまな発達領域で広く獲得がおくれ，ゆっくり発達していく」ことや，「とくに抽象的概念の獲得や記憶力に制限が大きく，その習得に時間がかかる」ことなどが指摘されている(橋本，2020)．

　生理型では，特別な脳障害や身体症状が認められず，遅滞も軽度で，行動障害も目立たず，性格的には受動的，幼く，動作はスローなことが多いという特徴がみられる(大石，2005)．

　発症年齢や発症時の特徴は，原因と重症度に影響される．DSM-5では，「より重度の知的障害をもつ者の中には，2歳までに運動，言語，社会性などの遅れが確認できるかもしれないが，軽度の場合は学業の困難が明らかとなる学齢期まで確認できない場合もある」とされている．

　ダウン症候群では特有の身体的外見が特徴としてみられる．一般的に知的障害は進行性ではないが，レット症候群などでは重症度が変化する時期もある.

⑤ 教育課程

　教育課程とは子どもの実態をふまえて教育の内容と時数を各学校において編成するものである．知的障害のある子どもの教育課程の編成に際しては，以下の諸制度をふまえる必要もあるが，大切なのは子どもの必要に応じた教育課程を組むことである．このことは障害者差別解消法が2016(平成28)年に施行され，学校では「合理的配慮」が義務となっていることとも重なる点である.

通常の学級

　知的障害の子どもが通常の学級に在籍している場合，その教育課程は一般の教育課程基準により編成される．小学校では2020年から各教科(国語，社会，算数，理科，生活，音楽，図画工作，家庭，体育および外国語)，道徳科，外国語活動，総合的な学習の時間および特別活動により編成するものとされている(学校教育法施行規則第50条).

知的障害特別支援学級

　知的障害の子どもが知的障害特別支援学級に在籍している場合も，その教育

編著：橋本創一，三浦巧也ら『特別支援教育・障害児保育 & 教育相談・生徒指導・キャリア教育』福村出版. 2020.

編集：大石史博，西川隆蔵ら『発達臨床心理学ハンドブック』ナカニシヤ出版. 2005.

ダウン症候群

ダウン症候群(Down's syndrome)は染色体異常として最も出現率が高く，最初に症例報告をしたダウン(Down, L)の名前に由来する．原因は21番染色体の過剰(トリソミー)に基づいている．特徴としては，独特の容貌(小さい頭，扁平な後頭，切れ長の目ほか)であることや筋緊張の低下，先天性心疾患などの合併症，易感染性，老化現象の早発などの症状を有すること，人懐っこく，社交的，音楽好きなどの性格傾向があげられる.

「合理的配慮」とは「障害者が他の者との平等を基礎として全ての人権及び基本的自由を享有し，又は行使することを確保するための必要かつ適当な変更及び調整」(障害者権利条約2条)であり，教育課程にも変更や調整が求められている.

表6 合わせて授業を行う時間割の例

	月	火	水	木	金
9:00	登校・朝の準備・着替え				
10:00	朝の運動(自立活動) 朝の会				
	作業学習／生活単元学習				
12:00	昼食 昼休み				
13:00	サークル活動 (総合的な学習の時間)				生徒会
14:00					
15:00	清掃・着替え・帰りの会				

(佐藤慎二『知的障害特別支援学校　子ども主体の授業づくりガイドブック』東洋館出版社．2020.)

課程は一般の教育課程基準により編成されることになっている．ただし必要に応じて「特別の教育課程」を編成できるものとされている(学校教育法施行規則第138条)．その編成に当たっては，各教科の内容を下学年の内容に替えること，自立活動を加えること，特別支援学校における各教科の内容の一部を行うことなどが考えられている．

特別支援学校(知的障害)

　知的障害の子どもが特別支援学校に在籍している場合，その教育課程は一般とは異なる教育課程基準により編成される．小学部では2018年から各教科(生活，国語，算数，音楽，図画工作，体育)，道徳科，特別活動および自立活動により編成することになっている(必要がある場合は外国語活動を加えることができる)(学校教育法施行規則第126条)．ただし，各教科，道徳科，外国語活動，特別活動および自立活動の全部または一部を合わせて授業を行うことができるものとされている(学校教育法施行規則第130条)(表6).

⑥ 指導方法

知的要求を満たす支援

　子どもが学習でつまずいているとき，どう支援したらよいか．知的障害の子どもの指導から教員が発見してきたことは多い．たとえば，知的障害の子ども

自立活動

特別支援学校では，一人ひとりの子どもが「障害による学習上または生活上の困難を主体的に改善・克服する」ために自立活動に取り組むものとされている．その主な内容は，①健康の保持，②心理的な安定，③人間関係の形成，④環境の把握，⑤身体の動き，⑥コミュニケーションである(学習指導要領，2017).

佐藤慎二『知的障害特別支援学校　子ども主体の授業づくりガイドブック』東洋館出版社．2020.

スモールステップの指導の他にも，学習に取り組みやすい環境を整えたり（構造化），子どもに伝わりやすい具体的で肯定的な教員の言葉かけを工夫するなど（言葉かけ），子どもの知的要求を満たすための取り組みが教員には求められる．

に，2＋3という足し算をタイルを使って，（□□＋□□□）と説明しても，いつまでも2と3は離れていて，いっしょにならないことがあった．これをどうやっていっしょになったとわからせるのか．そこで教員が工夫して考えたのが，2つをぶつけて「カチン」と音をさせることだった．そうしたらいっしょになったことがわかったという（遠山，1980）．この例で2つのタイルをぶつけて音をさせることが必要だったように，子どもの理解の過程を細かに分けて考える支援が必要である（スモールステップ）．

遠山　啓『遠山啓著作集教育論シリーズ3 序列主義と競争原理』太郎次郎社．1980．

佐藤愼二『知的障害特別支援学校　子ども主体の授業づくりガイドブック』東洋館出版社．2020．

生活に結びついた学習

　子どもの学習内容を準備して支援するとき，「社会生活能力を高めることに，力点を置いて支援するほうが子ども本人も取り組みやすく，教師も支援しやす」く，知的障害をもっている子どもたちの「自立と社会参加に結び付きやすい」との指摘がある（佐藤，2020）．たとえば，「時計の針が読める」だけでなく「生活のなかで時計を活用できる」ように学習内容を工夫することなどである．子どもの生活に結びつけて学習内容を準備することは，子どもの興味や関心を引き出す楽しい学習をつくるためにも有効な方法のひとつである．

子どもとの情緒的やりとりを大切にする

　知的障害の子どもに限ったことではないが，子どもと接する際には，子どもの情緒に応答することが大切である．「今日は楽しそうだね」「それが嫌なのだね」「嬉しいね」「くやしいね」など，子どもの感情についての共感を言葉に表して返していくことが大切である．こうした教員の言葉かけによって，子どもは自分の存在に関心を寄せてもらっていることを感じられ，そうした関わりが，子どもの自己肯定感を育むことにつながる．また，感情について伝え返しても

らえることは，子どもが自らの感情に気づくこと，感情を表現して他者とコミュニケーションすること，自分をコントロールすることの土台となる．

考えてみよう

子どもの反応や表情から教わる

　授業中に，下を向いて，ボーっとしている子どもがいる．「授業に集中ができない子ども」と決めつける前に，教員にとって大切なのは「おや，どうしたのかな」と考えてみることだ．なぜ集中できないのか．家でいやなことがあったのかもしれない．教員が用意した学習内容が子どもの関心とは離れているのかもしれない．教室の環境が集中を妨げる要因となっているのかもしれない．子どもがやる気がないとき，集中できないときは，教員や学校の側の在り方を考えてみる必要がある．そして，子ども自らが意欲的に楽しみにして取り組む授業づくりを工夫する必要がある．子ども自らが一生懸命に取り組みたくなる状況，繰り返し取り組んでみたくなる状況をつくることが，子どもの力につながる．

● 文献
- American Psychiatric Association. 日本語版用語監修：日本精神神経学会『DSM-5 精神疾患の診断・統計マニュアル』医学書院. 2014.
- World Health Organization. 監訳：融　道男，中根允文ら『ICD-10 精神および行動の障害―臨床記述と診断ガイドライン』医学書院. 2005.
- 編集：柘植雅義，渡部匡隆ら『はじめての特別支援教育―教職を目指す大学生のために
- ［改訂版］有斐閣アルマ. 2014.
- Wechsler, D. 訳編：日本版 WISC-Ⅳ刊行委員会『日本版 WISC-Ⅳ知能検査　理論・解釈マニュアル』日本文化科学社. 2011.
- 上野一彦，松田　修ら『日本版 WISC-Ⅳによる発達障害のアセスメント―代表的な指標パターンの解釈と事例紹介』日本文化科学社. 2015.
- 編集：大石史博，西川隆蔵ら『発達臨床心理学ハンドブック』ナカニシヤ出版. 2005.
- 編著：橋本創一，三浦巧也ら『特別支援教育・障害児保育 & 教育相談・生徒指導・キャリア教育』福村出版. 2020.
- 文部科学省．特別支援学校小学部・中学部学習指導要領. 2017.
- 佐藤愼二『知的障害特別支援学校　子ども主体の授業づくりガイドブック』東洋館出版社. 2020.
- 遠山　啓『遠山啓著作集 教育論シリーズ 3 序列主義と競争原理』太郎次郎社. 1980.

6 言語障害の理解と支援

学習のポイント

1. 言語障害の特性を理解しよう.
2. 特別支援教育における言語障害の支援を学ぼう.

はじめに音声器官の仕組みについて, 簡単に解説する. 言葉や音は, 下顎, 舌, 唇, 軟口蓋などの運動によりその形態を変化させることで作られる. 音声とは, 人の声すなわち人が発声器官を通じて発する音のことをいい,「母音」(あ, い, う, え, お)と「子音」がある. 音声学における発声のタイプは, 発声時の声門の状態に関連して分類される(図1, 2).

① 概念, 定義

児童生徒は, 言葉を理解し, 話す・伝えること(コミュニケーション)ができなければ, 学校生活や社会生活を営むうえでさまざまな不自由が生じることになる. 文部科学省の解説では「言語障害とは, 発音が不明瞭であったり, 話し言葉のリズムがスムーズでなかったりするため, 話し言葉によるコミュニケーションが円滑に進まない状況であること, また, そのため本人が引け目を感じ

図1 発声のしくみ

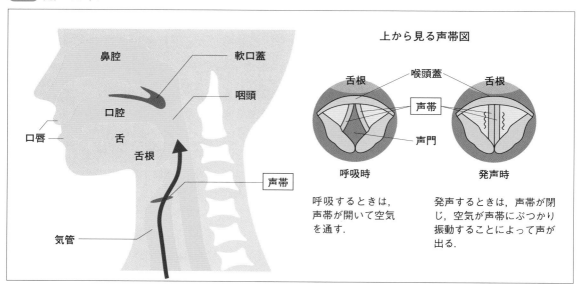

上から見る声帯図

呼吸時

発声時

呼吸するときは, 声帯が開いて空気を通す.

発声するときは, 声帯が閉じ, 空気が声帯にぶつかり振動することによって声が出る.

図2 音声器官の構造と機能

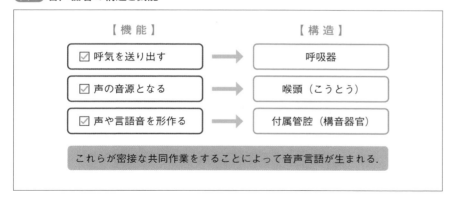

【機能】　　　　　　　　【構造】

☑ 呼気を送り出す　　→　呼吸器

☑ 声の音源となる　　→　喉頭（こうとう）

☑ 声や言語音を形作る　→　付属管腔（構音器官）

これらが密接な共同作業をすることによって音声言語が生まれる.

るなど社会生活上不都合な状態であることをいう」と定義されている（文部科学省，2014）.

　この定義では，言語障害のある児童生徒の教育指導では主に，発音，話し言葉のリズムなど，話し言葉に関する障害を対象にするということが示されている．すなわち，教育的観点から考えた場合，言語障害は言葉を話すということだけでなく，聞く，読む，書くということも対象に含まれる.

　つまり，コミュニケーションがうまくいかないことにより，不全感や不適応をもたらし，さらに，思考や人間関係，社会性の発達，心理的な問題，自己観の形成などの幅広いコミュニケーション能力に関する社会的，精神・心理的な困難として捉えられる障害といえる.

文部科学省初等中等教育局特別支援教育課. Ⅵ 言語障害. 2014.

② 分類

　コミュニケーションには，非言語的コミュニケーションと言語的コミュニケーションがある．非言語的コミュニケーションは言葉に頼らないコミュニケーションのことで，身振り手振り，表情と声のトーンを使って行うことである．言語的コミュニケーションとは話す言葉の内容のことで，言葉を使って行うことである．言語障害の分類は，医学，言語学，教育学などの専門家によってその分類は多岐にわたり，その分類方法は，耳で聞いた特徴に基づく分類〔発音・構音の誤り（省略・置換・歪み），吃音など〕，言語発達の観点からの分類〔言語機能の基礎的事項（話す，聞く）における発達の遅れや偏りなど〕，はっきりした原因による分類（口唇・口蓋裂，脳性まひ）などさまざまである.

　医学的観点による分類の代表例としてアメリカ精神医学会が作成した，精神疾患・精神障害の分類マニュアルDSM-5がある．コミュニケーション障害のカテゴリーを「言語障害」「会話音声障害」「小児期発症流暢症（吃音）」「社会性（語用論的）コミュニケーション障害」「特定できないコミュニケーション障害」

図3 言語障害分類（小児用）

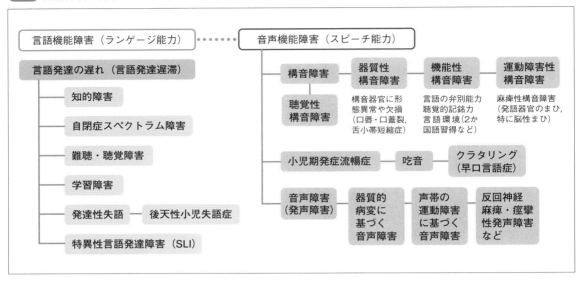

American Psychiatric Association. Communication Disorders. In. Diagnostic and statistical manual of mental disorders (5th ed.). 2013.

の5つのサブカテゴリーに分けている（American Psychiatric Association, 2013）.

　世界保健機関（WHO）の「疾病及び関連保健問題の国際統計分類」（ICD-10）では言語障害を「会話及び言語の特異的発達障害（コードF80）」と呼んでいる．そのF80は，「特異的会話構音障害」「表出性言語障害」「受容性言語障害」「てんかんに伴う獲得性［後天性］失語［症］（ランドウ・クレフナー症候群）」「他の会話および言語の発達障害」「会話および言語の発達障害，特定不能のもの」の6種類の言語障害カテゴリーに分けられている（World Health Organization, 2004）.

World Health Organization. ICD-10 : international statistical classification of diseases and related health problems : tenth revision, 2nd ed. 2004.

　教育的観点による分類では，「言語機能障害」（ランゲージ能力の問題）と「音声機能障害」（スピーチ能力の問題）の2つの大カテゴリーに分類することが多い．また，「子どもにみられる言語障害」と「大人にみられる言語障害」とに分類する専門家もいるが，本書では子どもにみられる言語障害について教育的観点から論ずる．図3に子どもにみられる言語障害の分類を示す．一般的に言語発達の遅れ，口蓋裂を除く構音障害や吃音のある子どもの症状は，ほとんど3〜5歳くらいになると障害の状態が顕著になることが多い.

♂ 言語機能障害

♂ 音声機能障害

言語機能障害（ランゲージ能力の問題）

　ランゲージ能力の問題では，「語彙」「文法や構文」「文章の作成」という3つの観点から，その理解や表現に困難を伴うため，結果的に言葉を使うことにも困難をもつことになる．この障害をもつ子どもは単語や語句を話す時期が遅れがちで，理解できる語彙の数が少なく，多様性に欠ける．話し始めたとしても，

文法が誤っていたり，短く単純な言葉だったりといった傾向がみられる．長い文章を使って話すことや，順序立てて話すことが苦手なため，学校の成績や他者とのコミュニケーションに著しい困難が生じやすくなることから，会話に対する消極性を生みやすく，周囲からは無口な人のように見える場合がある．

言語発達の遅れや異常の説明と原因

　言語発達の遅れとは，何らかの原因により標準より言語発達に遅れが生じていることである．言語発達の遅れには，器質性と非器質性などさまざまな要因が考えられる．器質性の障害では，聴覚障害や知的障害，自閉スペクトラム症，脳性まひ，小児失語症，特異的言語発達遅滞，その他中枢神経系の障害などがあげられる．一方で，非器質性の障害では，養育環境や心理的，情緒的，対人関係上の問題などがあげられる．

　たとえば，知的障害に伴う場合には，言語理解や構文力など言語機能そのものの発達の遅れに起因するものである．そして，自閉スペクトラム症に伴う場合は，認知やコミュニケーション機能の弱さに起因することになる．

　また，未学習や誤学習，2か国語習得による混乱，虐待，劣悪な環境での生育などの養育環境などで言語発達が遅れることもあり，原因は多岐にわたる．

上記以外の特徴的な障害

● 小児失語症

　ここでは，後天性小児失語症をとりあげる．後天性小児失語症は，幼少期における大脳の器質的病変による神経心理学的障害と言語機能の障害のひとつである（長畑，1989）．これは，言語発達開始後に脳損傷後発症した言語機能障害に限定し，発達性失語症，先天性（小児）失語症などといわれる一群の言語発達遅滞とは区別する必要がある．

　小児失語症に関する臨床研究では「成人に比べその回復が著しい」「発症年齢が低いほどその予後がよい」などが指摘されている（長畑，1989）．

● 特異的言語発達遅滞

　特異性言語発達障害（SLI）とは，言語学習に限定された特異的障害である．SLIの場合は，聴覚障害や対人関係の障害，脳の器質的障害など，言語発達を阻害する要因が認められないにもかかわらず，言語発達の特異的な遅れや言語能力に著しい制約がみられる障害をさす．幼児期から症状が明らかで，理解言語能力に比較して表出言語能力（話し言葉）が著しく低い幼児児童生徒もみられることが特徴である．SLIについては，その原因が明らかになっていない．

音声機能障害（スピーチ能力の問題）

　スピーチ能力の問題は，脳や聴覚器官に異常はなく，言葉を理解し読み書きは問題なくできるが，話すことが困難な状態を指す．つまり，話すことに使わ

近年では特異性言語発達障害（SLI）という知的な遅れや，器質的な問題はないが言語発達の遅れがある子どもも注目されている．言語機能障害をもつ子どもにみられる問題の具体例として，物とその名前が一致しない，相手の言っていることがイメージできないなどがある．

SLI：Specific Language Impairment

長畑正道．発達障害の神経心理学—後天性小児失語症およびsemantic-pragmatic deficit syndrome 10例の神経心理学的検討．神経心理学．1989：5(1)．56-64.

れる器官に問題があるため正しく発音できなかったり，音声を作り出すことができなかったりする，音声機能の障害である．そのため，自分の要求を伝える手段として，言葉ではなく指で指したり，身振りを使ったりといった場合がみられる．代表的なものとして「構音障害」「吃音」「音声障害」などがあげられる．

♂ 構音障害

♂ 吃音

♂ 音声障害

構音障害

　構音障害とは，口や舌，声帯など声を出すのに重要な役割を果たす部位に障害が生じ，うまく発声ができなくなった状態を指す．特定な音が正しく発音できず，リズムやイントネーション，話す速さの調整などが困難な状態である．原因として，発音に関係する中枢性の運動神経と筋そのものに何らかの病変が認められる場合がある．

　構音の能力はほかの能力と同様，年齢に伴って発達する．構音の誤りは，正常な構音発達の過程でも多くみられる．構音の完成時期を過ぎても構音の誤りが直らなかったり，それ以降も持続したりする場合は，構音獲得の途中で習得を阻害する何らかの要因があったと考えられる．

　たとえば，4歳以下の子どもが，「魚」を「オチャカナ」，「オタカナ」と発音する場合は機能性構音障害ではないが，小学生が原因もなく「オチャカナ」と発音する場合は機能性構音障害といえる．

　一般的に構音障害がある子どもは，「全体的に発音がはっきりしない」（「おはよう」と言いたいが「おわぁよぉお」というような赤ちゃん声になってしまう），「一部の音がうまく発音できない」（カ行が苦手な子どもは「きりん」と言いたいが「ちりん」といってしまう），「子音が省略されてしまう」（「みかん」と言いたいが「みあん」となる）といった特徴がある．

　また，構音障害はその要因によって，「器質性構音障害」「運動障害性構音障害」「機能性構音障害」「聴覚性構音障害」の4つに分類されている（図4）．

図4 構音障害の分類

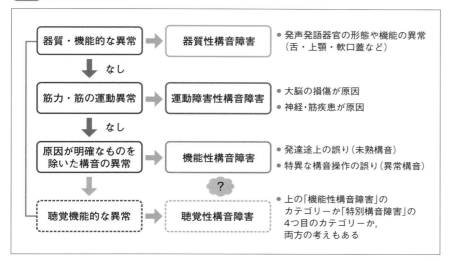

吃音

　吃音とは，言葉が滑らかに話せない現象である．その原因ははっきりしていない．3歳半くらいが発症のピークであり，8割以上が6歳以前に始まる．発症率は，人口の1%前後で，男女比は3:1といわれている．特に医療現場では，吃音を「小児期発症流暢症」とも呼んでいる．焦りや緊張のせいでどもりなどを始めるわけではなく，心の問題も含めて考えなくてはならない．

　吃音の特徴的な症状には，大きく「言葉の話し方の言語症状（どもり）」「言語症状に連動して身体面に起こる運動や動作などの随伴症状」や「吃音によって引き起こされる情緒の反応やコミュニケーション態度・行動などの情緒性症状」の3つに分けることができる．

　言語症状とは，言葉を繰り返したり，引き伸ばしたり，詰まったりするなど，「どもる」話し方のことをいう．随伴症状は，発話に伴って反射的または自動的に体に引き起こされる過剰な筋緊張や動きのことである．そして，情緒性症状は，吃音の話し方に対する怒りや悲しみ，恥ずかしさを感じて自己肯定感が下がった結果生じる．

　また，周囲の誤解や偏見からくる二次性問題がある．これは，吃音の話し方がおかしなものとしていじめの対象などにされることで，二次性障害が生み出されるものである．

● 吃音の実際と分類

　吃音の問題は，単に話し言葉の問題だけでなく，吃音がある人の生活全般に深い影響もたらす．幼児期に7〜8割を超える子どもが自然治癒するが，2〜3年かかることも多く，その間は専門家のサポートが必要になる．しかし，**就学前1年程度までに改善がない児童には直接的介入を行うことが望ましい．直**

表1　吃音の発症時期と経過のまとめ

	一次性吃音	二次性吃音
時期	幼児期（2 〜 4 歳）	思春期（高学年〜 18 歳）
経過	7 〜 8 割が自然治癒	自尊心の低下 会話への恐怖や不安の芽生え

接的介入が行われないと吃音を誰にも言えない問題に陥ってしまい，一人ぼっちで悩みを抱えて苦しむ可能性がある（表1）.

　吃音には幼児期から児童期に発吃し，治らない場合は成人期まで持ち越す小児発達性吃音と，青年期や成人になってから発吃する獲得性神経原性吃音と，獲得性心因性吃音がある．小児の吃音はほとんどが幼児期に好発する発達性吃音である．近年，その原因探索が進み，遺伝要因が7割以上であることや，脳内白質の異常とそれによる言語関連の脳領域間の機能接続の不良が明らかになってきている.

　獲得性神経原性吃音は脳損傷により生じ，単独で出現する場合と失語症と合併する場合がある．成人発症の獲得性心因性吃音は，ヒステリーの転換反応や不安神経症，抑うつ症などによって発症する．小児期にみられる吃音のほとんどは発達性であり，成人でも9割以上は発達性吃音であるといわれている（森，2018）.

　一般的に吃音の言語症状は，「連発型」（短音・単語の1部を繰り返す．例：「わたし」→「わわわわわわたし」，「こんにちは」→「こ，こ，こんにちは」），「伸発型」（単語の1部を長く伸ばす．例：「わたし」→「わーたし」，「あした」→「あーーあーした」），「難発型」（言葉を発するときに詰まる．例：「わたし」→「(…)わっわたし」，「おはよう」→「(…)っおはよう」）の3つに分類され，これらは併発する場合もある.

　また，その他の症状として，「話す場面で顔をしかめる」「足を叩く」「舌を出す」などがみられる場合もある.

● クラタリング（早口言語症）

　流動性に関する障害のうち，吃音以外のものとして，クラタリング〔早口言語症（ICD-10），早口乱雑言語症（DSM-5）〕があげられる．定義についての統一見解はないが，「吃音と似ていて，ことばの繰り返しはあるが，過度の緊張は見られず，早口で何を言っているのか相手に伝わりづらい状態のこと」（宮本，2015）とされている．本人は自覚することが難しく，気づいていない場合が多く，周りの人が聞き取りにくいと感じて困っていることがある.

　また，St. Louisら（2007）によると，話す速度が全般的に速すぎたり，不規則すぎたり，あるいはその両方が会話に出現する流暢性の障害であると述べている．その速い，あるいは不規則な発話速度の部分はさらに「過剰な正常範囲非

森　浩一．小児発達性吃音の病態研究と介入の最近の進歩．小児保健研究．2018；77(1)．2-9.

筑波大学人間系障害科学域宮本昌子研究室WEB情報：宮本昌子「吃音とクラタリング」．2015.

St Louis KO, Myers FI, et al. Understanding and Treating Cluttering, In. Conture EG, Curlee RF.(eds.) Stuttering and Related Disorders of Fluency(3rd ed), Thieme Medical Publishers, 2007. p.297-325.

流暢性症状」「過剰な音節の崩壊あるいは省略」「異常なポーズ(間),音節の強勢,発話リズム」のうちの1つ以上を伴っていることが必須である.

音声障害

音声障害とは,しゃがれ声,かすれ声などのように声がうまく出せないことである.大きな声を出したいのにかすれてしまう,声の大きさや音程・ピッチを調整できないという状態である.

原因として最も多いのが声帯結節である小児嗄声(させい)がある.声帯結節とは,声の多用や乱用により,声帯への刺激が持続し,声帯の中央部が腫れる,あるいは部分的に厚くなった状態で,多くの場合,左右の声帯に対称的に形成される.また,ストレスが原因で声帯が完全に閉じず,声が出なくなる状態を心因性音声障害という.

小児声帯結節に関する臨床統計によれば,男女比は4:1もしくはそれ以上で,圧倒的に男児に多い疾患で,年齢的には7～9歳にピークがある.

小児の音声障害は時期により原因が異なる.新生児から乳児期にかけては,先天性形態異常や声帯運動障害,喉頭腫瘍が原因となる.幼児期から学童期では,声帯結節が最も多く,変声期以降では,徐々に成人と同様な疾患による音声障害がみられるようになる.この時期に特徴的な疾患として,変声期の経過が異常で,声の翻転や裏声が遷延化する変声障害がある.

音声障害の分類としては,以下の3つにまとめることができるが,特殊な例として,喉頭摘出後の音声障害や気管切開例などもある.

- **声帯の病変**:声帯・喉頭炎,小児声帯結節,声帯ポリープ,声帯を動かす神経の麻痺,声帯腫瘍など
- **声帯の運動障害**:喉頭麻痺など
- **声帯に著変を認めない障害**:機能性発声障害,けいれん性発声障害,変声障害(思春期声変わり障害),ホルモン音声障害や加齢に伴う声帯萎縮など

③ 支援

支援の基本

言葉やコミュニケーションに問題をもつ場合,その発達状況を正確にアセスメントすることにより,的確な介入が可能になる.そこで,言語発達検査というものが作られた.言語発達検査は多くの場合,個別検査の方法を採用している.子どもがどのように言葉を話し,直接子どもの反応を確かめることが必要である.さまざまな言語検査の理解力テスト/ささやき声での言葉を聞き分け

る力のテスト／発音のテスト／声・話し方やその他の表現能力のテストなどの結果をもとに児童生徒の適切な指導を行っていく.

　発達障害や言語障害, 発達性協調運動障害, 聴覚障害のある児童生徒は中枢神経の機能障害があるために, 「認知能力のアンバランス」や「調整能力の困難性」がみられる. また, 視覚運動や同時処理の弱さは, 相手の顔の表情を読み取れないために友だちとトラブルになったりしてしまう. それが「社会のつまずき」となり, 集団生活での不適応, 友だち関係の不成立, 不適切行動へとつながる. したがって, 言語障害のある児童生徒の社会的能力(ソーシャルスキルトレーニング：SST)を促す必要性もある.

　言語障害のある児童生徒は, 多くの時間を通常の学級で授業に参加し, クラス担当教員や友だちと話をしたり, 聞いたりする. しかし, 言語障害のある児童生徒は, 自分の思いや考えを的確に表現することや対人関係などを苦手とする可能性がある. この特性によって行動面や情緒面で問題が生じるリスクが高い. 社会的な困難や精神的な困難(否定的な自己像)に結びつきやすく, **二次的な障害としての情緒面や行動面の問題にも発展しがちである**. 言語障害の状態は, 児童生徒によってさまざまである. そのため, 個別の指導計画を作成したうえで支援が行われる必要がある.

　適切な指導を行うための, 重要なポイントを以下にまとめる.

- 児童生徒にとって話すことが楽しいと感じる, 信頼感のある人間関係や環境を用意する.
- 教員は, わかりやすく, ゆっくりと話す. 児童生徒に対して, 笑顔でうなずいたり, 気持ちよく返事をしたりする.
- 教員は, 児童生徒にとって話したくなるような聞き手になることが大切である.
- 児童生徒の話し方ではなく, 話の内容に耳を傾けるように心がけ, 言い直しを求めたりしない.
- 発音や表現の指導をする際は, 教員が適切な発音, 話し方の手本をさりげなく示す.
- ことばの教室の指導教員は, クラス担任との情報交換を頻繁に行い, 当該児童生徒の話し方に変化, 成長のみられたときには認め, ほめて, 本人の自信を高める指導を行う.

構音障害のある児童生徒の支援

　構音障害のある児童生徒には, 単に発音に誤りがあるだけでなく, 周囲とのコミュニケーションに不都合があったり, 学級集団での適応面のつまずき, 学習に自信がないなどの心理面での課題があったりする場合も少なくない. した

がって，児童生徒を多面的に捉え，支援と指導を行うことが重要である．以下に，指導のポイントをまとめる（加藤ら，2018）．

加藤正子，竹下佳子ら『特別支援教育における構音障害のある子どもの理解と支援』学苑社．2012.

- 発語器官の運動機能が未熟な場合には，その機能の向上をねらいとした指導を行う．たとえば，舌の挙上，舌先の口角付着，口唇の狭めや閉鎖などの動きを取り出して練習することや，具体的な構音動作に結びついた練習を行うことも有効である．
- 正しい音と誤っている音の聴覚的な弁別ができていない場合には，聴覚識別訓練が必要となる．
- 指導方法には，「構音可能な音から誘導する」「構音器官の位置や動きを指示して，正しい構音運動を習得させる」「正しい構音の仕方になる運動を用いる」「正しい音を聞かせて，それを模倣させる」がある．
- 児童生徒の実態に合わせ，単音，単語，短文，文章，会話の順で練習を進めるなど，課題の難易度を考慮して行う．

吃音のある児童生徒の支援

児童生徒への支援

　吃音のあらわれ方には波があり，吃音が出やすい時期と出ない時期が繰り返しあらわれることが多いとされている．また，話している状況や内容，相手などによっても変化する場合もある．吃音が発生しやすい局面としては，「苦手な行の言葉を発しなくてはいけないとき」「周りの目が気になり，不安な状況」「吃音が起こらないようにしようと，意識しすぎたとき」である．

　そのため，周りの人や家族の理解が大切である．保護者は，温かな同感的人間関係のなかで，自分自身について話し合ったり，ことばとコミュニケーションについての児童生徒の自分の考えや見方を整理し，本来の自己を見つめ直すことができるようしたりすることも必要である．

　そして，周囲が吃音について学び，吃音を理解し受け入れてくれる相手や仲間のなかで，話したいという気持ちを育むことが大切である．吃音が起こっても，心配や指摘をしすぎることなく，伝えたいことが何かがわかるまで，ゆっくりと待つ姿勢が求められる．加えて，周囲にいる人がゆったりとした話し方のモデルを示すことや，あまりにも言葉が出てこないときは，様子を見て代弁してあげることが効果的な場合もある．

　もうひとつの大切なこととして，就学前や低学年の子どもの場合には，言葉以外のコミュニケーションや意思表示の方法を準備しておくことである．これが，本人の心理的負担の軽減になるため，様子を見て，どんな方法であればコミュニケーションを取りやすいか，本人と一緒に相談し「伝えたいことが伝わった」という体験を通して少しずつ自信を育むことができるのである．

保護者への支援

　保護者は自分の育て方のせいで吃音が出ていると悩むことが多いため，保護者の誤解や不安を取り除くことも重要である．**保護者支援については，言語聴覚士や心理士などの専門家との連携が不可欠**である．そして，8〜9歳頃以降になると吃音が第2相に移行し，心理的悪循環が加わって自然治癒が少なくなるため，早めの連携が求められる．

　連携先では，多様な専門的な支援が得られるが，ここでは保護者の理解と協力が必要な，環境調整法について簡潔に説明する．

　環境調整法は，吃音児の言語的環境と療育環境の両方を整えることによって行われる．重要なのは，日々，吃音児と最も接する保護者との関係であり，カウンセリングを通して保護者への指導・教育を実施する．環境の調整とは周囲からの欲求，干渉，罰などを取り除くことであり，療育環境の調整とは厳しすぎるしつけや過干渉などの親子関係の調整を行うことである．これらの環境調整を行うことにより日常生活でのストレスが減少される．一方，発話症状や随伴症状に注目させることや，直接的な発話訓練は行わない．

音声障害のある児童生徒の支援

　小児声帯結節に関して，医療的には声変わりの時期になると自然に治ることが知られているので，原則的に手術などの外科的治療よりも保存的治療を優先させる．ただし，小児声帯結節の影響で学習や対人関係にも強い困難がある場合には，全身麻酔下で手術を行って結節を切除することもある．日常的にできることは，子どもの声の衛生を守るため，声の使い方に注意をして声帯に負担をかけない発声をさせるようにすることである．

　小児嗄声の支援は，言語聴覚士との訓練が必要になるケースもある．発声・言語訓練によって，正しい発声ができるように練習させる．この発声・言語訓練は，耳鼻咽喉科検診のうえで行う言語聴覚士による言語リハビリテーションの専門領域である．声帯ポリープなどの場合には，必ず耳鼻咽喉科的治療が必要である．

④ 教育課程

　教育現場では言語障害を広く捉え，発話上の障害も含めて言語障害と呼ばれることが多い．主に対象となるのは，構音障害，吃音，言語発達の遅れの3つの障害である．さらに，教育現場で言語障害のある児童生徒の教育的支援を担当する組織としてことばの教室がある．ことばの教室または通級で指導を行う場合には，特別な教育課程を編成することとされ，その内容は障害の状態に応じた特別の指導を，小・中学校の教育課程に一部加えて（あるいは替えて）編成するものとされている．

ことばの教室

　学校現場で「ことばの教室」や「言語障害特別支援学級」の教職員の児童生徒に関する支援や指導の専門的役割が非常に大事である．それを高めるために教職員は平均的に年間4回（10 〜 12時間程度）の研修会に参加する．言語障害指導の目標は主に3つある．1つ目は，児童生徒の言語能力の障害やコミュニケーション上の困難を改善または軽減すること，2つ目は，周囲との望ましい人間関係を育てること，3つ目は，児童生徒の自己実現の援助をし，適切に自己を捉えることができるようにすることである．

　以下で，言語聴覚士とことばの教室について簡単に説明する．

言語聴覚士

　医療・リハビリテーションのひとつと捉え，検査をもとに，指導や訓練を行う．最近では教育の現場でみられることが増えている．検査ではまず，ことばや発音の発達には，聴力が大きく影響するため聴力の問題がないか確認する．さらに，耳音響放射，幼児聴力検査，アブミ骨筋反射などをもとに，脳波聴力検査などで精査を行う．最後に，発達質問紙などを用いて理解力や表出力を確認して，総合的な評価を行う．訓練としては，言語障害に対し言語療法士のもとで幼児向けの言語訓練プログラムを行うことが多い．

ことばの教室

　ことばの教室は，週に1回程度，通常の学級に在籍するものが通う通級指導教室である．対象は，主に構音障害や吃音，言語発達の遅れなどとなるが，近年では，発達障害への対応を併せて行われることも多くなっている．

　指導形式は個別指導が中心で，場合によってはグループ活動を組む場合もある．具体的な指導の内容は，保護者や本人のニーズ，在籍学級での実態に合わせて，個別に組み立てられる．そして，学級担任や保護者へのアドバイスも行い，本人が過ごしやすい環境を整える支援も行われる．

言語障害のある児童生徒の特別な教育的ニーズに対応する他の専門家は言語聴覚士である．教育分野で働く言語聴覚士が対象とするのは，子どもに生じた発達障害や言語障害，発音障害，聴覚障害など多岐にわたる障害であり，これらの障害のある児童生徒に対し，検査・訓練・支援を行うのが主な役割である．

引用文献
- 文部科学省初等中等教育局特別支援教育課．Ⅵ 言語障害．2014.（https://www.mext.go.jp/component/a_menu/education/micro_detail/__icsFiles/afieldfile/2014/06 /13/1340247_11.pdf）（最終閲覧：令和3年3月4日）
- American Psychiatric Association. Communication Disorders. In. Diagnostic and statistical manual of mental disorders（5th ed.）. 2013.（https://doi.org/10.1176/appi.books.9780890425596）（最終閲覧：令和3年3月4日）
- World Health Organization. ICD-10：International statistical classification of diseases and related health problems：tenth revision, 2nd ed. 2004.（https://apps.who.int/iris/handle/10665/42980）（最終閲覧：令和3年3月4日）
- 長畑正道．発達障害の神経心理学—後天性小児失語症およびsemantic-pragmatic deficit syndrome 10例の神経心理学的検討．神経心理学．1989：5(1)．56-64.
- 森 浩一．小児発達性吃音の病態研究と介入の最近の進歩．小児保健研究．2018：77(1)．2-9.
- 筑波大学人間系障害科学域宮本昌子研究室WEB情報：宮本昌子「吃音とクラタリング」．2015.（http://www.human.tsukuba.ac.jp/~smymt/stuttering.html）（最終閲覧：令和3年3月4日）
- St Louis KO, Myers FI, et al：Understanding and Treating Cluttering, In. Conture EG, Curlee RF.（eds.）Stuttering and Related Disorders of Fluency（3rd ed）, Thieme Medical Publishers, 2007.

p.297-325.
- 加藤正子，竹下佳子ら『特別支援教育における構音障害のある子どもの理解と支援』学苑社．2012.

◉ **参考文献**
- Conture EG, Curlee RF（eds.）. Section Ⅱ. Intervention：Childhood Stuttering, Stuttering and Related Disorders of Fluency（3rd ed.）, Thieme Medical Publishers, 2007. p.53-150.
- Fukuda S, Fukuda SE：The acquisition of complex predicates in Japanese specifically language-impaired and normal developing children. Brain and Language. 2001：77（3）. 305-20.
- Van Zaalen Y, Reichel I. 訳：森　浩一，宮本昌子『クラタリング［早口言語症］：特徴・診断・治療の最新知見』学苑社．2018．p.224.
- 岡崎恵子，福田登美子ら『シリーズ言語臨床事例集─口蓋裂』学苑社．2000．p.316.
- 小林秀之，米田宏樹ら．監修：吉田武男『特別支援教育：共生社会の実現に向けて（MINERVA はじめて学ぶ教職）』ミネルヴァ書房．2018．p.131-41.
- 吉田麻衣．ことばの教室の目指すもの─教育における言語指導のあり方．コミュニケーション障害学．2011：28．93-9.
- 玉村公二彦，黒田　学ら『キーワードブック特別支援教育─インクルーシブ教育時代の障害児教育』クリエイツかもがわ．2015．p.32, 84-5, 102, 124-6, 134, 201, 278-9.
- 今井智子，加藤正子ら『新版構音検査』千葉テストセンター．2010.
- 小林倫代．B-279「平成23年度全国難聴・言語障害学級及び通級指導教室実態調査」報告書．国立特別支援教育総合研究所．2014．（http://www.nise.go.jp/cms/7,7390,32,142.html）（最終閲覧：令和3年3月4日）
- 松村勘由，後上鐵夫．第4章 ことばの教室における指導・支援の現状．研究代表者：牧野泰美『特教研 B-213 吃音のある子どもの自己肯定感を支えるために』国立特殊教育研究所（NISE）WEB 特殊教育情報データベース．2007．p.53-68.（https://www.nise.go.jp/kenshuka/josa/kankobutsu/pub_b/b-213.html）（最終閲覧：令和3年3月4日）
- 文部科学省．「重複障害者等に関する教育課程の取扱いについて」資料4-2，平成28（2016）年4月13日 教育課程部会 特別支援教育部会（第7回）．2016．（https://www.mext.go.jp/b_menu/shingi/chukyo/chukyo3/063/siryo/__icsFiles/afieldfile/2016/05/06/1370116_4_2.pdf）（最終閲覧：令和3年3月4日）
- 村尾愛美，伊藤友彦．日本における特異的言語発達障害研究の今後の課題．東京学芸大学紀要，総合教育科学系．2012：63（2）．139-144.
- 文部省．特殊教育の改善に関する調査研究会「重度・重複障害児に対する学校教育の在り方について」昭和50年3月31日（報告）．1975．（https://www.mext.go.jp/b_menu/shingi/chukyo/chukyo3/003/gijiroku/05062201/001.pdf）（最終閲覧：令和3年3月4日）
- 飯高京子，若葉陽子ら『構音障害の診断と指導』学苑社．1987.

重複障害

　重複障害とは2つ以上の障害を併せもっているということである．それぞれの障害の程度について共通基準というものは原則的にはなく，障害の程度とは関係なく2つ以上の障害があることが基本的概念になる（表1）．たとえば，聴覚と視覚の共に障害をもつ盲ろうや，知的障害に自閉傾向がある，脳性まひという肢体不自由に知的障害が加わるなど，障害の組み合わせの可能性はいくつもあり，課題も必要な支援もさまざまである．

1 背景と教育課程

　1947（昭和22）年の学校教育法の施行により「特殊教育」が始動し，翌年には盲学校・ろう学校が義務教育化された．しかし，養護学校（知的障害，肢体不自由，病弱）の義務化は1979（昭和54）年まで見送られた．このとき，これまでは就学猶予・就学免除となっていた重い障害のある子どもや障害が重なっている子どもが養護学校に就学することになり，重度・重複障害という概念が生まれ，それに備えて制度や教育内容が検討されるようになった．

　さらに2007（平成19）年には，特殊教育から特別支援教育への転換があった．その少し前，2005（平成17）年に発達障害者支援法が施行され，学習障害，注意欠陥多動性障害，高機能自閉症，アスペルガー症候群などの発達障害を対象にした早期支援が始まっていた．これらの障害では知的障害はないかあっても軽度であり，それ以前は特殊教育の対象とはなっていなかった．

　また，同年に「特別支援教育を推進するための制度の在り方について（答申）」が出され，盲・ろう・養護学校の小・中学部において重複障害学級の在籍率が43.3％であるということから「重度・重複化」への対応の必要性と，「多様化」への対応の必要性が述べられている．そして，この「重度・重複化，多様化」に適応するために特別支援教育が誕生したのである．

表1 重度・重複障害児の範囲

a) 学校教育法第 72 条及び同施行令第 22 条に規定する障害を2つ以上併せ有する者
b) 発達的側面から見て，精神発達の遅れが著しく，自他の意思の交換及び環境への適応が著しく困難な者，
c) 行動的側面から見て，多動的傾向等問題行動が著しい者で常時介護を必要とする程度の者を加えるとしている．

（文部省．特殊教育の改善に関する調査研究会の報告．1975.）

特殊教育では障害の種類や程度に応じて「特別な場」で手厚くきめ細かい教育を行うことに重点が置かれてきたが，特別支援教育では，幼児児童生徒の自立や社会参加に向けて一人ひとりの教育的ニーズを把握し，適切な指導および支援を行うことが重視されるようになった．2007年に特別支援教育の教員免許も障害ごとに別々の制度であったものから，特別支援学校教諭教員免許状に一本化され，1つまたは2つ以上の障害についての専門性を確保するものとなった．

　重複障害者等に関する教育課程にはさまざまな措置が認められており，柔軟な対応をすることができる．たとえば，児童生徒の障害の状態により特に必要がある場合は，各教科の目標および内容について，学年や小中学部を跨ぐこと，一部を取り扱わないあるいは自立活動に置き換えて指導を行うことができる．また，医療および生活上の規制を受けている場合には，教員を派遣して訪問教育も実施される．その際の指導回数も適切に定める．さらに，面接指導だけでなく，通信による教育も用いられている．

2　特徴と関わりの留意点

　重複障害のある幼児児童生徒を理解するためには，①医学的診断や所見と成育歴，②感覚機能の評価，③領域ごとの評価などの把握が必要である．ここでいう領域とは，呼吸や生活リズム，発作の状況などの健康に関すること，触覚・視覚・聴覚などの感覚に関すること，姿勢や微細および粗大運動や知覚運動協応など運動に関すること，コミュニケーションに関することである．服薬，痰の吸引，経管栄養や自己導尿の補助などの医療的ケアを日常的に必要とする場合が多く，常に体調に気を配り，適切な対応が求められ，医療との連携も不可欠である．

　また，保護者にもさまざまな事情や思いもあり，連携と支援は必須となる．生得的な障害だけではなく，病気や事故によって後天的な障害をもつ場合もある．たとえば，交通事故などの後遺症として四肢麻痺と高次脳機能障害の重複障害が生じた場合，この時点から本人とその家族は，能力や機能低下を含めた障害受容が始まる．そのため，教師もそれに添って歩みを進めることになる．重複障害児と関わるには，幼児児童生徒が有する各障害について理解しておくことはもちろんのこと，障害が重複することで単に困難が「追加」されるだけではなく，相乗的に「増幅」されるということを忘れてはならない．特に，日常生活に介助が必要で周囲にわかりにくい表現方法しかもち得ていない場合には，潜在的能力を正しく捉え，自立的成長が阻まれないようにすることも重要である．

　当事者である子どもが，実体験を積み上げ，情報提示や発信方法を工夫し，興味関心のあることを学習につなげ，「今，できること」に焦点を当て，「社会的参加」へとつながるような教育の提供が望ましい．

パラ・アスリートの超人たち

田中 信行（日本体育大学）

　パラ・アスリートというとどのようなイメージが湧くでしょうか？　聞いたことがないという人もいるかもしれません．

　まずパラ・アスリートという言葉ですが，パラリンピック（正式にはパラリンピック競技大会）のアスリートという意味ではありません．実は国際的に障害者スポーツ（sports for/of the disabled）を，パラ・スポーツ（para-sports）と呼ぶ（日本障がい者スポーツ協会 2014）ようになってきています．

　ところで皆さんは，パラ・アスリートのなかに，オリンピックにも出場した人もいることは知っていますか？　そのはじめてのアスリートは，1980，88年と2000年のパラリンピックとともに1984年ロサンゼルス・オリンピックにも出場したニュージーランドの車いすアーチャー　ネロリ・フェアホールです（Wallechinsky, D. etc., 2012）．彼女の後にも何人ものパラ・アスリートがオリンピックに出場しています．特に世界を驚かせたのは，2012年ロンドン・オリンピックで，両下肢に義足（下腿）を装着して陸上競技の400m準決勝および1600mリレー決勝に出場した南アフリカのオスカー・ピストリウスです．彼のベスト記録は45秒07ですが，同大会400mの参加標準記録Aは45秒30でしたので，まさにパラ・アスリートの超人といえるでしょう．

　さらにすごい超人がいます．オリンピックには出場していませんが，走り幅跳びで8m48の記録をもつ片下肢義足（下腿）のジャンパーのドイツのマルクスレームです．2016年リオデジャネイロ・オリンピックでの同種目男子の優勝記録が8m38ですので，彼の記録は驚異的です．なお，女子の走り幅跳びのアスリートにも超人がいます．何と両下肢義足（下腿）であるオランダのフラー・ヨングは，5m21の記録を出しています（2019年）．

　日本にも超人アスリートがいます．車いすテニスの国枝慎吾は，テニスのグランドスラム（国際テニス連盟が定めた大会：全豪オープン，全仏オープン，ウィンブルドン選手権，全米オープン）に何と45回優勝しています（2020年現在）．障害のないアスリートのフェデラーが，優勝回数歴代1位タイの20勝ですので，その凄さはまさに日本の誇る超人です．またパラリンピックのアスリートではありませんが，円盤投げの元日本記録保持者（62m16：2018年）の湯上剛輝は，聴覚障害があります．彼は，障害の有無にまったく関係なく活躍をしています．彼もまた超人といえるでしょう．

　スポーツを障害の有無にかかわらず，誰もが選択的に行うことができる社会が最も幸せな社会かもしれません．皆さんが，そんな社会の構築者の一人としてパラ・スポーツに興味をもってもらえたら幸いです．

発達障害とは

01　発達障害の法律上の定義

　2004(平成 16)年に成立し，2005(平成 17)年に施行された発達障害者支援法では，発達障害を「自閉症，アスペルガー症候群その他の広汎性発達障害，学習障害，注意欠陥多動性障害その他のこれに類する脳機能の障害があってその症状が通常低年齢において発現するものである」と定めている．ここでいうその他に含まれるものは，「言語の障害」，「協調運動の障害」および厚生労働省令で定められるものをいい，そこには WHO(世界保健機関)が作成した疾病の分類である ICD-10 の「心理発達の障害」および「行動及び情緒の障害」が加えられる．この法律により，初めて発達障害が社会的に認知されることとなった．

　教育の分野においては，2006(平成 18)年に教育基本法が改正され，これを受けて，2007(平成 19)年に改定された学校教育法で，障害児への教育が今までの特殊教育から特別支援教育へ転換された．それに伴い，特別支援教育では発達障害が新たな対象として加えられ，障害のある幼児児童生徒の自立や社会参加に向けた主体的な取り組みを支援する視点をすべての学校がもつということが目標とされた．ここでは，「従来の特殊教育の対象の障害だけでなく，LD(学習障害)，ADHD(注意欠陥多動性障害)，高機能自閉症を含めて障害のある児童生徒の自立や社会参加に向けて，その一人ひとりの教育的ニーズを把握して，その持てる力を高め，生活や学習上の困難を改善又は克服するために，適切な教育や指導を通じて必要な支援を行うものである．」と定められている．2011(平成 23)年には，大学入試センター試験において，障害の種類・程度に応じて障害のある入学志願者に対して，申請に基づく審査のうえで特別な配慮を行う障害者の受験特別措置に，初めて「発達障害」の区分が設けられた．その後，2012(平成 24)年に行われた「通常の学級に在籍する特別な教育的支援を必要とする児童生徒に関する全国実態調査(文部科学省)」では，学校現場でみられる具体的な特性で構成されている．医師の診断を得たものではないが，通常学級のなかで学校現場の教員によって，生活上，学習上の困難を経験していると判断された子どもたちは 6.5％ にのぼると報告されている．これは，1 学級に 2〜3 名は教育的対応が必要(学習面または行動面で著しい困難を示す)であり，通常の学校における個別の支援の必要性が明確化されることを意味している．

　なお，前述の発達障害者支援法は，2016(平成 28)年に改定された．日常生活および社会生活における制限を「社会的障壁」とし，その壁を取り払うために，早期からの心理的機能の適正な発達を支え，教育・福祉・医療・労働が緊密に連携し，就労支援も含めた切れ間ない

支援を行うためのライフステージに対応した施策が明示されている．さらに2013（平成25）年に成立していた「障害を理由とする差別の解消の推進に関する法律（障害者差別解消法）」が2016（平成28）年4月1日に施行された．ここでは，だれもが障害の有無によって分け隔てなく，社会にある障壁を取り除くための「合理的配慮」を提供され，人格と個性を相互に尊重し合いながら，「共生社会」の実現を目的としている．

02 発達障害に共通した特性

　発達障害は，脳に何らかの先天的な機能不全があることで生じるといわれており，決して親の育て方や本人の努力不足が原因ではない．通常，脳の機能は年齢に応じてバランスよく発達するが，発達障害をもつ子どもは発達に実年齢を上回るものと下回るものが混在するためにバランスが悪い．この脳の機能障害の「凸凹」が，認知発達の偏りを生じさせ，認知機能の偏りは行動特性として現れる．そのため，学習能力や言語能力，社会性，運動や手先の細やかな動きのほか，注意や行動のコントロールといった側面における課題を抱えることとなる．周囲には障害として理解されにくく「見えにくい障害」として，最近になるまでその特性や対応について明確にはなっていなかった．

　これらの特性について，日本における法律上の定義はすでに説明したが，ここでは，医学における国際的な基準について紹介したい．先に述べたICD-10では，発達障害を，①知的障害，②心理的発達の障害（広汎性発達障害・学習障害・コミュニケーション障害・発達性協調運動障害），③小児（児童）期および青年期に通常発症する行動および情緒の障害（多動性障害）であるとしている．また，アメリカ精神医学会が示しているDSM-5（精神障害の診断と統計マニュアル）では，発達障害は神経発達群（障害群）と総称され，①知的発達症，②コミュニケーション症，③自閉スペクトラム症，④注意欠如・多動症，⑤限局性学習症，⑥運動症，⑦チック症が含まれる．これ以前のDSM Ⅳ-Rは2013（平成25）年に改定され，ADHDが発達障害として位置づけられ，広汎性発達障害の呼称が廃止になり，そこに含まれていたアスペルガー症候群もASDに統一され，重症から軽症までを「スペクトラム（連続体）」として捉えるといったいくつかの変更があった．これらの診断基準の明確化と周知により，診断に至る率が高まり，医学的認識が広がってきている．

　現在，発達障害の罹患率は，知的障害1％，ASD2％強，ADHD3〜5％，学習障害5％で，合計すると1割以上となるといわれている．これは前述の文部科学省が全国で実施した調査で通常学級に6.5％認められた困難を抱えている子どもがいるという報告と支援学校や学級に所属している児童生徒2.9％を含めた割合とほぼ等しい割合であることは興味深い．

　このように，発達障害について定義や基準が一様でないのは，それだけその特徴がわかりにくいということに他ならない．さらに，ひとつの特性が単独で現れるだけではなく，2つ

図1　発達障害「それぞれの障害の特性」

それぞれの障害の特性

● 言葉の発達の遅れ
● コミュニケーションの障害
● 対人関係・社会性の障害
● パターン化した行動，こだわり

知的な遅れを
伴うことも
あります

自閉症

広汎性発達障害

アスペルガー症候群

● 基本的に，言葉の発達の遅れはない
● コミュニケーションの障害
● 対人関係・社会性の障害
● パターン化した行動，興味・関心のかたより
● 不器用（言語発達に比べて）

注意欠陥多動性障害 AD/HD
● 不注意（集中できない）
● 多動・多弁（じっとしていられない）
● 衝動的に行動する（考えるよりも先に動く）

学習障害　LD
● 「読む」，「書く」，「計算する」等の能力が
　全体的な知識発達に比べて極端に苦手

※このほか，トゥレット症候群や吃音（症）なども
発達障害に含まれます.

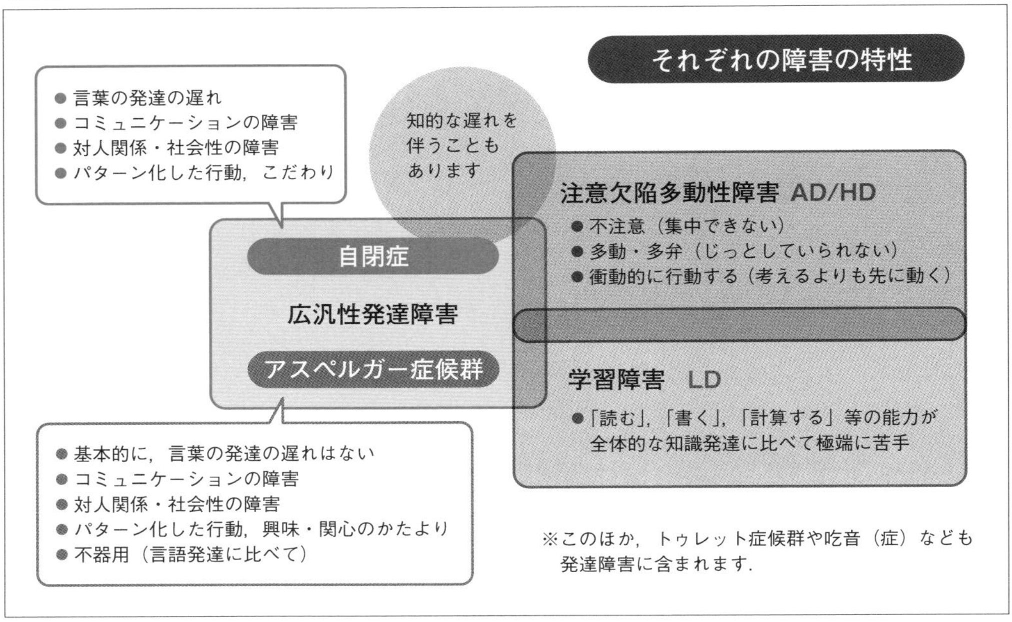

（内閣府. 政府広報オンライン. 2013.）

　以上を併せてもっていることも多い．そのことがより本人の適応を難しくし，周囲からの誤解も受けやすい．特性があることにより，保護者を含めた周囲は，わかりにくさや「育てにくさ」を抱きながらかかわり，本人もうまくいかなさや「育ちにくさ」を抱えながら生きている．さらに，同じ障害をもっていても，その状態は一人ひとり異なり，必要となるかかわりや支援も一様ではない．

03　発達障害に対する考え方と対応

　発達障害の特性をもっていることで，幼児期から児童期あるいはそれ以降の日常生活や集団場面における対人関係，学校での学習行動などにおいて，さまざまな不具合を生じ，その積み重ねが，思春期以降の問題や課題を生じさせる．周囲からの無理解や非難が続くと本質的な一次的障害に加え，二次的な原因によるさまざまな症状として二次的障害が生じることがある．行動の背景を理解することで，家庭や教室での対応が適切になる．不適応につながる行動を上手に否定し，望ましい行動に誘導していくためにほめて認めていくことが基本であり，行動改善だけではなく，情緒的な安定と心理的な二次障害の予防にもつながる．その

ためには，乳幼児期以前からの「育ち」としての発達の経過の把握だけではなく，知能検査などによる「学び」のための認知特性の評価も必要となる．脳の機能障害の「凸凹」や認知発達の偏りは，学習内容に対する興味や関心の有無，映像として観るか文字として捉えるかというような内容の提示方法の違い，提示時間の長さや与えられた情報の量，そして，その内容が理解できたことを表すための表現の仕方などあらゆる影響を受ける．これに対し，周囲の理解が得られ，受け入れられ，適切な支援がえられれば，自信をもつこともできる．それを可能にするために，2019(平成31)年の『発達障害等のある子供達の学びを支える 〜共生に向けた「学び」の質の向上プラン〜』では，通常の学級で過ごしにくさを感じている発達障害の子どもへの支援の充実があげられている．今まで以上に多くの教師が，単に障害のある児童生徒を「理解」するだけではなく，一人ひとりの障害に応じた適切な指導方法を選択・実践する能力も求められている．

　発達障害は，生活障害であるという捉え方もある．2018(平成30)年に厚生労働省が在宅の障害児の生活実態とニーズを把握することを目的に実施した「平成28年生活のしづらさなどに関する調査」において，医師から発達障害と診断された人は，48万1千人と推計される．生活するということには，さまざまな人間関係や環境要因が関与する．発達障害があることで，日々の暮らしを上手にこなすことができず，生活に難しさを感じ，生きづらさを抱えることが多い．そのため，ある程度の年齢に達した時，あるいは環境状況がその人を心身共に追い詰めた場合，つまずき悩むことがある．それは，特性が色濃く出て，状況に応じて変化したり，状況に合わせて自身の行動を選択できたりする柔軟性が失われ，適応がうまくできない生活障害が生じていることを意味する．逆に，対人関係や環境に恵まれれば，特性の色は薄くなり，課題であった行動も目立たなくなる．そのため，発達段階に応じた早期からの支援を行うことができれば，成人期に入ってから生活上の困難さが軽減され，特性は残っていても障害には該当しなくなっている場合も多い．したがって，幼児期や児童期のみではなく，成人期や老年期まで継続した「切れ目ない支援」が必要である．

　ここからは，発達障害に含まれるそれぞれの障害の特徴やかかわり方について詳しく説明していく．

7 ASDの理解と支援

学習のポイント

1.「自閉症」という概念と，その原因にまつわる歴史的経緯について学ぼう．
2. 自閉スペクトラム症児の多様性と，指導する側の限界について考えてみよう．

① 概念

　自閉症という診断概念は1943年，アメリカの精神科医カナー（Kanner, L.）が「聡明な容貌・常同行動・高い記憶力・機械操作の愛好」などの特異な症状をもつ症例を報告し，autismと命名したことが最初であるとされている．ただ，このautism（自閉症）という診断概念は，歴史的に大変な紆余曲折を経て，さまざまな呼び方，たとえば，「自閉症」「広汎性発達障害」「自閉スペクトラム障害」と言われ，そして最近のDSM-5の定義では**自閉スペクトラム症（ASD）**と呼ばれるようになっている．また，高機能自閉症としての**アスペルガー症候群**もいわゆる「自閉症」に類する概念として認知されている．

　このように「自閉症」がさまざまな呼ばれ方，あるいは診断概念で捉えられてきた理由は自閉症の「症状」（症状ではなく，その人の特性，あるいは個性として考えようとする流れも出てきている）が一人ひとり，変化に富むためである．これは現象面としては「自閉症」のある子ども，あるいは成人の行動が，それこそ一人ひとり違っていて，非常に多彩な行動として表現されること，つまりスペクトラム（虹の色成分のようにグラデーションをもった一連の変化パターン）として捉えるべき特性があることを意味している．

　こうした一般の人の行動パターンからは多少，あるいはかなり異なった行動特性をもつがゆえに，自閉症の行動特性のある子ども，あるいは成人が社会生活を営むことには，多くの社会的な困難（障害）を伴う場合が多い．言い換えれば，他者（地域社会の仲間）から正当に，そして公正に自分の行動を理解され，受容されることが困難な場合があるのが現状である．

② 分類

　自閉スペクトラム症の原因が現在ではまだ特定されていないため，自閉スペクトラム症を適切に分類することはあまり有益とはいえない．現在では**自閉スペクトラム症は「自閉症」「広汎性発達障害」「アスペルガー症候群」などを含む**

autism（自閉症）

自閉スペクトラム症

ASD：autism spectrum disorder

アスペルガー症候群

DSM-5
→p.56

疾患概念と考えられていて，脳が胎生期，周生期，そして幼児期に発達していく過程で起きた脳の機能および構造上の発達障害がその中核にある神経発達障害であると考えられている．

③ 原因

自閉症の原因は前述のように，まだ特定されていないが，おそらく，1つの原因により自閉スペクトラム症が発生するのではなく，多くの遺伝的な要因が複雑に関連し合い，脳の発達途上で起きた何らかの脳の機能障害が原因であると考えられている．

原因追究の歴史的経緯

ところで，自閉スペクトラム症の原因を追究する過程において，「自閉スペクトラム症にとって，脳の発達上の機能障害が重要な要因である」という考え方に到達するまでには，歴史的に悲劇的な紆余曲折があったことを忘れてはならない．自閉症のない一般人が自閉症のある子どもや成人本人が生き生きとできるように支援していくためには，この歴史的な紆余曲折を正面から見据えてその問題点をしっかりと理解しておくことはきわめて大切なことである．これを知らないと，また同じような過ちを犯すことになるため注意が必要である．その意味で，ここでは自閉症の原因が歴史的にどのように考えられてきたのかを概観する．

カナーの「冷たい母親説＝冷蔵庫マザー説」

1943年，アメリカの精神科医カナーが「聡明な容貌・常同行動・高い記憶力・機械操作の愛好」などの特異な症状をもつ症例を報告し，autismと命名したことはすでに述べた．その後の経過をみると，カナーが提唱した「冷たい母親説＝冷蔵庫マザー説」により自閉症の正しい理解がたいへん妨げられてしまった．少なくとも1950年代から1970年代はカナーによる「冷たい母親（冷蔵庫マザー）説」が世を席捲していた時代であった．

特に，日本ではカナーの冷蔵庫マザー説とともに，1970年半ばに，臨床医の発案による「母原病」という用語が流行し，喘息，不登校などに悩む子どもの症状と彼らのこころの問題の因果関係について，「こうした子どもが喘息などの症状を発症させた原因は母親の子育て方法に問題があるからだ」という考え方が世間に広く受け入れられた．この「母原病」という，かなりあいまいな疾病概念がまことしやかに独り歩きをしたことをきっかけとして，自閉症のある子をもつ母親は地域社会から著しい誤解と偏見で見られるようになった．

心身に障害のある子どもの特別支援教育に現在携わっている教諭，支援者，医療従事者，臨床心理士，臨床発達心理士などの職種のスタッフはもちろんの

久徳重盛，『母原病—母親が原因で増える子どもの異常』サンマーク出版．1979

冷たい母親説

カナーは自閉症の原因は後天的で母親の愛情不足による心因性だと主張し，自閉症児をもつ母親を冷蔵庫マザー（refrigerator mother）と呼び，自閉症は不適切で温かさに欠けた子育てが原因と考えた．この考え方は後に否定されることになったが，当時のアメリカ，そして日本ではこのカナーの冷蔵庫マザー説が広く受け入れられてしまった．

こと，将来，特別支援教育の担い手として活躍しようとしている学生諸君はこの歴史的な悲劇を二度と繰り返さないように，十分に注意・配慮をすることが重要である．

ラターの言語・認知障害説

　時代が1970年代に入るとアメリカでカナーの「冷たい母親説」の基礎となっていた，情緒的要因説を否定する研究者がイギリスで現れた．イギリスの医師ラター（Rutter, M.）である．ラターは自閉症とは「器質的」な障害であるとして，言語・認知障害説を唱えた．この説をきっかけとして，自閉症の原因は心因論や親の養育態度が原因なのではなく，脳の発達に障害があって生じる症状であるという考え方に基づき，遺伝学や神経学的な研究が急速に展開され，その結果として心理学の分野では行動療法がさかんとなった．

🔑 行動療法

ショプラーの TEACCH プログラム

　さらに，アメリカのショプラー（Schopler, E.）がカナーの「冷蔵庫マザー仮説」に真っ向から反対し，行動理論と認知理論を合体させた自閉症支援プログラムを作り，「構造化」が重要であると主張した．彼は「自閉症とその関連する領域にあるコミュニケーション障がいの子どもたちの治療と教育プログラム」（TEACCH）を創設し，このTEACCHプログラムは自閉症児およびその支援者や保護者に恩恵を与え続けている．

神経科学の発展による変化

　最近の20数年の間で，神経科学（脳科学）特に社会性や感情と脳の関係の研究が著しく発展してきているので，自閉症児の脳がわれわれ一般人と，どういった点で違う働きをしていて，またどのような点で共通点があるのか少しずつ明らかになってきた．

　自閉スペクトラム症のある子どもや成人は，われわれ一般人とは異なる理解の仕方・独特の方法でこの世界を認識し，把握しようとしている．だからこそ，彼ら一人ひとりの脳の働き方を尊重し，脳の働きの総合的な姿としての自閉スペクトラム症の「こころの在り方」を尊重することが大切なのである．そして，「パーソン・センタード」な療育・教育的な支援を基軸として，自閉スペクトラム症のある子どもや成人を，われわれ一般人が決して出しゃばらずに，温かくそっと支える態度で彼らに寄り添って，ともに生きる道を見つけることが大切である．

TEACCH

「Treatment and Education of Autistic and related Communication-handicapped Children」の略で，米国ノースカロライナ州で1972年以来実践されている自閉スペクトラム症のある子どもとその家族を対象とした生涯支援プログラム．

パーソン・センタード

「パーソン・センタード」ケアは認知症に対する実践方法であり，「その人らしさ」（パーソンフッド）を重視し，その人の安らぎと安心感を尊重するケア．

④ 特徴

自閉スペクトラム症の3大特徴は，以下の通りである．

> 1．対人関係を作るのが苦手（社会的相互作用が不得意）である．
> 2．他者とコミュニケーションを取るのが苦手である．
> 3．同調行動と呼ばれるようなパターン化した興味や行動があり，それら
>   の興味や行動へのこだわりがたいへん強い
>
> ※たとえば，いつも同じルートを通り，同じ食堂に同じ入り口から入り，同
>   じ席に座らないと落ち着かない，同じ服を着ないと不安になる．身体を揺
>   らす，指をぱちぱちやり続けるなど特定の行動をいつまでも繰り返す．

　さらに，感覚がたいへん過敏で，音や香り，色彩，衣類のテクスチャー（感触）に鋭敏であったり，他者に触れられることを嫌ったりする．一方，感覚が普通よりかなり鈍感な場合もあり，汚れていてもまったく気にならないとか，普通の人であれば，熱くてとても飲めないような温度のお茶を嬉しそうに飲み込むなどの行動を示すこともある．ただ，一般人でも程度の差はあるものの，それぞれにこだわりがあるのは通常であるので，特に，**自閉症児のこだわりを「異常」とか「症状」としてレッテル張りをすることは慎重にする必要がある**．

　また，自閉スペクトラム症は知的障害とは診断概念としては異なるが，自閉スペクトラム症のある子どもには知的障害を伴うケースが多数あるのも事実である．

　自閉症は約100人に1人程度の割合で存在すると報告されている（アメリカの疾病予防管理センターCDCの最新の調査では68人に1人）．

　言語の発達が遅れる場合，あるいは一応言語発達が順調に進んでいながら，自閉症の進展とともに，言語が急速に退化してしまうケースもある．また，発話が一般児童より遅れ，あるいは変わった言葉の使い方をする場合もある（反響言語：エコラリア）．

CDC：Centers for Disease Control and Prevention

⑤ 教育課程

自閉スペクトラム症の基本パッケージ（3つの柱）

　自閉スペクトラム症の教育課程は，歴史的に考えると小学校，中学校に設置された学級がベースとなっているため，小学校，中学校において対象となる児童・生徒の所属する学年に準ずる教育課程が基本となる．つまり，**①「各教科などの指導」を基本として，②「自立活動の時間」，さらに③「交流および共同学習」を3つの柱としてこれらを1つのパッケージとして考える**．また，特別支援学校指導要領を参考にして，学級や児童・生徒の実態に応じた教育目標や教育内容をそれぞれの学校で決める必要がある．

　最近では，自閉スペクトラム症のある児童・生徒の小学校・中学校卒業後の社会参加や自立（就職）なども考慮する必要性から，学習上の困難さだけではなく，日常生活上の困難，特に他者とのコミュニケーション行動の促進を目的と

した指導を「自立活動の指導」として取り入れる学校が増えてきている．自立活動の授業数については，各児童生徒の障害の内容や程度に応じて適切に定めることとされている．ただ，授業の総時間数があらかじめ各学年に対して定められているので，自立活動の授業時間を増やせば，他の教科の授業時間数を減らす必要がある．そこで他の教科とのバランスを考えたうえで自立活動の目標や指導の内容を明記した個別の指導計画を作成することが必要である．

　　自閉スペクトラム症のある児童・生徒には，前述した3大特徴（p.87）がある．

　　そこで，教科の学習はもちろん必要ではあるものの，**彼らのこころの安定および安心感，そして彼ら自身が生き生きと自信をもって生活できるための工夫を最重要な教育課題としてあげることが大切となる**．その意味で，自立活動と交流，および共同学習の時間はたいへんに重要な教育課程であると考えられる．

自立活動の指導

　　自立活動の指導は各教科（脇註参照）などとの関連性を密接にもたせたうえで，自閉スペクトラム症のある児童・生徒一人ひとりの障害の状態や発達の様子（つまずきの内容）に応じて個別の指導目標を定め，指導内容を考慮して指導をすることが必要であり，同時に絶えず本人の笑顔や行動，そして理解度や安心感などを総合的に判断して，そうした本人から得られた情報（日頃の観察結果）を指導目標や指導内容に絶えずフィードバックをしながら，リアルタイムで現状に合わせて指導目標や指導内容を微調整することを忘れないことが重要である．

・小学校での教科：生活，国語，算数，社会，理科，音楽，図画工作，体育，家庭，道徳，外国語活動，総合的な学習の時間，特別活動
・中学校での教科：国語，社会，数学，理科，音楽，美術，保健体育，技術・家庭，外国語，選択科目など，道徳，総合的な学習の時間，特別活動

ベッドの長さに合わせて患者の足を切ってはならない

　医学の分野で医学生に臨床医学を教える際に必ず言うことは，「ベッドの長さに合わせて患者の足を切ってはならない」ということである．つまり，自らが策定した教育方法を実施したところ，それに合致しない児童や生徒の行動が観察された場合には，「教育方法に合わない子どもだ」とレッテル貼りをするのではなく，「この子どもが幸せ感を感じていない教育課程なのだから，教育課程そのものを調整する必要がある」と猛省することが重要なのである．

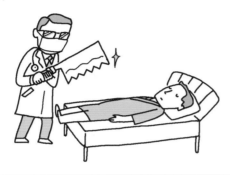

各教科の指導

　自閉スペクトラム症のある児童・生徒に対する各教科の指導を考える場合には，**第一に，その子どもに知的障害が伴っているかどうか，が検討課題となる**．知的障害を伴う子どもに対する教育課程に準拠した各教科の指導をベースとして行う必要がある．一方，知的障害を伴わない自閉スペクトラム症の子どもの場合には，各教科の指導は基本的に通常の学級に準ずるやり方で実施すればよい．以下の解説においては，知的障害を伴わない自閉スペクトラム症の子どもに対する各教科の指導を中心に解説する．

　前述のように，自閉スペクトラム症のある児童・生徒に対しては，社会的なコミュニケーション行動の促進などを積極的に指導することが大切であるので，自立活動の指導の時間を十分に取る必要がある．そのため，各教科の授業時間数は必然的に減少することとなる．このあたりのさじ加減，言い換えれば，自立活動の時間と各教科の時間のバランスの取り方については，自閉スペクトラム症のある児童・生徒の行動観察を慎重に行い，同時に彼らの情緒の変化パターンの観察を行動観察と合わせて実施したうえで，各児童・生徒の障害のありように応じた指導内容を臨機応変に検討・微調整をすることが重要である．

　ただ，自閉スペクトラム症のある児童・生徒一人ひとりの個性（障害の状態）に合わせた適切な指導を計画するといっても，実際のところは，全体の指導時間枠が決まっているという制限のなかで，自閉スペクトラム症のある本人，一

自閉スペクトラム症のある児童・生徒を指導する教諭の方々および，これから教諭になろうとする学生諸君はこの限界を，決して忘れずに，自らが提供する教育課程が必ずしも本人に最適なものでない可能性があることは絶えず自省しながら彼らの教育実践に活躍することが重要である．

人ひとりに合った最適な指導計画を作成することになる．このため，この作業にはおのずと限界があるのが現状である．

交流および共同学習

　交流および共同学習の時間では，各教科の指導や自立活動の時間に経験し，学んだ「他者と友好的にコミュニケーションを行い，うまくふれあうやり方（ソーシャルスキル）」を実際の交流および共同学習の場面で実践でき，「そうした社会性に富む行動が実際に自分でもできるのだ」ということを体験できるように設定をすることが大切である．交流および共同学習の時間は，一人ひとりの自閉スペクトラム症のある児童・生徒の障害の内容（まさにスペクトラム的で千差万別な障害のありよう）や本人の興味・関心の向いている方向，心および身体の発達段階，さらには本人が現状では，どのぐらい集団での適応能力があるのかなどを慎重に吟味をして，ケンカなどが起きないように安全に活動ができるように交流および共同学習の内容を設定する必要がある．

　交流および共同学習は，通常学級に通う児童・生徒と自閉スペクトラム症のある児童・生徒がともに学ぶ絶好の機会であるので，共生教育の観点から考えて双方にとってメリットのある教育課程である必要がある．通常学級の児童・生徒にとっては，自閉スペクトラム症のある児童・生徒とのふれあいを通じて，知的レベルの点から障害のある子どもたちを理解するにとどまらず，感情的レベルの点からも，より深く温かな体験をできる可能性がある．

> **共生教育**
>
> 性別，年齢，人種，障害の有無に関わらず，すべての人が支えあい，一人ひとりが積極的に参加・貢献できる社会を実現するための教育．

クラス全員が快感情を生起できるような教育課程を

　通常学級の児童・生徒および自閉スペクトラム症のある児童・生徒がお互いに，「あるがまま」を認め合い，ともに学習に取り組み，仲良くなり，お互いを理解し合い，受容し合えるようになるためには，通常学級の児童・生徒および自閉スペクトラム症のある児童・生徒がお互いのふれあいをする際に「快感情を生起できるような教育課程を教諭サイドが提供できるかどうか」が最も重要と考えられる．教諭の豊かな人間性とともに教育者としての力量が問われるところでもあるし，たいへんにやりがいのあることと考えられる．

---

⑥　指導方法

　すでに①概念のところで述べたが，自閉スペクトラム症のある子どももあるいは成人の行動には2つの大きな特徴がある．

　1つ目の特徴は，自閉スペクトラム症のある人の行動は一人ひとり違っていて，非常に多彩な行動として表現されること，つまり，スペクトラムとして捉えるべきであるということである.

　2つ目の特徴は自閉スペクトラム症というものは脳が胎生期，周生期そして幼児と発達していく過程で起きた脳の機能および構造上の発達障害がその中核にある神経発達障害である点である. 自閉スペクトラム症のある児童・生徒のための指導方法はこのような2つの大きな特徴を十分に考慮したうえで，構築されなければならない.

　言い換えれば，「これが自閉スペクトラム症の児童・生徒に最適な指導方法である」と指導方法を断定的に提示することは実は非常に危険なのである. なぜならば，通常学級で平均的な学習成果および適応行動を示している多くの児童・生徒(約64%)に適した指導方法は，自閉スペクトラム症のある子どもに対しては決して最適であるとは言えないからである. なぜそうしたことが起こるかというと，一般的児童と自閉スペクトラム症のある子どもとでは，脳の情報処理の仕方に相当な違いがあるからである. これはどちらが正常で，どちらがより優れた脳の情報処理であるといった問題では決してない. われわれが生きているこの世界のさまざまな外的環境(音，光，温度，形，などあらゆる環境要因)を脳で処理して，この世界を自分なりに把握するやり方が，一般の子どもと自閉スペクトラム症のある子どもとではかなり異なっている面があるということである. だから，自閉スペクトラム症のある子どもに対する教育は，一般の子どもへの教育方法とは異なる教育方法になっても，まったく自然であるということである.

　このようなことを前提に考えると，自閉スペクトラム症のある児童・生徒の指導方法というのは，実は彼らの高次脳機能や感情脳の独特の働き方をしっかりと把握してから提案しなくてはならないことになる. ただ，実際問題としてはすべての自閉スペクトラム症の児童・生徒に対して，高次脳機能の働きの偏りを医学的・心理学的にしっかりと検査をしてから指導方法を個別に策定することは現状では困難である. そこで，簡易的な方法として自閉スペクトラム症のある児童・生徒に概ね共通な行動特性およびその背景にある感情脳の働き方を，われわれ一般人サイドができるだけ理解する努力を重ねて，日々の学習指導や生活指導に役立てるという方法を採用することがたいへん意義のあることと考えられる.

　各教科についての指導での配慮点を以下に記す.

国語の指導

　多くの自閉スペクトラム症の児童・生徒は彼・彼女独特の文法を構築している. それがわれわれ一般人の構築した日本語の文法とはかなり異なってしまっているため，彼らは，戸惑い，われわれとの「国語を使った意思疎通」に手こずっているのが現状である. つまり，日本人であれば，普通，日本語の文法で大

高次脳機能

空腹，渇き，性欲，睡眠などと異なり，人間らしさと深く関係する知覚，記憶，学習，思考，判断，感情(思いやりなど)を含めた精神(こころ)の働きの総称.

感情脳

感情や情緒を紡ぎ出す部位で，扁桃体，海馬，帯状回，視床，視床下部などで構成される. 人間の脳では大脳皮質に覆われた脳の奥深くに存在する.

切な主語・述語が対応しているということをいつのまにか理解しているわけであるが，自閉スペクトラム症の子どもは，この主語・述語の対応を理解するのが苦手である．また，①文章の意味を理解するとか文脈から判断する，②行間を読むといった認知機能を必要とする場合，あるいは，③書かれている言葉や話された言葉から作者の気持ちを推し量るとか，④その文章に示されていると類推できる情緒的なニュアンスをなんとなく，「ざっくり」と把握するなどの高次脳機能を動員する作業がたいへんに苦手である．このような苦手さは，彼らの脳の情報処理の特異さからくるものであるから，一般人あるいは平均的な普通の人がなんとなく理解できることが，残念ながら理解できない場合が多々あることになる．

　ひとつの解決方法として考えられることは，自閉スペクトラム症の子どもが国語の文章などを自分の情報処理能力に合ったやり方で理解ができるように教材を提示することである．そうすれば，自分の処理能力から外れた判断などをしなくて済むので，安心して楽しく国語の授業に参加できると考えられる．

教材を視覚化してみる

　具体的には，教材を視覚化することがポイントである．彼らは，われわれ一般人より，はるかに多くの部分を，ある意味，「1，0」のデジタルの世界で事象を捉え感じているようであるから，「1，0」の枠組みに馴染むように刺激を提示する必要がある．たとえば，「この文章には作者の気持ちや感情が書かれています．作者の気持ちや感情をあなたの言葉で説明しなさい」という質問に対しては，自閉スペクトラム症の子どもは，そうした課題にどう対処したらいいのかわからない場合が多い．その場合，教師側が，「気持ちや感情の記述部」に棒線を引いて重要な箇所を視覚化することもひとつのアイデアである．さらに，その記述がどの登場する人物の気持ちかを考えることで，刺激と結果が1対1の関係になれるので，自閉スペクトラム症の児童・生徒が混乱することを避けることができると考える．

スモールステップの原則

学習内容を小さな単位(スモールステップ)に分けて，小刻みに一つひとつ段階を踏んで教えることにより，小さな達成感を感じながら学習ができるので，結果として教育効果が高くなることが予測できるという考え方．

算数（数学）の指導

　同様に算数（数学）の指導においては，数的思考の視覚化（見える化）を積極的に進めることと，具体的な物体を使って，「足す，引く，割る，掛ける」を表現するなどの工夫が必要である．測定などの実体験で五感をフルに使う活動などを自立活動や交流および共同学習の際にできるだけ取り入れることもエピソード記憶と数的概念の連携が1対1で促進することになるので，良いアイデアである．

　いずれにせよ，スモールステップの原則を守り，数的考え方を上記の視覚的

提示方法でわかりやすく示したうえで，正答ができるようにして成功体験を重
ねることも本人のやる気を促進するために一案である．

求められる教育の在り方を絶えず自問する

　自閉スペクトラム症の児童に，過度に試行錯誤をさせるのは避けること
が重要である．その理由は，いくら教材や課題を視覚的に提示して，わか
りやすくしたとはいっても，所詮，「自閉スペクトラム症のない」一般人の
教諭が作成した教材であることがほとんどだからである．ゆえに，本当に
自閉スペクトラム症のある児童・生徒の琴線に触れるような素晴らしい教
材の提示を，自閉スペクトラム症のない教師が，いつもできているかどう
かは少し疑問である．自閉スペクトラム症のある子どもを教育するもの
（教諭）は，「自分は一般人であるので，自閉スペクトラム症のある子ども
の脳内情報処理システムが納得するような刺激をいつも提示できているか
どうかわからない」ということを謙虚に反省し，このことを肝に命じて，
絶えず，自閉スペクトラム症の子どもに本当の意味で寄り添える教育をす
ることが重要である．
　彼ら一人ひとりの個性豊かなものの捉え方，感じ方をわれわれ一般人が
学びとり，それを尊重して，彼らが，生き生きとして自信をもって地域社
会のなかで楽しく生きていける方策をみんなで見つけること，それがベス
トな彼らとのかかわり方であるとともに，彼らの求めている教育の在り方
であると考える．

● 文献

- 舟橋厚『療育に活かす脳科学』コレール社．2008.
- キットウッド，T．翻訳：高橋誠一『認知症のパーソンセンタードケア―新しいケアの文化へ』筒井書房．2005.
- キットウッド，T，ブレディン，K．監訳：高橋誠一『認知症介護のために知っておきたい大切なこと―パーソンセンタードケア入門』筒井書房．2006.
- M.ラター，E.ショプラー，翻訳：丸井文男『自閉症―その概念と治療に関する再検討』黎明書房，2006.
- 加藤俊徳．Dr. KATO の脳の教室．（http://www.katobrain.com/Yes-Nou/hir.html）（最終閲覧：令和3年3月10日）
- 古川宇一，加藤利乃ら．TEACCH プログラムによる障害児者の地域ケアに関する実践的研究：(1) 地域での取り組みに向けて．情緒障害教育研究紀要．1993：12, 41-4.

8 LDの理解と支援

学習のポイント

1. LDとはどんな障害なのか，その特徴を理解する．
2. LDの子どもを指導する際の注意点を，その特徴と併せて考える．

① 概念

文部科学省「学習障害児に対する指導について（報告）」1999.

SLDs：specific learning disorders

LD（learning disabilities），もしくは学習障害とは，知的障害はみられないのに特定の学習能力に遅れが認められる状態をいう． 文部科学省の定義によると，「学習障害とは，基本的には全般的な発達に遅れはないが，聞く，話す，読む，書く，計算する又は推論する能力のうち特定のものの習得と使用に著しい困難を示す様々な状態を指すものである．学習障害は，その原因として，中枢神経系に何らかの機能障害があると推定されるが，視覚障害，聴覚障害，知的障害，情緒障害などの障害や，環境的な要因が直接の原因となるものではない」としている．多くの場合では遅れは定義で示されているように特定の側面でみられるので，専門的には限局性学習症（SLDs）という用語も使われている．

具体的には，**日常生活場面では能力的に他の子どもと差異が認められなかったとしても，教科書の内容を間違って読んでしまったり，字を間違って書いてしまったりと特定の学習場面で問題が生じることが多い．** これらの症状のうち多くの場合では，文字を正確に認識することができないために生じるといわれている．たとえば文字が鏡に映ったように反対に見えたり，歪んで見えたり，重なって見えたりすることによって文字を正確に読むことができないなど，文字の認知が関わっていることが知られている．欧米ではこの読字に関わる障害にディスレクシア（dyslexia）という用語を用いている．統計にもよるが学習障害の80〜85％が読字に関わるものだといわれている．

現在では学習障害への理解も高まっているが，周囲の人の理解が得られず，本人の努力が足りないと認識されてしまうと，本人のやる気を削いだり，他の情緒の問題を引き起こすこともあるので，LDへの理解を高めていくことが大切である．

ディスレクシア（dyslexia）

LDには教育，医学，法学のさまざまな観点から定義づけが行われているので，それぞれの違いについて調べてみるのもよい．医学的な観点からはアメリカのDSM-5やICD-11などがある．教育からは日本の文部科学省やUS Department of Educationなどの定義がある．また法的な観点からはIndividuals with Disabilities Education Act（IDEA）を参考にするとよい．

図1 読字障害の例

例えば文字が鏡に映ったように反対に見えたり、歪んで見えたり、重なって見えたりする，ことによって文字を正確に読むことができないなど、文字の認知が関わっていることが知られている

文字がにじんで見える

例えば文字が鏡に映ったように反対に見えたり，歪んで見えたり，重なって見えたりする，ことによって文字を正確に読むことができないなど，文字の認知が関わっていることが知られている

文字がゆらいで見える

例えば文字が鏡に映ったように反対に見えたり，歪んで見えたり，重なって見えたりする，ことによって文字を正確に読むことができないなど，文字の認知が関わっていることが知られている

かすんで見える

鏡文字となって見える

〔日本障害者リハビリテーション協会. ノーマライゼーション 障害者の福祉. 2017：37（6）を参考に筆者作成〕

② 分類

読字障害（ディスレクシア）（図1）

　先述したように文字が正確に知覚されないことによって読字に困難が生じるが，その障害は書くことにも影響を及ぼすことが多く**読み書き障害**といわれることもある．文字が鏡文字のように左右反対に見えたり，重なって見えることもあるので，読字に時間がかかることが多い．文字がきれいに見えていないために，文字をどこで区切ったらよいのかわからなかったり，似た文字を間違えて読んでしまったり，文字や行を飛ばして読んでしまったりするなど症状は多岐にわたる．

　読むことに困難があるため，文章の内容を理解することや，質問された箇所を特定すること，文章から結論を導き出すことなど，文章を読むことに付随するさまざまな機能に問題が及ぶとみられる．また日本語の読字の学習を何とか乗り切っていた場合にも，英語の学習になった際にアルファベットの認知でつまずきをみせる子どももいる．

 読み書き障害

図2 書字障害の例

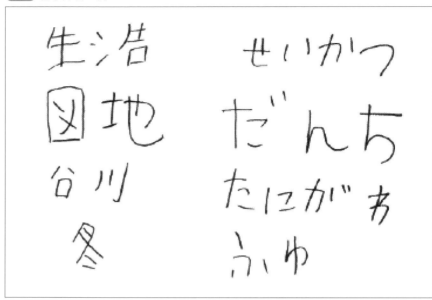

（宇野彰ら．視覚的認知障害を伴い特異的な漢字書字障害を呈した学習障害児の1例．
脳と発達．1996：28．418-23．）

書字障害（図2）

　書く際にも，文字を正確に認識する能力が関わってくる．文字の識別ができない子どもは似たような文字を書き間違えたり（例：「ほ」と「ま」や「わ」と「れ」など），「こ」と「い」など90度反転して書き間違えたりすることがある．また漢字で線を一本多く書いたり，部首（偏や冠など）を間違えることがある．その他では句読点の位置を間違えたり，字の大きさが均一でなかったりすることがある．また黒板を写すときに黒板から目を離してノートに視点を変えている間に書くことを忘れてしまったり，正確に字を書くために手指への指令が上手くいかないためにきれいな字が書けなかったりなど，正確に読むことができない以外にもさまざまな要因によって書字障害が起こると考えられている．

算数障害

　学習障害のある子どもには，読み書きには問題はないのに計算能力に問題があったり，他の子どもよりも計算に時間がかかったりする子どももいる．他の学習障害と同じように他の学力ややる気には問題はみられないのに，計算や推論に問題を示す場合には算数障害が疑われる．簡単な計算でも指で数字を数えたり，カレンダーの数字を読むことや過去の出来事の順番を思い出すことが苦手だったりするなど，数字が関わる問題全般に及ぶ．また2桁以上の計算で位取りができなかったり，単位の理解に（たとえば，1メートル＝100センチメートル）問題を示したりなど，障害の範囲は多岐にわたる．

　読字障害と同じように空間認知に問題があって位取りなどの位置取りに問題を示す場合もあれば，短期記憶に問題があるために計算の過程を覚えておくことができなかったり，推論する（新しいことへ応用する）力に問題がある場合など，原因も多岐にわたると考えられる．

その他の障害

　DSM-5では区分けはされていないが，聴覚による情報に問題がある場合や，話すときに順序立てて説明することに問題がある場合，運動機能に問題があるために手先を使う作業や体全体を使った協調運動に問題を示す場合など，上記で示した3つの学習状況とは違った面で問題が生じる子どももいる．

　具体的には，口頭での説明を受けた際に聞き間違えをしたり，集中して聞き続けることができなかったり，口答で発表を促されたときに論理的に説明できなかったり，助詞や接続詞の使い方で間違いが多かったりするなど，さまざまな面で学習の困難を示すことがある．これらは他の問題と同じように，ある器官で得た情報を次にうまくリレーできなかったり，情報を短期的に保持して次につなげることができないために問題が生じると考えられる．

③ 原因

脳の構造的・機能的障害

　他の発達障害と同様に，LDは親の教育や環境要因によって起こるものではなく，脳の構造や機能の一部に生得的もしくは生まれる際に不全が生じることによって起こるものだと考えられている．たとえば，読字障害の子どもでは灰白質の容積が小さかったり，脳内の連携に問題がみられたり，左半球前頭，後頭側頭，側頭頭頂などの部位に異常がみられることなどが指摘されている（Grigorenko, et al., 2020）．

　これらの構造的，機能的障害が文章を読む際に必要な音韻や綴り，意味の認知的な理解に困難を生じさせていると考えられている．つまり通常の子どもでは書かれた文章を見たときにすぐに意味がつかめるのに対し，読字障害のある子どもではこれらの複雑な情報を連携することに支障をきたしているため，読字に困難を示したり，時間がかかったりすると考えられる．しかし介入がうまくいった場合には，これらの神経伝達の過程が正常に機能することがあることも見出されている（Barquero, et al., 2014）．

　また算数障害では多数の脳機能が計算能力に関わっており，それらのひとつや複数の機能に障害がみられたり，それらを統合する機能で問題がある場合に計算能力に問題が生じることがわかっている．

Grigorenko, E. L., Compton, D. L., et al.: Understanding, educating, and supporting children with specific learning disabilities : 50 years of science and practice. Am Psychol. 2020 : 75(1). 37-51. doi:10. 1037/amp0000452

Barquero, L. A., Davis, N., et al.: Neuroimaging of reading intervention : A systematic review and activation likelihood estimate meta-analysis. PLoS ONE. 2014 : 9(1). e83668.

遺伝的要因

Willcutt, E. G., Pennington, B. F., et al：Understanding the complex etiologies of developmental disorders：Behavioral and molecular genetic approaches. J Dev Behav Pediatr. 2010：31(7). 533-44.

　遺伝的要因をみてみると，ある研究の試算では読字や書字，算数の学習パフォーマンスの30～80%が遺伝的要因で説明されるともいわれている（Willcutt et al., 2010）．つまり親戚に読字障害の人がいる場合には読字障害が子どもにみられる確率は高まると考えられるし，家族内に読字障害の人がいる場合はさらにその確率は高まり，もし両親共に読字障害がある場合にはその確率はさらに高まるといわれている．遺伝子を特定する研究も行われているが，複数の遺伝子が関わって影響するとみられ，その精度はまだ高まってはおらず，さらなる研究が続けられている．

　また環境要因との関連も指摘されていて，社会経済的要因，家庭での識字環境，近所や友達からの影響などさまざまな要因が影響することも考えられている．さらには遺伝と環境要因の相互作用の重要性も指摘されている．たとえば子どもに遺伝的な要素があったとしても，家庭内で識字への教育が早くから施されている場合には症状を軽減させることができると考えられる．

④ 特徴

　一般的な知能に問題がみられないために，実際に小学校に入って学習が始まらない限り見つからないことが多い．また限局性学習症ともいわれているように，多岐にわたる特定の学習能力に問題がみられる．しかしそれらに共通してみられる特徴としては，文字が歪んで見えたり，数字を正確に把握できなかったり，またはそれらの情報を連携することに問題がみられるなど，認知の問題としてとらえることができる．そして仮に表層的な問題が同じだとしても（たとえば，文字が正しく書けない），それが正確に見えていないからできないのか，文字や計算問題を覚えていないからできないのかなど，原因も多岐にわたると考えられる．

　そのほかには**ADHDや学習不安などの情緒障害も併発しやすい**ことが知られており，さまざまな要因との関連についても理解することが必要である．たとえば学習障害のある子どもが，教師に努力がたりないから学習の結果が出ていないと思われ，さらなる努力を促されたとすると，そのプレッシャーから情緒不安を引き起こすこともあるので，個々の教師が子どもの問題点を正確に把握し適切な指導を行うことが重要である．また性差としては，男性のほうが女性よりも多くみられ，その割合は2：1～3：1の間の割合だといわれている（DSM-5, 2013）．

American Psychiatric Association. Diagnostic and statistical manual of mental disorders (5th ed.). Arlington, VA：American Psychiatric Publishing. 2013.

　学習障害は学習期に影響を及ぼすだけでなく，生涯にわたって関わることも多く周囲の理解が大切になってくる．一般的には精神的健康に支障をきたしたり，失業率が高く所得も低かったりすることがあり，社会による支援が生涯にわたって必要となってくる．現在では発達障害への理解も高まっており，定義

も定まってきたことから発達障害の法制度での位置づけも定着し始めていて，2005年には発達障害者支援法が施行され，2016年にはさらなる法の改正も行われている．

▶ 考えてみよう

なぜ学習障害がADHDや情緒障害などと併発しやすいのか考えてみよう．

⑤ 教育課程

LDのある子どもに対しては現在では通級による指導が主になっている．2006年に「障害者権利条約」が国連で採択されて以降，日本でもインクルーシブ教育が推進されている．一般的には集団で一斉に行われる授業による指導をメインとし，個別での指導を合わせて対処する形になっている．小・中学校では通常の学級の教育課程に加え，もしくはその一部を特別の教育課程に組み替える形で週1〜8コマ以内の範囲で個別の指導を行っている．高校の場合では年間に7単位以内の形で特別の教育課程を導入している．

学校内でのその他のサポートとしては，校内に設置された「校内委員会」で保護者の相談を受けている．そしてその他の校内委員会の役割としては，特別指導のプログラムの作成をしたり，学級担任の補助などを行ったりしている．

子どもにLDがあるかどうかの判断については，医学，心理学，教育学の専門家によって編成されたチームによって行われる．これらの組織は各地域の教育委員会に設置されている．診断にあたっては，知能検査によって全体的な知的発達に遅れがないか調べ，その他，国語などの基礎能力の評価，医師の面談による評価，ADHDや自閉症など他の発達障害がみられないかなど，さまざまな面から評価が行われる（表1）．具体的な学習能力の検査としては，読み書きの習得度に関わる検査や，音韻検査や視覚認知検査などの文字習得の背景となる認知能力の検査などが用いられている（宇野，2017）．

🔖 インクルーシブ教育
→p.13

宇野　彰．限局性学習障害（症）のアセスメント．児童青年精神医学とその近隣領域．2017：58（3），351-8．

⑥ 指導方法

指導の内容に関しては障害が読字なのか，書字もしくは算数能力に関わるのかによって異なってくるが，効果的な指導についてはいくつかの共通の方法がある．

まず初めに新しい知識や概念を導入する際には，説明や導入方法を明確に説明し，継続的な指導とフィードバックをするなど，明確なコミュニケーションをとることが必要だといわれている．次に指導は個々の生徒に合わせて個別化して行われることが重要だと考えられている．つまり指導を実施する際には，それぞれの学習状況に合わせて指導の調整が行われるべきである．3つ目の点としては，指導は包括的に子どもの学習状況をみる側面もあるべきだといわれている．つまり読字などの特定の場面で問題があったとしても，それがさらに他の問題と関わっていたり（たとえば，教示文を理解できないために算数の問

表 1　LD の査定の流れ

1. 知的機能の評価	ウェクスラー (Wechsler) 式知能検査などの標準化された知能検査を用いて，知能指数 (IQ) が知的障害のレベルではないかを確認し，知的障害としての教育的対応をするのか，LD としての教育的対応をするのかを判断する.
2. 国語などの基礎能力の評価	ひらがな音読検査を用いて，音読の流暢性や正確性を確認する. 2010 年に「特異的発達障害診断・治療のための実践ガイドライン」が発行されていて，4 つの音読検査が提示されている. また近年では，英単語の読み書き理解についての検査法も用いられることもある.
3. 医学的な評価	必要があると認められれば，医学的な評価を受けることとする.
4. その他の評価	ADHD や自閉症など，他の障害や環境的な要因が学習困難の直接的な原因ではないかどうかを判断する. その他，読みを支える他の機能についても調べるために，音韻認識機能の検査 (しりとり，単語逆唱など)，視覚認知機能の検査 (Rey 複雑図形模写，視知覚発達検査) などを行ったりすることもある.

〔厚生労働省. 学習障害 (限局性学習症). e-ヘルスネット〕

題が解けないなど) するなど，個別の能力に特化した指導とともに包括的にみる視点も指導をする際には必要だといわれている.

また，指導は発達の早い段階で進められたほうが効果的であるともいわれている. たとえば読字障害の介入は 3 年生になってから始めるよりも，1～2 年生のときから始められたほうが倍の有効性があるともいわれている (Lovett et al., 2017).

Lovett, M. W., Frijters, J. C., et al.：Early intervention for children at risk for reading disabilities：The impact of grade at intervention and individual differences on intervention outcomes. J Educ Psychol. 2017:109(7). 889–914.

羽山裕子. アメリカ合衆国における学習障害児教育の検討―RTI の意義と課題. 教育方法学研究. 2011：37. 59–69.

RTI (Response to Intervention) モデル

2004 年に障害者教育法が改定されたのを機にアメリカでは RTI とよばれるモデルを導入している (羽山，2011). 小学校に入学した後一定期間を経た時点で学年全員に統一の検査を行い，点数の低い子どもに介入指導を段階的に提供して，その介入への反応状況に応じて特別な教育の必要性の有無を検討する取り組みである. アセスメントの方法としては，読み書きの基礎的な能力を査定するためにカリキュラムに基づいた測定が数量的または客観的な指標を基に行われ，どのような支援が行われるべきかの判断がなされる. RTI モデルが導入される以前では，担任教師による気づきや，そこから心理士によるテスト，関係者委員会による審議など現場での対応に委ねられる部分があったが，RTI では統一的に査定が行われるのでより組織的に介入が行われるという利点がある. 日本ではまだ導入されていな

いが，早期の発見と統一的，かつ数量的な査定方法の導入という点で今後検討の余地があるとみられる．

具体的な指導方法

感覚訓練

読字の際の困難として，文字の認知に問題があることから，視覚の感覚に沿った訓練も有効であると考えられている．ひとつの例としては視野欠損部に光刺激を提示することによってその方向を見させるといった訓練がある．また文章を読むときに，文字を指でなぞって位置を確認させるという認知訓練もある．感覚訓練ではこれらの課題を繰り返し行うことで，視覚と運動感覚の情報を統合づけることを目的としている．

読字訓練

読字の訓練に関しては，大きくボトムアップ型とトップダウン型の訓練に分けることができる（石坂，2011）．

文章を理解する際にはそれぞれの音韻や単語が理解できたとしても，それを統合して文章として文脈とともに理解しなければならない．このように文脈を理解し，さらに個々の単語の意味について推論するなどの面を意識した指導をトップダウン型の指導として理解することができる．その際には，あらかじめ生徒の語彙を増やすトレーニングをしておいて，文章を読む際に単語を当てはめるというスキルを用いさせることにより，読字のスピードを上げるといった訓練などが行われる．

またボトムアップ型では，音韻や音韻と文字の対応に意識を向けさせることによって個々の文字の認知を高めるといったような，一つひとつの要素に注意を向けたトレーニングが行われたりする．結果的には文章を読む際には両方のスキルが必要となり，それぞれのトレーニングはお互いを補完する形となる．またその導入の方法に関しても，トレーニングの型にとらわれることなく個々の生徒に即した指導をすることが大切である．

代替手段

直接的な指導では限界がある場合には，代替となる手法を取り入れてスキルを上げることも必要となってくる．ひとつの方法としては，オーディオブックなどを使って内容への理解を深めることによって，文章の読みの力を促すといった方法も用いられる．また現在では文章を読むのにコンピューターのさまざまな機能を補助として使うこともできる．たとえば文字を大きく表示したり，バックグラウンドと文字のコントラストを上げたり，また文節ごとに配色を変えたりして文章を読みやすくしたり，音声補助の機能を使用するなどいろいろ

石坂郁代．発達性読字障害の評価と指導の現状と課題．特殊教育学研究．2011：49(4)．405-14．

な形で読字のサポートをすることができる.

　現在ではこのように多角的な方法を用いることができるので，教師が数多くの指導方法について知識を高めておくことが重要であると考えられる．ひとつの方法が上手くいかなかったとしても，他の方法を用いたり，もしくは併用することによって子どもに上達がみられることがあるので，指導の幅をもっていることが大切になってくる.

● 引用文献

- American Psychiatric Association. Diagnostic and statistical manual of mental disorders(5th ed.). Arlington, VA：American Psychiatric Publishing. 2013.
- Grigorenko, E. L., Compton, D. L., et al.：Understanding, educating, and supporting children with specific learning disabilities：50 years of science and practice. Am Psychol. 2020：75(1). 37−51. doi:10. 1037/amp0000452
- Barquero, L. A., Davis, N., et al.：Neuroimaging of reading intervention：A systematic review and activation likelihood estimate meta-analysis. PLoS ONE. 2014：9(1). e83668.(https://dx.doi.org/10.1371/journal.pone.0083668)（最終閲覧：令和3年3月10日）
- Willcutt, E. G., Pennington, B. F., et al：Understanding the complex etiologies of developmental disorders：Behavioral and molecular genetic approaches. J Dev Behav Pediatr. 2010：31(7). 533−44.
- 宇野　彰. 限局性学習障害(症)のアセスメント. 児童青年精神医学とその近隣領域. 2017：58(3). 351−8.
- Lovett, M. W., Frijters, J. C., et al.：Early intervention for children at risk for reading disabilities：The impact of grade at intervention and individual differences on intervention outcomes. J Educ Psychol. 2017：109(7). 889−914.
- 羽山裕子. アメリカ合衆国における学習障害児教育の検討―RTIの意義と課題. 教育方法学研究. 2011：37. 59-69.
- 石坂郁代. 発達性読字障害の評価と指導の現状と課題. 特殊教育学研究. 2011：49(4). 405−14.

● 参考文献

- 日本障害者リハビリテーション協会. ノーマライゼーション　障害者の福祉. 2017：37(6).（https://www.dinf.ne.jp/doc/japanese/prdl/jsrd/norma/n431/n431023.html）（最終閲覧：令和3年3月10日）
- 上野一彦『図解よくわかるLD(学習障害)』ナツメ社. 2008.
- 榊原洋一『図解よくわかる発達障害の子どもたち』ナツメ社. 2011.
- 文部科学省. 日本の特別支援教育の状況について. 新しい時代の特別支援教育の在り方に関する有識者会議. 2019.
- 厚生労働省. 学習障害(限局性学習症). e-ヘルスネット(https://www.e-healthnet.mhlw.go.jp/information/heart/k-03-004.html)（最終閲覧：令和3年3月10日）
- WHO：International Classification of Diseases 11th Revision (ICD-11) − The global standard for diagnostic health information.(https://icd.who.int/en)（最終閲覧：令和3年3月10日）

視覚障害者柔道から考える
インクルーシブな社会

初瀬 勇輔（株式会社ユニバーサルスタイル）

　視覚障害者柔道を知っていますか？　パラリンピック柔道やパラ柔道，ブラインド柔道と呼ばれることもあります．皆さんが知っている柔道とは少し違います．お互いが決められた位置の襟と袖を握った状態から始めることで，視覚障害の選手が公平に競技できるように工夫されています．お互いが自分の技のかけやすい道着の襟や袖をとりあう組み手争いがありません．組んだ状態で始める工夫を取り入れることで，視覚障害者同士でも柔道を楽しむことができるようになりました．組んだ状態が続くため，試合で残り10秒でも逆転があるスリリングな競技に変化しています．

　私が視覚障害者柔道に出会ったのは大学4年生のときでした．2年生のときに緑内障で視覚障害となって，まだまだ立ち直れていないころのことです．中学・高校と柔道部に所属していたことを知っている方から勧められたのがきっかけです．視覚障害者になったばかりの私には，電車に乗るのも買い物も大学に通うのも授業に出るのも誰かのサポートが必要でした．当時はいつも，障害のある自分が社会に居場所があるのか考えていました．そんな時期だったからこそ，藁にもすがる思いで柔道を再開したのだと思います．

　そしてパラリンピックに出場した選手が所属する道場を見つけ，まずは体験をさせてもらうことにしました．数年ぶりに道着に着替え，畳の上に立ったとき，不思議な気持ちになりました．街を歩くときの不安や，生活での焦りやいらだちが消えていったのです．道場に行くまでは人に連れてきてもらっていましたが，畳ではかなり自由に動けました．そして投げたり投げられたりすることで人と競う楽しさ，負けたときのくやしさを思い出すことができました．視覚障害になってから味わってこなかった感覚でした．畳の上は，物理的にも精神的にもフラットだったのです．

　パラリンピックでは義足の選手が走り幅跳びで8mを軽く超えるジャンプをし，車いすの選手が300kgのベンチプレスを上げ，視覚障害のランナーが1500mをオリンピックを超えるタイムで走り抜けます．誰もがパラリンピアンのプレイに驚嘆し称賛を贈るでしょう．でも，彼らにも障害があるのです．歩くのにつまずき，段差で苦労し，文字を読むことができません．それは彼らの障害が原因でしょうか．障害は社会の側にあるのではないでしょうか．人間の可能性と多様性を見せてくれるパラリンピックだからこそ，そう思わせてくれるのでしょう．柔道に，最初から組んで開始するという工夫をひとつ追加することで，視覚に障害があっても一緒に柔道ができるようになりました．ほんの少しの工夫や変化でインクルーシブな社会は実現するのかもしれません．パラリンピックはこれからもたくさんのことを教えてくれそうです．

9 ADHDの理解と支援

学習のポイント

1. ADHD とはどんな障害なのか，原因や特徴を理解していこう．
2. ADHD の特性に配慮した指導方法について学ぼう．

① 注意の働きと ADHD

注意の働き

今，この本を読むのをいったん止め，よく耳を澄ませば，家電や外を走る車の音など，さまざまな生活音が聞こえてくるだろう．しかし，日々の生活のなかで，これらの音を意識することは少ない．それは，自分でも気がつかないうちに，不必要な情報に対して意識を向けたり考えたりすることを抑制し，必要な情報に対してのみ集中できるよう意識を配分しているためである．このように，物理的に存在するさまざまな情報のなかから必要な情報を取捨選択し，必要な情報に意識を集中させ，その集中を持続させる心理的な働きを注意という．

ADHD とは

ADHD とは，英語の Attention-Deficit Hyperactivity Disorder の頭文字をとった略語で，**不注意と多動性および衝動性の2つを中核症状とする発達障害**である．文部科学省の関連資料などでは「注意欠陥多動性障害」と和訳されているが，近年，関連学会では「注意欠如・多動症」または「注意欠如・多動性障害」と和訳されることも多い．

♪ 注意欠陥多動性障害

表1 ADHDに見られる行動

不注意	● 学校での勉強で，細かいところまで注意を払わなかったり，不注意な間違いをしたりする. ● 課題や遊びの活動で注意を集中し続けることが難しい. ● 面と向かって話しかけられているのに，聞いていないように見える. ● 指示に従えず，また仕事を最後までやり遂げられない. ● 学習などの課題や活動を順序立てて行うことが難しい. ● 気持ちを集中して努力し続けなければならない課題を避ける. ● 学習や活動に必要な物をなくしてしまう. ● 気が散りやすい. ● 日々の活動で忘れっぽい.
衝動性	● 質問が終わらないうちに出し抜けに答えてしまう. ● 順番を待つのが難しい. ● 他の人がしていることをさえぎったり，じゃましたりする.
多動性	● 手足をそわそわ動かしたり，着席していてももじもじしたりする. ● 授業中や座っているべきときに席を離れてしまう. ● きちんとしていなければならないときに，過度に走り回ったりよじ登ったりする. ● 遊びや余暇活動におとなしく参加することが難しい. ● じっとしていない．又は何かに駆り立てられるように活動する. ● 過度にしゃべる.

(文部科学省「教育支援資料」2013. より抜粋)

文部科学省の定義では，「年齢あるいは発達に不釣り合いな注意力，及び／又は衝動性，多動性を特徴とする行動の障害で，社会的な活動や学業の機能に支障をきたすもの」となっている〔2003（平成15）年3月「今後の特別支援教育の在り方について（最終報告）」参考資料より〕．DSM-5によれば，ADHDの有病率は子どもの約5％であり，比較的男子に多く，女子の2倍の有病率である．

判断基準

ADHDかどうかの判断は，行動観察に基づく子どもの行動特性の評価を中心に進められる．具体的には，表1に示す行動特徴に多く該当し，その状態が少なくとも6か月以上続いており，不注意や衝動性，多動性のうちの1つまたは複数が7歳以前に現れ，社会生活や学校生活を営むうえで支障をきたしているものと定められている．

ただし，ADHDの中核症状である不注意や多動・衝動性は，知的障害や自閉症スペクトラム障害など他の神経発達症候群や，アタッチメント障害のようなネグレクトや虐待など逆境的な環境によって生じる障害にも共通する特徴である．そのため，ADHDかどうかの判断に際しては，児童生徒の不注意や多動・衝動性の症状が他の障害によって生じているものでないか慎重に吟味する必要がある．

また，ADHDに特徴的な行動は，特定の環境に不適応な場合にも認められることがある．そのため判断に際しては，クラスや課外活動など学校内の環境

日本精神神経学会（監修）『DSM-5 精神疾患の診断・統計マニュアル』医学書院. 2014.

文部科学省「今後の特別支援教育の在り方について（最終報告）」2003.

2013年に改訂されたDSM-5では，ADHDの中核症状の発現の年齢は7歳から12歳に引き上げられている.

DSM-4-TRでは，ADHDと自閉症スペクトラム障害について，自閉症の診断が優先され重複診断は認められておらず，文部科学省の定義（2003年）でも，知的障害（軽度を除く）や自閉症等が認められないことと記載されている．ただし，DSM-5（2013）ではADHDと自閉症スペクトラム障害との重複診断が認められており，文部科学省の「教育支援資料」（2013年）でも，「学習障害や高機能自閉症等の存在が推定される場合においても，注意欠陥多動性障害の可能性を即座に否定することなく，慎重に判断する必要がある」と記載されている.

文部科学省「教育支援資料」2013.

だけではなく，家庭や地域と連携しながら，学校外のさまざまな環境でも同じような特徴が認められているか否かを確認することも重要である．

② 分類

ADHDは，子どものもつ中核症状の強度に応じて，不注意症状が強い不注意優位型，多動・衝動優位型，2つの症状がともにある混在型の3つに分類され，その割合は，混在型が8割を占め，不注意優位型は比較的女性に多く，多動・衝動優位型は男性に多い傾向がある．

③ 原因

ADHDの発症に関する明確な原因は，現在も明らかにはなっていない．DSM-5では，ADHDは神経発達症候群のひとつに分類されており，その原因は他の神経発達症候群と同様に，**親の愛情不足やしつけといった生育環境ではなく，生来的な脳の機能不全によって引き起こされている**とされている．具体的な機能不全として，前頭前野や尾状核などの脳の領域の異常やドーパミンという神経伝達物質が適切に機能していないことなどが指摘されている．

また，家族研究から**ADHDは遺伝的影響が強いことがわかっている**．双生児研究による発病の一致率は，一卵性双生児で50〜80％，二卵性双生児で30〜40％であり，遺伝率は76％と推定されている（島田ら，2008）．近年の研究成果からADHDに関連する遺伝子も明らかになりつつあるが，現状では特定の遺伝子の影響は小さく，複数の遺伝子の相互作用やこれらの遺伝子と環境要因の相互作用によってADHDが発症すると考えられている〔齊藤（編），2016〕．

島田隆史，佐々木司．AD/HDと遺伝．精神科．2008：12(4)．262-8.

ADHDの診断・治療方針に関する研究会．編集：齊藤万比古『注意欠如・多動症—ADHD—の診断・治療ガイドライン　第4版』じほう．2016.

④ 特徴

見逃されやすい障害

ADHDは，現状では社会的に広く認知されているとは言い難く，**ADHDで顕著な行動特性は本人のやる気や性格などに起因するものと判断されることで，その障害の存在が見逃される可能性がある**．たとえば，ADHDの不注意による，忘れ物やケアレスミスなどの多さは，本人の意欲や態度の問題と捉えられてしまったり，多動性や衝動性による，順番を待たない割り込みや授業中のおしゃべりなどの行動は，自分勝手でわがままな性格と捉えられてしまったりすることもある．

また，ADHDは，他の障害を併せて有する（併存症）ことが多いことが知ら

表2 ADHDで多く認められる併存症

・自閉症スペクトラム障害	・チック障害
・学習障害（局限性学習症）	・強迫性障害
・てんかん	・発達協調運動障害

（榊原洋一『最新図解　ADHDの子どもたちをサポートする本』
ナツメ社．2019．）

れている（表2）．これらの障害による特徴が顕著な場合に，そちらの障害に注目しすぎることで，ADHDが見過ごされてしまう可能性もある．

経過と予後

　ADHDの中核症状のひとつである過度の運動活動性などの多動性は，多くの子どもにしばしば認められる特徴であり，4歳以前にADHDであるか判断することは難しい．そのため，多くのADHDは，不注意の症状が顕著となる就学後の児童期以降に同定されることが多い．青年期早期からはADHDの症状は，比較的安定しており，子どもの成長に伴って明らかな中核症状が改善していく場合も少なくない．とくに，過度な運動活動性といった多動性は，青年期から成人期へと進むにつれて認められなくなることが多い．

　その一方で，青年期からADHDに起因した二次的な障害（合併症）を発症することがある．具体的には，反抗挑戦性障害や素行障害，不安障害，うつ病などを発症することが多いといわれている（榊原，2019）．ADHDの子どもは，ADHDに特有の行動特性により学校生活やその他の社会生活の場面での困難や，対人関係の形成などに問題を抱えることが多い．また，ADHDの子どもは，その行動特性（たとえば，気が散りやすい，落ち着きがない，忘れ物や紛失物が多い，指示したような行動ができない，ルールを守れないなど）から，周囲の大人に"手のかかる子"もしくは"困った子"などと見られ，強く行動を規制されたり，非難や叱責を受けたりする経験も多くなる．このようなADHDにより生じる困難や問題，周囲の対応から，ADHDをもつ子どもは自分を否定的に捉えるようになり，自己肯定感や自尊感情を高く維持することができず，二次的な障害を発症すると考えられている．

⑤ 教育課程

通常の学級

　ADHDについては，児童生徒のニーズに応じた配慮や環境整備を実施したうえで，通常学級において学習指導要領に則した教育が行われることが基本である．

ADHDは，以前は子どもの頃だけの障害と考えられてきたが，落ち着きのなさや計画性の欠如などの衝動性に伴う症状は，成人期以降も持続することがあり，近年，大人のADHDが注目されつつある．

ADHDが，いじめの被害・加害の両面と関連しているという報告がある（たとえば，Holmbergら，2008・Unneverら，2003など）．

Holmberg K, Hjern A. Bullying and attention-deficit-hyperactivity disorder in 10-year-olds in a Swedish community. Dev Med Child Neurol. 2008：50（2）．134-8.

Unnever JD, Cornell DG. Bullying, self-control, and ADHD. Journal of Interpersonal Violence. 2003：18(2)．129-47.

通級による指導

　2006(平成18)年度よりADHDについても，通級による指導が行えるように
なっている．通級による指導の具体的な対象は，「年齢又は発達に不釣り合い
な注意力，又は衝動性・多動性が認められ，社会的な活動や学業の機能に支障
をきたすもので，一部特別な指導を必要とする程度のもの」と定められている
〔2006(平成18)年3月31日付け17文科初第1178号初等中等教育局長通知〕．通
級による指導の対象となるか否かの判断に際しては，通常の学級における教員
の適切な配慮やチーム・ティーチングの活用，学習内容の習熟の程度に応じた
指導の工夫などにより，対応することが適切である者も多くみられることに十
分留意する必要がある〔2013(平成25)年10月4日付け25文科初第756号初等中
等教育局長通知〕．

　また，通級による指導の授業時数は，ADHDについては比較的短時間の指
導で十分な効果が期待されるため，授業時数の下限が年間10単位時間(月1単
位時間)と低く設定されている．

⑥　指導方法

　ADHDに特有の不注意や，忘れやすさ，落ち着きのなさ，衝動性などは，
本人の意欲や努力によって克服することができるものではない．そのため，教
員による環境調整などの合理的配慮や指導方法が，ADHDの子どもの学習に
与える影響は大きい．

　ADHDは，特別支援教育の対象ではあるものの，通常学級もしくは通級に
よる指導での対応が適当であると定められていることから，学校や学級担任の
ADHDに対する理解の程度によって配慮や指導の程度に大きな違いが生じる
可能性がある．加えて，同じADHDでも，それぞれの子どものもつ症状や行
動の特徴には大きな違いがあり，個々の子どもの特徴を見極めながら，適切な
配慮と指導の工夫がなされる必要性がある．

合理的配慮

　ADHDに対する合理的配慮として文部科学省(2013)は，表3のものをあげ
ている．それ以外にも，ADHDの児童生徒は，好きな課題などに過度に集中
してしまい時間の経過がわからず，次の課題にうまく進めなかったり，気持ち
や行動の切り替えがうまくいかず，前の課題のことが気になり今やるべき課題
に集中できなかったりすることもある．そのような場合には，事前に活動時間
を伝えたり，「あと何分」などの声掛けにより活動の見通しをもたせる工夫をし
たり，本人が納得して次に進めるように，いったん中断してもあとで続けても
いいことを伝えるといった配慮も，対応の方法として考えられる．

令和元年5月1日時点で，
通級による指導を受けてい
るADHDの児童生徒数は，
24,709名である(文部科学
省，2020)．これは，通級に
よる指導を受けている児童
生徒の約18%を占め，他の
障害と比べて最も増加傾向
(前年比3,409名増，116%)
にある．

文部科学省「令和元年度通
級による指導実施状況調査
結果について」2020.

文部科学省「教育支援資料」
2013.

▶ 考えてみよう

聞き逃しが多い子どもには，
肩をたたいて，注意を向け
てから話を始めたり，長く
座っているのが難しい子ど
もには，"できたら先生のと
ころにもっておいで"など
離席する機会をあえて作っ
たりするなど，より具体的
な対応方法について考えて
みよう．

表3 ADHD 児に対する合理的配慮

学習上又は生活上の困難を改善・克服するための配慮	行動を最後までやり遂げることが困難な場合には，途中で忘れないように工夫したり，別の方法で補ったりするための指導を行う．（自分を客観視する，物品の管理方法の工夫，メモの使用　等）
学習内容の変更・調整	注意の集中を持続することが苦手であることを考慮した学習内容の変更・調整を行う．（学習内容を分割して適切な量にする　等）
情報・コミュニケーション及び教材の配慮	聞き逃しや見逃し，書類の紛失等が多い場合には伝達する情報を整理して提供する．（掲示物の整理整頓・精選，目を合わせての指示，メモ等の視覚情報の活用，静かで集中できる環境づくり　等）
学習機会や体験の確保	好きなものと関連付けるなど興味・関心がもてるように学習活動の導入を工夫し，危険防止策を講じた上で，本人が直接参加できる体験学習を通した指導を行う．
心理面・健康面の配慮	活動に持続的に取り組むことが難しく，また不注意による紛失等の失敗や衝動的な行動が多いので，成功体験を増やし，友達から認められる機会の増加に努める．（十分な活動のための時間の確保，物品管理のための棚等の準備，良い面を認め合えるような受容的な学級の雰囲気作り，感情のコントロール方法の指導，困ったときに相談できる人や場所の確保　等）
専門性のある指導体制の整備	特別支援学校や発達障害者支援センター，教育相談担当部署等の外部専門家からの助言等を生かし，指導の充実を図る．また，通級による指導等学校内の資源の有効活用を図る．
子供，教職員，保護者，地域の理解啓発を図るための配慮	不適切と受け止められやすい行動についても，本人なりの理由があることや，生まれつきの特性によること，危険な行動等の安全な制止，防止の方策等について，周囲の子供，教職員，保護者への理解啓発に努める．
災害時等の支援体制の整備	落ち着きを失ったり，指示の途中で動いたりする傾向を踏まえた，避難訓練に取り組む．（項目を絞った短時間での避難指示，行動を過度に規制しない範囲で見守りやパニックの予防　等）
発達，障害の状態及び特性等に応じた指導ができる施設・設備の配慮	注意集中が難しいことや衝動的に行動してしまうこと，落ち着きを取り戻す場所が必要なこと等を考慮した施設・設備を整備する．（余分なものを覆うカーテンの設置，照明器具等の防護対策，危険な場所等の危険防止柵の設置，静かな小部屋の設置　等）
災害時等への対応に必要な施設・設備の配慮	災害等発生後，避難場所において落ち着きを取り戻す場所が必要なことを考慮した静かな小空間等を確保する．

（文部科学省「教育支援資料」2013.）

特性に応じた指導

ADHD をもつ子どもの特性に応じた指導方法として，文部科学省(2013)は表4のものをあげている．指導を進めるうえでは，言葉で説明したり叱責したりするのではなく，具体的に望ましい行動を示し，望ましい行動ができた際にはできるだけ素早く褒めるようにすることで，適切な対処方法や行動が習慣化するよう心掛ける．

また，ADHD の子どもは，自分の得意なところや苦手なところを客観的に認識できず，他の子どもとの違いを否定的に捉えてしまい，あらゆる側面で自信を喪失し意欲が低下してしまうことがある．指導のなかでは，子どもの短所や不得意な部分だけに注目するのではなく，長所や得意な部分を見つけ出し，

> ▶ 考えてみよう
>
> 忘れ物の多い子どもにチェックリストを作成し，確認することを習慣化させるなど，特性に応じた具体的な指導について考えてみよう．

表4 ADHDに必要な指導

不注意な間違いを減らすための指導	不注意な間違いが多い場合には，他の情報に影響を受けやすいのか，視線を元の位置に戻し固定できないなど視覚的な認知に困難があるのか，僅かな情報で拙速に判断してしまうのかなどの要因を明らかにした上で，幾つかの情報の中から，必要なものに注目する指導や，どのような作業でも終わったら必ず確認することを習慣付けるなどの指導を行う.
注意を集中し続けるための指導	一つのことに注意を集中することが難しい場合には，どのくらいの時間で注意の集中が難しくなるのか，教科や活動による違いはあるのかなど，困難の状況や要因を明らかにした上で，一つの課題を幾つかの段階に分割したりして，視覚的に課題の見通しを確認できるようにすることや，窓側を避け，黒板に近い席に座らせるなどの集中しやすい学習環境を整えるよう配慮するなどの工夫をする.
指示に従って，課題や活動をやり遂げるための指導	指示に従えず，また，課題や活動を最後までやり遂げられない場合には，指示の具体的な内容が理解できていないのか，課題や活動の取組の仕方が分からないのか，集中できる時間が短いのかなど，その要因を明らかにした上で，指示の内容を分かりやすくする工夫を行い，分からないときには助けを求めることを指導する. 課題の内容や活動の量の工夫も行うように努め，最後までやり遂げることを指導する.
忘れ物を減らすための指導	忘れ物が多かったり，日々の活動で忘れっぽい場合には，興味のあるものとないものなど事柄により違いがあるのか，日常的に行うものとそうでないもので注意の選択に偏りがあるのかなど，その実態を把握した上で，その子供に合ったメモの仕方を学ばせ，忘れやすいものを所定の場所に入れることを指導するなど，家庭と連携しながら決まりごとを理解させ，その決まりごとを徹底することにより，定着を図る.
順番を待ったり，最後までよく話を聞いたりするための指導	順番を待つことが難しかったり，他の人がしていることをさえぎったりしてしまう場合には，決まりごとは理解しているのか，理解しているのに行動や欲求のコントロールができないのかなど，その要因を明らかにした上で，決まりごとの内容と意義を理解させ，その徹底を図る指導を行う. その際，例えば，ロールプレイを取り入れ，相手の気持ちを考えることや，何かやりたいときに手を挙げたり，カードを指示させたりするなどの工夫をする.

（文部科学省「教育支援資料」2013.）

海外では，知的な能力や運動，芸術など，顕著に高い能力を示す子どもを，優れた才能が与えられたという意味で"ギフティッド（gift-ed）"という（榊原，2019）. ギフティッドの子どもは，ADHDと類似した行動の特徴を示すことがある. また，ギフティッドの子どもが実際にADHDである割合も高く，このような子どもは二重に特別な子どもとして"2E（twice ex -ceptional）"と呼ばれている. このような可能性も考慮し，子どものできない部分にばかり着目するのでなく，得意な部分を見出し伸ばしていくという視点が重要である.

子どもにそれを気づかせることで意欲を向上させ，**自分でやり遂げる経験を積み重ねて自信を取り戻させるように指導を進めていく**ことが望まれる.

家族の支援

　生涯発達の視点でADHDを考えた場合，ADHDに起因する合併症の発症を抑えることは非常に重要である．しかし，合併症の発症を抑止することは，学校内での支援や配慮だけでは難しく，他の社会生活場面を含めた多方面からのアプローチが必要である．特に，多くの時間を過ごす家族の対応は，合併症を予防するうえで非常に重要であり，ADHDの子どもをもつ家族の対応を学ぶためのプログラムとして，ペアレント・トレーニングが開発されている（日本発達障害ネットワーク，2020）．

　ペアレント・トレーニングとは，子どもの不適応行動が故意ではなく，障害から起きるものであることを踏まえたうえで，不適応な行動を減らしていくために必要な親の適切な接し方や褒め方など具体的な対応方法を学ぶプログラムである．このプログラムで身につけた適切な対応が日々の生活の中で実践されていくことで，子どもは家族から肯定的に認められていると感じるようになり，子どもの自己肯定感や自尊感情も高まり合併症の予防となる．

　また，ADHDの子どもをもつ親は，周囲への気遣いや，子どもへ注意をしても行動が改善されないことから養育への自信を喪失し，強いストレスを抱えることが多い．このことが，子どもへのより強い注意や非難，叱責へとつながり，悪循環となって，親子関係を悪化させることがある．ペアレント・トレーニングにより適切な対処方法を身につけることで，親自身も，養育の自信を取り戻しストレスが軽減されることで，子どもとの良好な親子関係が構築できるようになることが期待される．

日本発達障害ネットワーク JDDnet 事業委員会「ペアレント・トレーニング実践ガイドブック」2020.

ペアレント・トレーニングは，厚生労働省の発達障害者支援事業の一部として家族支援のメニューのひとつとして，発達障害者支援センターを中心に各市町村など身近に支援を受けられる体制整備が進められている．

◉ 文献
- 日本精神神経学会（監修）『DSM-5 精神疾患の診断・統計マニュアル』医学書院．2014.
- 文部科学省「今後の特別支援教育の在り方について（最終報告）」2003.（https://www.mext.go.jp/b_menu/shingi/chousa/shotou/054/shiryo/attach/1361204.htm）（最終閲覧：令和3年3月10日）
- 文部科学省「教育支援資料」2013.（https://www.mext.go.jp/a_menu/shotou/tokubetu/material/1340250.htm）（最終閲覧：令和3年3月10日）
- 島田隆史，佐々木司．AD/HDと遺伝．精神科．2008：12(4)．262-8.
- ADHDの診断・治療方針に関する研究会．編集：齊藤万比古『注意欠如・多動症−ADHD−の診断・治療ガイドライン　第4版』じほう．2016.
- 榊原洋一『最新図解　ADHDの子どもたちをサポートする本』ナツメ社．2019.
- Holmberg K, Hjern A. Bullying and attention-deficit-hyperactivity disorder in 10-year-olds in a Swedish community. Dev Med Child Neurol. 2008：50(2). 1348.
- Unnever JD, Cornell DG. Bullying, self-control, and ADHD. Journal of Interpersonal Violence. 2003：18(2). 12947.
- 文部科学省「令和元年度 通級による指導実施状況調査結果について」2020.（https://www.mext.go.jp/content/20200317-mxt_tokubetu01-000005538-02.pdf）（最終閲覧：令和3年3月10日）
- 一般社団法人 日本発達障害ネットワーク JDDnet 事業委員会「ペアレント・トレーニング実践ガイドブック」2020.（https://www.mhlw.go.jp/content/12200000/000653549.pdf）（最終閲覧：令和3年3月10日）

パラ水泳を知っていますか？

杉沼 春美（日本知的障害者水泳連盟）

　障害のある人が水泳を行う目的はさまざまである．健康の維持増進，身体機能の維持・回復などのリハビリテーションを目的とする場合や水泳競技を目標とする場合がある．水中での運動は水の特性を活かし，陸上では困難な運動でも可能になることが多い．浮力による体（関節）への負担軽減，水圧による血液循環・心肺機能の向上，水温によるエネルギー消費量増加，抵抗による筋力の向上などの効果があり，自分のもっている機能を最大限に動かすことができるようになる．

　パラ水泳競技では「己の残存能力を生かして水を捉える」をスローガンに行われており，身体障害，視覚障害，知的障害の選手対象でパラリンピックが行われる．それぞれ障害の種類や程度が違うため，公平に競い合うようにクラス分けされている．

　身体障害は S1 〜 S10 クラスで肢体不自由・切断・脊髄損傷・脳性麻痺などの障害，視覚障害は S11 〜 S13 クラスで全盲・弱視などの障害に分かれ，数字が小さいほど重度で大きいほど軽度の障害となる．知的障害は S14 クラス 1 つだけである（日本独自に S15 の聴覚障害がある）．クラスにより種目や距離が決められており，クラス分けされたなかで各レースが行われタイムを競い順位を決める．

　競技ルールは健常者と同じルールが基本だが，障害のクラスにより特定のルールが決められている場合もあり，それぞれの特徴的なルールをあげてみる．

　身体障害のスタートでは，スタート台に立てない選手は座って飛び込む，水中スタートなど，選手の状況に応じた方法がある．両手欠損などの背泳ぎのスタートでは，紐，ベルト，タオルなどを口にくわえるなど補助具を使用することができ，バランスの取れない場合は介助者を付けてもよい．また，腕の欠損の場合はターンやゴールタッチなど両手（平泳ぎ・バタフライ）でなく上半身の一部で良いとされている．

　視覚障害の選手はタッパーという介助者が，タッピングバーで選手の体に触れ壁が近いことを合図する「タッピング」を行い，ターン・タッチの際の安全性を確保している．S11クラスの全盲の選手は公平に競技を行うためにブラックゴーグルを着けて泳ぎ，レース後審判長が確認を行う．知的障害の選手は健常者と同ルールで行われる．

　障害者の水泳指導の留意点としては，まずそれぞれがもっている障害の特徴や状態を把握することが第一である．身体障害者では個別のできること・できないことを見極め，残された機能をいかに動かすかを工夫していく．視覚障害者では「彼らの目になる」までの信頼関係を築くことが大切で，イメージをもてるような言葉かけや直接からだに触れるなどの指導を行う．知的障害者では，1 つのことを理解するまでいろいろな方法や角度から考え言葉や表現の仕方を工夫し，良いところは褒め，できないことは一緒に考え行動する．すべての障害において，安全面を最優先し指導していかなければならない．

第3部

教育対象の特徴と
指導方法の工夫

10 幼稚園等における特別支援教育

学習のポイント

1. 幼児教育・保育における発達課題の特徴，遊びの意義を理解しよう．
2. 障害のある子どもが集団のなかで過ごすための支援や配慮，関係機関との連携，保護者への支援などを学ぼう．

 発達の課題と子どもの特徴

発達の個人差や障害の有無にかかわらず，子どもが健全に発達していくためには，栄養や睡眠，排泄などの生理的欲求が満たされ，衛生的で安全，快適に過ごせる環境に加えて，子どもが周囲の人々や事物など環境と関わり，さまざまな経験をしていくことが不可欠である．初めに，乳幼児期の子どもの発達の特徴や課題についてみていく．

人との関わり

人の子どもは生まれた直後から，人の顔や話し声を好み，他者からの働きかけに反応するなど，他者と関わる欲求や能力を備えている．この欲求や能力を基盤にしながら，周囲の人々とコミュニケーションを繰り返していくなかで，子どもは生後半年くらいで特定の養育者(保護者や保育者など)に対して愛着(アタッチメント)という養育者に対する絆，信頼感を形成する．愛着の形成は，子どもの発達には不可欠のものである．人との関わりが適切になされず，愛着が上手く形成されないと，発達の問題を生じることがある．**安定した愛着**

生命の保持(生理的欲求の充足や健康の増進)，情緒の安定といった，子どもが生きていくための必要な援助を，幼保連携型認定こども園，保育所においては養護という(幼保連携型認定こども園教育・保育要領，保育所保育指針，2018).

保育者

保育者という資格や職名はないが，一般的に幼稚園教諭，保育教諭，保育士など，幼児教育・保育に携わる職員をまとめて保育者と呼ぶ．

愛着の問題

乳児期にネグレクト(育児放棄)を受けたり，養育者が頻繁に変わるなど，不適切な養育によって，他者との交流や感情の障害が生じることがあり，反応性愛着障害と呼ばれる．

を形成するためには，特定の養育者が子どもに継続的に関わり，子どもの感情やシグナルに対して応答的に答えていくことが大切である．愛着が形成されると，子どもは養育者が近くにいることで安心感を得て，周囲の環境を積極的に探索することで，発達が促進される（安全基地）．

　愛着は，保護者に対してだけでなく，保育者にも向けられる．保育者は，子どもが安心感，信頼感をもって園での生活が送れるように，子どもに応答的，共感的に関わり，子どもの思いを受け止めていくことが大切である．保育者と安定した愛着を形成することは，園における安定した生活だけでなく，後の小学校での適応にも影響することがわかっている．

環境との関わり

　子どもは，人や物など周囲の環境に対して，積極的に関わり，それらを取り入れていくことで発達する．身の回りにあるさまざまなものを触って感触を楽しんだり，動かしてみて変化を楽しんだり，匂いや味を感じたりすることを繰り返していくなかで，物の性質や特徴などを理解していく．また，周囲の人との関わりのなかで，他者との関わりや社会生活について学んでいくのである．

　乳幼児が周囲の環境と関わる際に重要なのが，直接的で具体的な体験である．ピアジェ（Piaget, J.）が，この時期を感覚運動期，前操作期と称したように，乳幼児は，頭のなかでイメージしたり，目の前にない物について考えたりする力がまだ十分に発達していない．自らが直接環境に働きかけて，その動きや変化などを感覚として経験することが大切である．

発達の課題と発達の個人差

　発達の課題（発達課題）とは，一般的にはそれぞれの発達段階で多くの人が経験し，達成や習得をすべき課題のことで，この課題を適切に解決することで，次の発達段階にスムーズに移行することができ，満足のいく人生を送ることができるものである．つまり，ある年齢段階で多くの人に共通し現れる発達の姿に合わせて設定された課題といえる．

　しかし，幼児教育・保育においては，発達の課題についてそれとは異なった捉え方をすることが必要である．発達において必要とされる環境や経験は共通しており，それぞれの発達段階において共通の課題がある程度共有されているが，生まれもった資質や特性，それまでに育った環境などにより，発達には個人差がある．何歳くらいに何ができるか，何に興味や関心をもつのか，環境とどのように関わるのかは子どもによって異なっており，すべての子どもに同じ時期に同じ課題が現れるわけではない．幼児教育・保育においては，一人ひとりの発達の特性に応じた指導，援助をすることが求められる．そのため，発達の課題を，一人ひとりの子どもの発達の姿，興味や関心，特徴に応じたその子どものそのときの課題と捉えることが大切である．

安全基地

子どもが，愛着を向けている養育者が近くにいることで安心して，環境を探索しようとすることを，養育者を安全基地にするという．

幼稚園教育要領の総則において「教師は，幼児との信頼関係を十分に築き…」と述べられているように，幼児教育は子どもとの信頼関係を前提としている．

感覚運動期，前操作期

ピアジェは，人の発達を段階に分けて，2歳までを感覚運動期，2歳から就学前までを前操作期と呼んでいる．

発達の課題

発達の課題として代表的なものにエリクソン（Erikson, E.H.）やハヴィガースト（Havighurst, R.）の理論がある．

発達の原理

発達の個人差に加えて，発達の方向性，発達の連続性，発達の順序性という発達原理がある．

表1 幼稚園・認定こども園において障害や難病等の診断のある園児の人数の分布

区分	全体	私立	国公立
0人	29.4%	29.4%	29.4%
1人	18.1%	16.7%	20.3%
2人	14.5%	15.1%	13.4%
3人	8.8%	9.2%	8.2%
4〜6人	17.4%	15.9%	19.9%
7〜9人	5.0%	5.9%	3.5%
10〜15人	3.5%	4.9%	1.3%
16〜20人	0.8%	0.8%	0.9%
21人以上	0.3%	0.3%	0.4%
無回答	2.2%	1.9%	2.6%

表2 幼稚園・認定こども園において障害や難病等の診断はないが支援や配慮が必要な園児の人数の分布

区分	全体	私立	国公立
0人	10.4%	11.3%	9.1%
1〜4人	43.4%	42.0%	45.9%
5〜9人	24.8%	24.3%	25.5%
10〜14人	10.6%	10.8%	10.4%
15〜19人	3.2%	3.0%	3.5%
20〜24人	1.3%	1.3%	1.3%
25〜29人	1.5%	1.1%	2.2%
30人以上	0.8%	1.1%	0.4%
無回答	3.8%	5.1%	1.7%

（関東学院大学．令和元年度文部科学省委託「幼児教育の教育課題に対応した指導方法等充実調査研究」
特別な配慮を必要とする幼児を含む教育・保育の実践課題に関する実態研究．2020．を参考に筆者作成）

特別な支援を必要とする子どもの増加

　現在，幼稚園などにおいては，障害のある子どもや，診断はないが特別な支援や配慮を必要とする子どもが増加している．幼稚園・認定こども園の68.4%に障害のある子ども（障害や難病などの診断のある園児）が在籍しており，85.6%に診断はないが支援や配慮が必要な子ども（障害や難病などの診断はないが支援や配慮が必要と園が考える園児）が在籍している（表1・2）．幼稚園などでは，障害のある子どもや特別な配慮を必要とする子どもへの指導や支援のニーズが高まっているのである．

　幼稚園などで診断を受けている子どもの障害の種別としては，表3のように発達障害や知的障害の子どもが多いが，一部には肢体不自由や視覚障害，聴覚障害などの子どももいる（是枝，角藤ら，2018）．子どもの障害や特性によって，さまざまな対応が求められている．

是枝喜代治，角藤智津子ら．幼児期における特別なニーズのある子どもの支援に関する研究．ライフデザイン学紀要．2018 :13(3). 107–31.

 発達を促す生活や遊び

幼児教育・保育の基本的な考え方

　次に，幼児教育・保育の基本的な考え方をみてみよう．幼児教育・保育は，「幼児が身近な環境に主体的に関わり，環境との関わり方や意味に気付き，これら

表3 幼稚園・認定こども園・保育所において診断を受けている子どもの状況

自閉スペクトラム障害	30.7%
知的障害	28.3%
注意欠陥多動性障害	11.9%
肢体不自由	6.3%
言語障害	5.7%
聴覚障害	3.3%
学習障害	2.0%
視覚障害	1.6%
その他	10.3%

(是枝喜代治, 角藤智津子ら. 幼児期における特別なニーズのある子どもの支援に関する
研究. ライフデザイン学紀要. 2018：13(3). 107-31.を参考に筆者作成)

を取り込もうとして，試行錯誤したり，考えたりするようになる幼児期の教育
における見方・考え方を生かし，幼児と共によりよい教育環境を創造するよう
に努めるものとする」(幼稚園教育要領 第1章総則)とされており，生活や遊び
を通して教育・保育が行われている．

遊びの意義

　幼稚園教育要領の総則において「幼児の自発的な活動としての遊びは，心身
の調和のとれた発達の基礎を培う重要な学習であることを考慮して，遊びを通
しての指導を中心として第2章に示すねらいが総合的に達成されるようにする
こと」と述べられているように，幼児教育・保育は遊びを通して行われるもの
である．幼児教育・保育における遊びは，一般的に用いられる遊びとは意味が
異なっている．小学校以上の学校や家庭においては，遊びは勉強や学習をして
いない余暇活動という意味で用いられることが多い．一方で，幼児教育・保育
においては，幼稚園教育要領に示されているように，遊びは「重要な学習」であ
り，乳幼児は遊びを通してさまざまなことを経験し，学び，発達が促されるの
であり，遊びこそが幼児教育・保育の本質であるといえる．
　遊びを通しての学びについて，幼稚園における「泥んこ遊び」の事例から考え
てみよう．

幼稚園教育要領の総則第2章に示すねらい

幼児教育・保育における保育のねらいおよび内容は，健康，人間関係，環境，言葉，表現の5つの領域で示されている．

考えてみよう

　夏のある日，保育者は園庭の一角の地面に水をまいて泥んこ遊びができる場所を作る．泥んこ遊び用の服に着替えた3歳児クラスの子どもたちが，園庭に出て泥んこのところに集まってくる．初めは，子どもたちはおっかなびっくり泥の上を歩き，足の裏で泥の感触を確かめているようだった．しばらくすると，子どもたちは泥んこのなかで，思い思いに遊び始める．足を泥に何度も沈めたり出したりしている子，足首まで泥がついて茶色くなった足を，「靴はいてるよ！」と言いながら保育者に見せてくる子，泥を手で握っていくつも団子を作っている子，泥を使って自分のお腹に模様を描いている子，泥をお互いの体に塗り合って笑い合う子，泥のついた手を保育者の背中につけて手形をつけている子，どの子も楽しそうに遊んでいる．少し離れたところで，Aくんがひとり静かに泥を触っていた．保育者が近づき声をかけると，Aくんは，「こっちのほうが冷たいよ」と，木陰になっていた部分の泥を手に取って保育者のほうに差し出してくる．

　一見すると子どもたちは泥のなかでただ遊んでいるだけに見えるが，子どもにとって多くの気づきや学び，学びにつながる経験がある．子どもは泥を触った感触や泥に沈む感触を味わったり，泥が体についたりという経験をするなかで泥の性質や特徴に気がつき，学んでいる．また，泥で模様を描いたり，手形をつけるなど工夫して表現をしたり，どうやったら上手く泥団子ができるかを考えたりと，試行錯誤する様子がみられる．さらに，日向と日陰で泥の温度が違うことに気がついている子どももいる．このように，子どもは，遊びのなかで，環境に主体的に関わり，人や物，自然などの特徴や性質に気づいたり，やりとりを楽しんだり，どうすれば上手くできるか工夫したり，自分なりに表現したり，挑戦したりと，学びや学びにつながる体験をしているのである．保育者は，子どもが豊かな遊びを展開できるように指導，援助をすることが求められる．

環境を通しての指導，援助

幼稚園教育要領に，「幼稚園教育は，学校教育法に規定する目的及び目標を達成するため，幼児期の特性を踏まえ，環境を通して行うものであることを基本とする」と述べられているように，幼児教育・保育は保育者が子どもに直接的に教えるものではない．**乳幼児期は，自分の生活を離れて知識や技能を一方的に教えられて身につく時期ではなく，直接的，具体的な体験をすることで発達をしていく**．したがって，保育者が直接的な指示や指導をするのではなく，子どもがやってみたい，関わってみたいと思うような環境や，遊びが展開し，豊かな体験が得られるような環境を構成し，子どもの発達を間接的に促すという間接教育が行われるのである．

幼児教育・保育において，環境とは保育者や他児，地域の人々のような子どもの周りにいる人(人的環境)，玩具や物の配置，場所の設定(物的環境)，自然の草木や生物などの自然物(自然環境)，人びとの生活や暮らし(社会環境)を指しており，保育者も子どもにとっての環境の一部とみなされる．子どもが主体的に身近な環境に関わるように，子ども自らがやってみたい，面白そう，もっと経験したいと思えるような環境を構成することが求められる．

だからといって，子どもの興味関心に任せて，ただ遊ばせるということではない．**保育者は，子どもにしてほしい経験や活動について教育的な意図をもって，子どもへの働きかけをしていく必要がある**．一人ひとりの子どもの発達の状況やこれまでの姿を踏まえて，今どのような体験が必要なのか，そのためにどのような工夫が必要なのかを考えて，計画を立てて，環境を構成し，指導，援助をしていくのである．

障害のある子どもなどへの指導

障害のある子どもや特別な配慮を必要とする子どもへの指導においても，生活や遊びを通して，環境を通して行われる．幼児教育・保育は，一人ひとりの子どもに応じて行われるため，小学校以上の教育に比べて，障害のある子どもなどを他の子どもと区別することなく指導しやすいといえる．子どもの個人差や障害の有無にかかわらず，子どもが主体的に，生活や遊びに取り組み，豊かな体験ができる工夫をしていくことが求められる．一人ひとりの子どもの発達や特徴，できることとできないことを見極めて，その子に応じた場所や道具の設定，活動の提案，他児との関わりなどを設定していくことが大切である．たとえば，先ほどの泥んこ遊びの事例では，着替えることが難しい子ども，着替えや汚れることを嫌がる子ども，泥を触ることを嫌がる子どもなど，他の子どもと同様に活動に参加することが難しい子どももいる．そういった子どもがいる場合は，着替えの援助をしたり，汚れないで遊べる場所を作ったり，泥んこ以外の遊びができる環境を用意するなど，一人ひとりの特性に沿った指導や援助が求められる．

♪ 間接教育

学校教育法に規定する目的および目標

幼稚園の目的は，学校教育法第22条において「幼稚園は，義務教育及びその後の教育の基礎を培うものとして，幼児を保育し，幼児の健やかな成長のために適当な環境を与えて，その心身の発達を助長することを目的とする．」と規定されている．幼稚園の目標は，同法第23条において5領域に相当する5つの目標が規定されている．

　また，環境構成においては，子どもが安心，安全に活動できるための環境を整える必要がある．周囲の刺激に影響を受けやすい子どもがいる場合には，少し離れて落ち着ける場所を作っていくなどの対応が考えられる．また，クラスや集団から離れて出て行ってしまう子ども，予想外の行動をする子どもがいる場合には，危険がないように安全面での配慮が特に重要になる．

③ 子ども同士の関わり合い

子ども同士の関わり合いを通しての発達

　子どもの発達においては，子ども同士の関わり合いも重要である．乳幼児期には，自我が芽生え，他者の存在に気がつき，他者に関心をもち，他者と関わろうとする．そして，他者との関わりのなかで，自己の存在や特徴を理解したり，自分の気持ちを抑えたり，自分の気持ちを表現したり，自己と他者の違いに気づいたり，人に対する信頼感や思いやりの気持ちが育っていく．また，他者とお互いに刺激し合ったり，協力し合ったりしながら，社会性が発達していくのである．集団生活の場である幼稚園などにおいては，子どもが他児と十分に関わりながら，遊びや生活が展開できるように指導，援助していくことが求められる．

　クラス集団の形成においては，**保育者の子どもに対する姿勢が，クラスの人間関係に大きく影響する**．保育者が一人ひとりの子どもを認め，肯定的に関わり，温かい雰囲気で接することで，子どもたちも互いを認め合う肯定的な関係を作っていくことにつながる．

障害のある子どもなどへの指導

　幼稚園教育要領に「障害のある幼児などの指導に当たっては，集団の中で生活することを通して全体的な発達を促していくことに配慮し」（第1章　総則　第5節　特別な配慮を必要とする幼児への指導）と述べられているように，障害のある子どもにおいても，集団のなかで過ごすことで，周囲からの豊富な刺激を受けたり，保育者や他の子どもと関わったり，家庭ではできない多様な経験をすることを通して，発達が促される．障害のある子どもなどの指導においては，保育者の子どもの捉え方，子どもに対する見方や姿勢がとりわけ重要である．障害のある子どもなどのなかには，他の子の物を取ってしまったり，他の子を叩いてしまったり，ふらふらとどこかに行ってしまうなど，保育者にとって問題と思える行動をする子どももいる．**保育者は，そういった子どもの行動を，問題と捉えるのではなく，子どもの思いに寄り添い，どうすれば問題となる行動をなくして，周囲と上手くやっていけるのかを考えて，環境を整えていく必要がある**．

クラスメートに障害のある子どもがいること

　障害のある子どもなどがいることは，クラスにとって決してマイナスではなく，障害のある子どもと関わることは，他の子どもたちにもよい経験となる．幼稚園教育要領解説において「障害のある幼児児童生徒との交流及び共同学習の機会を設け，共に尊重し合いながら協働して生活していく態度を育むよう努めることが大切である」と述べられているように，子どもが障害のある子どもなどと活動を共にすることは，障害者を含めた多様な人々への正しい理解と認識を深め，視野を広げていく有意義な機会となる．

---

④ 早期からの教育相談

早期発見

　特別な配慮を必要とする子どもには，診断がある子どもだけでなく，診断はついていないが園生活に課題を抱える子どももいる．先述のように，幼稚園・認定こども園の9割近くにおいて，診断はついていないが特別な配慮を必要とする子どもがいる．そのような子どものなかには，家庭では大きな問題がなく過ごしていたが，園において集団生活をするなかでさまざまな困り感を抱えることもある．保育者は，まずは発達状況や特徴，問題行動など，一人ひとりの子どもの姿を丁寧に読みとっていくことが求められる．また，これまでの育ちや家庭での様子を保護者から聞き取り，子どもの全体像を捉えていき，早期からの指導，支援につなげていくことが大切である．

職員間の連携

　特別な配慮を必要とすると判断される場合は，職員間で共通理解を図り，連携して対応することが求められる．職員間のスムーズな連携のためには，組織体制や役割分担を明確にすることに加えて，職員同士で日常的にコミュニケーションをとり，子どもの姿や，指導や支援のあり方について，気軽に話し合ったり，相談し合える雰囲気を作っておくことが大切である．

　幼稚園などにおける特別支援教育の組織体制として，園長は園内委員会を設置し，園務分掌として特別支援教育コーディネーターを指名しておく必要がある．

特別支援教育コーディネーター

①園内委員会

　園内委員会とは，障害のある幼児の実態把握および支援のあり方などについて検討を行う園内に置かれた委員会であり，小学校以上の学校における校内委

表4　園内委員会の設置状況

	国立	公立	私立
幼稚園	91.8%	93.2%	37.2%
幼保連携認定こども園	—	87.5%	41.0%

表5　特別支援教育コーディネーターの指名状況

	国立	公立	私立
幼稚園	95.9%	96.4%	46.9%
幼保連携認定こども園	—	88.3%	50.3%

（文部科学省「平成29年度特別支援教育に関する調査の結果について」2018.）

員会に相当するものである．園内委員会は，園長や主任，担任，特別支援教育コーディネーターに加えて，巡回相談員など外部の専門家が加わることがある．園内委員会においては，子どもの様子や保護者支援，個別の支援計画，個別の教育支援計画についてなどが検討される．

　幼稚園などにおいて園内委員会の設置率は，国公立においては9割程度とほとんどの園で園内委員会が設置されている一方で，私立の幼稚園などにおいては設置されている園が4割前後と低い水準にとどまっている（表4）．

②特別支援教育コーディネーター

　特別支援教育コーディネーターとは，「学校内の関係者や福祉・医療等の関係機関との連絡及び調整保護者に対する学校の窓口として，校内における特別支援教育に関するコーディネーター的な役割を担う者」（文部科学省）であり，園内外の連絡調整の窓口の役割を担う園務分掌である．幼稚園などにおいては，園内や関係機関，保護者との連絡調整のほか，子どもの状況把握・アセスメント，個別の指導計画などの文書の作成，園内委員会の開催などの役割を担っている．

　しかしながら，私立の幼稚園などにおいては，およそ半数の園で特別支援教育コーディネーターが指名されていない（表5）．その背景に幼稚園などでは教職員数が少なく，専門性のある教職員がいないという課題がある．

支援・指導の計画

　障害のある子どもなどの支援・指導に当たっては，個別の教育支援計画，個別の指導計画が作成される．個別の教育支援計画とは，「障害のある幼児児童生徒一人一人のニーズを正確に把握し，教育の視点から適切に対応していくという考え方の下に，福祉，医療，労働等の関係機関との連携を図りつつ，乳幼児期から学校卒業後までの長期的な視点に立って，一貫して的確な教育的支援を行うために，障害のある幼児児童生徒一人一人について作成した支援計画」（文部科学省）である．個別の教育支援計画は，関係機関と連携して，本人や保護者の意見を聞きながら作成される．したがって，個別の教育支援計画を作成することで，家庭，園，関係機関が支援の目標や方向性を共有して，一貫した支援を行うことが可能となる．また，個別の教育支援計画は，子どもが就学す

幼稚園などにおける作成状況は，個別の教育支援計画は37.6%，個別の支援計画は49.1%と，小学校や中学校に比べると低い水準である（文部科学省，2018）．

文部科学省「平成29年度特別支援教育に関する調査の結果について」2018.

表6　幼稚園等が活用している関係機関や専門家

療育機関（児童発達支援センター等）	70.5%
巡回相談員	60.2%
教育委員会	37.1%
保健センター・保健所	35.7%
医療機関	29.7%
特別支援学校	20.7%
その他の行政関係部局	15.3%

（関東学院大学．令和元年度文部科学省委託「幼児教育の教育課題に対応した指導方法等充実調査研究」特別な配慮を必要とする幼児を含む教育・保育の実践課題に関する実態研究．2020．を参考に筆者作成）

る際には引き継ぎ資料となり，在園期間にとどまらず継続した支援が可能になる．

　個別の指導計画とは，一人ひとりの指導目標や指導内容，指導方法を明確にして，きめ細やかに指導するために作成されるものである．個別の指導計画の作成においては，個別の教育支援計画で示された目標や支援の方法などを踏まえながら，対象となる子どもの発達状況や特性，能力に応じて，具体的な目標とそのための援助の内容が含まれる．個別の教育支援計画，個別の指導計画の作成に当たっては，担任や特別支援教育コーディネーターが中心となり，園内委員会において，巡回相談員などの専門家の支援を受けて作成される．

関係機関との連携

　特別な配慮を必要とする子どもへの支援においては，療育機関や巡回相談員，保健センター・保健所，教育委員会，医療機関など，園外の専門家や関係機関との連携・協力が欠かせない．

　幼稚園などに最もよく活用されている関係機関は，児童発達支援センターなどの療育機関である（表6，関東学院大学，2020）．障害のある子どもなどは，幼稚園などと並行して療育機関に通っていることがある．療育機関と情報を共有したり，個別の教育支援計画を協力して作成したり，支援の方針を共有していくことが大切である．巡回指導員も多くの園で活用されている．

　その他，地域によっては，教育委員会や幼児教育センターなどが相談に応じたり，支援を行っている場合がある．

小学校などとの連携・接続

　年長児においては，小学校などへの進学を見据えて，小学校などと連携し，スムーズに就学できるようにする必要がある．小学校などとの連携・接続の方

関東学院大学．令和元年度文部科学省委託「幼児教育の教育課題に対応した指導方法等充実調査研究」特別な配慮を必要とする幼児を含む教育・保育の実践課題に関する実態研究．2020．

巡回相談

「外部の専門職が保育所・幼稚園を訪問し，保育の様子を観察した上で，障害のある子どもを支援するもの」（鶴，2012）である．巡回相談員は，指導方法・内容や支援体制づくりへの助言，園内委員会への参加，個別の教育支援計画や個別の指導計画の作成への協力などの役割を担っている．

鶴　宏史．保育所・幼稚園における巡回相談に関する研究動向．帝塚山大学現代生活学部紀要．2012：8(2)．113-26．

表7 小学校との接続連携の方法等

保幼小連携会議等の場で情報交換を行っている	31.7%
小学校の教員が園に来て，対象の子どもを観察するなどの連携を行っている	18.2%
園の保育士(教師)等が卒園生の様子を見に行くなどの対応を適宜行っている	16.1%
要録のみに情報交換となっている	12.2%
定期的に行っている	11.5%

（是枝喜代治，角藤智津子ら．幼児期における特別なニーズのある子どもの支援に関する研究．ライフデザイン学紀要．2018：13(3)．107-31.を参考に筆者作成）

法として，保幼小連携会議などの場で情報交換や，子どもの様子を他の学校・園に見に行くなどの方法が多くとられている（表7）．幼稚園などが積極的に連携のきっかけを作っていくよう働きかけていくことが大切である．

⑤　保護者支援

幼稚園などにおいては，在園児だけでなく，その保護者への支援も求められている．とりわけ，**幼保連携型認定こども園**は，教育・保育とともに，保護者に対する子育ての支援を行うことを目的とした施設である．また，保育所は，「入所する子どもの保護者に対する支援及び地域の子育て家庭に対する支援等を行う役割」（保育所保育指針第1章　総則1保育所保育に関する基本原則）をもつ施設である．

保護者支援の基本的態度

保護者の支援においては，一人ひとりの保護者を尊重し，ありのままに受け止める受容的な態度が求められる．障害のある子どもなどをもつ保護者は，子育てに困難を抱え，不安やストレス，疲労感，孤立感を感じていることが多い．保護者の困り感や不安などを受け止めて，寄り添っていこうとする姿勢が大切である．

その前提として，保護者との信頼関係を築くとともに，プライバシーの保護や守秘義務に十分に注意する必要がある．保護者が来園しやすく，相談しやすい雰囲気を作るとともに，日常的なコミュニケーションを図りながら，子どもの障害や課題について，あるいは保護者自身の不安やストレスなどについて，安心して話すことができるような信頼関係を構築することが大切である．

障害のある子どもの保護者は，子どもの障害や課題を受容することが難しいことがある．自分の子どもに障害があることや，発達の課題があることを認めたくない気持ちをもつ保護者も少なくない．保育者は，保護者のそのような気

『幼保連携型認定こども園』とは，義務教育及びその後の教育の基礎を培うものとしての満三歳以上の子どもに対する教育並びに保育を必要とする子どもに対する保育を一体的に行い，これらの子どもの健やかな成長が図られるよう適当な環境を与えて，その心身の発達を助長するとともに，保護者に対する子育ての支援を行うことを目的として，この法律の定めるところにより設置される施設をいう〔就学前の子どもに関する教育，保育等の総合的な提供の推進に関する法律(認定こども園法　第2条第7項)〕

持ちを理解し，受け止めていくことが求められる．園での子どもの様子を保護者に伝える際に，問題や課題，できないことにばかり注目するのでなく，子どもの良いところや成長している姿を伝えながら，ポジティブな気持ちで子どもに向き合えるように支援し，将来の見通しへの不安を取り除くことが大切である．

関係機関などとの連携

　保護者支援は，園だけではなく，関係機関や専門家などと連携しながら行うことが求められる．児童発達支援センターや巡回相談員などの関係機関や専門家の助言を受けたり，協力したりしながら支援を行ってくことが重要である．また，必要に応じて関係機関につないでいくことも必要である．保護者から求められた際に的確な情報が提供できるように，地域の関係機関について情報収集しておくことも大切である．

◉ **引用文献**
- 関東学院大学．令和元年度文部科学省委託「幼児教育の教育課題に対応した指導方法等充実調査研究」特別な配慮を必要とする幼児を含む教育・保育の実践課題に関する実態研究．2020．（https://www.mext.go.jp/content/20200525-mxt_youji-000004222_10.pdf）（最終閲覧：令和3年3月10日）
- 是枝喜代治，角藤智津子ら．幼児期における特別なニーズのある子どもの支援に関する研究．ライフデザイン学紀要．2018：13(3)．107-31.
- 文部科学省「平成29年度特別支援教育に関する調査の結果について」2018．（https://www.mext.go.jp/a_menu/shotou/tokubetu/1402845.htm）（最終閲覧：令和3年3月10日）
- 鶴　宏史．保育所・幼稚園における巡回相談に関する研究動向．帝塚山大学現代生活学部紀要．2012：8(2)．113-26.

◉ **参考文献**
- 国立特別支援教育総合研究所「特別支援教育における様々な仕組みと役割」（http://forum.nise.go.jp/soudan-db/htdocs/?page_id=295）（最終閲覧：令和3年3月10日）

11 小学校と中学校における特別支援教育

学習のポイント

1. 年齢に応じた発達の課題と必要な支援を知ろう.
2. 施設間の連携による支援の仕組みを知ろう.
3. 障害をもった子どものための工夫や合理的配慮について知ろう.

発達の課題と子どもの特徴

　子どもは障害の有無を問わず，自分の経験や学習を基に，自ら周囲の環境に積極的に働きかけ，環境との相互作用により身体面，情緒面，知的面や社会性などといったさまざまな側面を相互に関連させながら総合的に発達する．子どもは資質や特性などが一人ひとり異なっており，その成長には個人差があるものの，発達の段階や道筋には共通した特徴がみられる．子どもの望ましい発達のためには，子ども一人ひとりの発達の段階や特性に応じた人的・物理的環境を用意し，そのなかで主体的に学習し活動することができるように支援することが重要である．

小学生の発達の課題と特徴

　小学校6年間において，子どもは学校における学習や集団生活を通して言語能力や認識する力，自然や周囲への関心などが高まるとともに，物事の善悪の理解と判断ができるようになってくる．そして，将来の社会生活に必要な基本的生活習慣の意義を理解し，自立的にその向上に取り組むようになる．

　低学年では幼児期の自己中心性が残っているものの，ほかの子どもの立場を認めたり理解したりする力が育ち，善悪の区別ができるようになってくる．中学年では活動範囲が広がることで自然を含む周囲の物事への関心が増えるとともに，自分の行動の善し悪しを内省する力が高まってくる．高学年では相手の身になって考える力や自分の行動を自分で判断する力が高まってくることで，物事を客観的に捉える力や責任感が備わってくる．小学校6年間は子どもの発達にとって大きな幅のある期間であり，学年によって発達にさまざまな特長があることから，その特長を生かすとともに，発達の段階に応じた学校生活の工夫を行うことが大切である．

中学生の発達の課題と特徴

　中学校3年間は思春期に入ることで，身体的・生理的変化が大きくみられる

図1 つまずきの実態把握とアセスメント

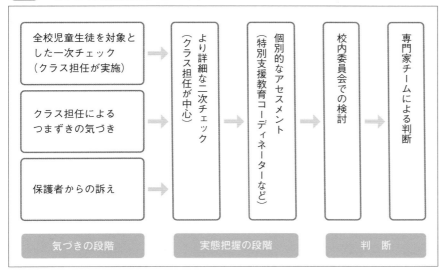

全校児童生徒を対象とした一次チェック（クラス担任が実施）

クラス担任によるつまずきの気づき

保護者からの訴え

より詳細な二次チェック（クラス担任が中心）

個別的なアセスメント（特別支援教育コーディネーターなど）

校内委員会での検討

専門家チームによる判断

気づきの段階　　実態把握の段階　　判　断

（花熊曉，近藤武夫．総論：個に応じた支援．監修：竹田契一，上野一彦ら『S.E.N.S養成セミナー 特別支援教育の理論と実践［第3版］Ⅱ−指導』金剛出版．2018．pp.19-33.）

とともに，精神的には周囲の人とは異なる自分独自の内面に気づくことで，さまざまな悩みを抱えて葛藤しながら自分の個性や適性を探し始める時期である．さらに，社会の仕組みへの理解が進むことで，自分の課題や生き方，将来への展望や不安などを具体的に考える時期でもある．中学校3年間は子どもにとって非常に多感な時期であり，問題行動が表出しやすい特徴がある．子どもが自分の存在意義を実感し，よりよい人間関係のなかで有意義な学校生活を送るためには，日頃からのきめ細かな観察や対話などを通して子ども一人ひとりの興味や関心，発達や学習上の課題などの把握が大切である．そして，子どもが抱える課題や悩みを受け止めながら，子どもと一緒に課題解決に向けて取り組むことが求められる．

特別な支援が必要な子どもの発達の課題と特徴

特別な支援が必要な子どもの教育的ニーズを捉えるためには，学習面や行動面，精神面などにおけるつまずきや困難さに目を向けることが必要である．これらは子ども一人ひとりの障害や特性などによって異なるとともに状態像が多様であることから，子どもの年齢や発達の段階，周囲の環境，生育歴なども十分に踏まえ，どのようなつまずきや困難さがみられるのかを把握することが重要である（図1）．

小学生について

小学校から本格的に各教科などの学習がスタートするが，学習面において最

初に見ておくべきことは，子ども一人ひとりの「読む力，書く力，聞く力」である．これらは各教科などの学習の基礎となることから，子ども一人ひとりのつまずきや困難さを把握し，どのようなことが課題となるかを見定めることが重要である．行動面では集団での活動が多くなることから，集団参加における子ども一人ひとりの特徴的な行動や周囲の人とのかかわりの特徴などを把握することが必要となる．学習面や行動面において，学年が進行するにつれて課題となっている事柄が解決される場合もあるが，より複雑化することも少なくないことから，早期から適切な実態把握を行い，課題設定や支援方法をよく検討して実践することが求められる．

中学生について

中学校では学習内容が高度になるとともに，小学校と比べて学習のスピードと量が格段に増えてくる．さらに，友達や大人との人間関係が複雑になり自分独自の内面に気づくことで精神的な葛藤がみられる時期であることから，学習面や行動面だけでなく，子どもの内面にある自尊心や自己肯定感などにも目を向ける必要がある．さらに，これまでの経験による自信のなさや無力感，劣等感などから二次障害を生じることもあるため，子ども一人ひとりの精神面にも目を向けながら学習面や行動面，精神面などの課題解決を図ることが大切となる．

特別な支援が必要な子どものつまずきや困難さへの支援

小学生か中学生かに関わらず，子どもが抱える障害は多岐にわたっており，障害が重複していることも少なくない．また，通常の学級や特別支援学級，通級による指導にはさまざまな課題のある子どもが多数在籍しており，障害による学習面や行動面を中心とした困難さがみられている．たとえば，学習面では先生の話に注意を向けて内容を理解することが難しかったり，板書の文字を読んだり書いたりすることに時間がかかったりすることなどから，学習内容の習得に課題が生じることがある．行動面では，授業中に突然離席してしまったり勝手におしゃべりをしたり，集団ルールを守らないことから友達とのトラブルが頻発したりすること，などがある．これらの学習面，行動面の困難さがみられる原因は，子どもの障害の状態や特性，発達の段階などによって異なる．したがって，学習の達成度や表面的な行動のみで安易に判断するのではなく，子ども一人ひとりの障害の状態やその特性，さらに，家庭を含めた子どもを取り巻く周囲の環境などといった，「つまずきや困難さの背景にあるもの」をきちんと押さえたうえで支援に当たることが肝要である．

② 園および学校間の連携

個別の教育支援計画による園および学校間の連携

2003（平成15）年から実施された障害者基本計画において，教育，医療，福祉，労働などの関係機関が連携・協力を図り，障害のある子どもの生涯にわたる支援体制を整え，それぞれの年代における子どもの望ましい成長を促すために「個別の支援計画」を作成することが示された．そのなかで「個別の教育支援計画」とは，「教育機関が中心となって作成するもの」を示している（図2）．小学校や中学校の学習指導要領では，特別支援学級と通級による指導を利用する子どもについて作成と活用が義務づけられているが，通常の学級に在籍する障害のある子どもについては，作成と活用に努めることとしている．

個別の教育支援計画は，教育機関だけでなく家庭や医療，福祉などの関係機関と連携するための大切なツールである．障害のある子どもの学校生活だけでなく家庭生活や地域生活を含めて，長期的な視点で幼児期から学校卒業後までの一貫した支援を行うことが重要であることから，具体的かつ正確な記述が求められる．障害のある子ども本人および保護者の意向や将来設計などを十分に踏まえ，在籍校だけでなく，子どもが利用する医療機関や療育機関，福祉機関などにおける支援目標や支援内容を整理したり関連づけたりすることなど，関係機関との役割分担を明確にすることが必要となる．

個別の教育支援計画は校内における連携だけでなく，園や学校間の連携にも活用される．就学前段階に作成されるものとして，自治体によって呼称は違うが，小学校とのつながりをスムーズにするための「就学支援シート」や「支援ファイル」などと呼ばれる個別の記録票がある．これは就学前に行われていた支援目標や支援内容，配慮事項などを記したものであるが，これらを踏まえたうえで小学校における適切な支援目標や支援内容，合理的配慮などを設定することがあげられる．また，小学校から中学校への移行では，個別の教育支援計画により小学校在籍時の子ども本人や保護者の意向，支援目標や支援内容，合理的配慮の内容，利用する医療機関や療育機関，福祉機関などの情報を確実に引き継ぐことで，より具体的な本人や保護者の意向確認，支援目標や支援内容の設定，合理的配慮の検討，関係機関との連携促進などが図られるとともに，中学校における個別の教育支援計画作成のための基礎資料にもなる．

子どもの課題に対応するための専門機関などとの連携

特別な支援が必要な子どもがもつ課題を，子どもが在籍する小学校や中学校のみで解決することが難しい場合，特別支援学校や医療機関，福祉機関などといった専門機関と連携・協力して課題解決のための支援を図る場合がある．学校によって呼称は違うが，ケース会議や関係者会議，支援会議などと呼ばれるものである．これは学習面や行動面などの課題がある子どもに対する支援について，学級担任や学校が抱え込むことなく，さまざまな障害のある子どもが通

§ 障害者基本計画

障害者基本計画
障害者の自立および社会参加の支援のために障害者基本法に基づいて策定された施策の計画．

§ 個別の支援計画
→p.174の図5

図2 個別の教育支援計画

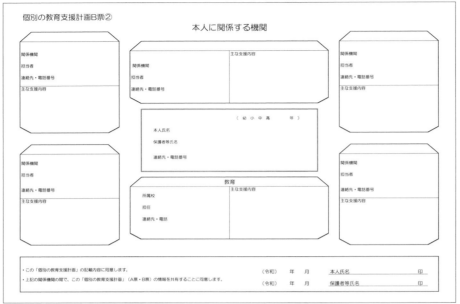

（山梨県教育委員会.「個別の教育支援計画」の作成と活用の手引き. 2018.）

図3 連携のイメージ

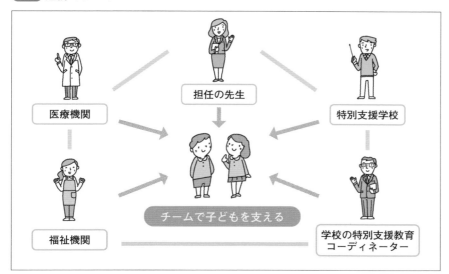

表1 連携プロセスの一例

1	子どもの学習面や行動面などの状況と課題を把握する
2	学習面や行動面などの背景や原因を検討する
3	課題解決のための方策を検討する
4	具体的な支援方法を決定し，役割分担に基づいて実行する
5	子どもの変容を記録して評価する

（和田美香．第3章　幼稚園等の特別支援教育．編著：杉野学，長沼俊夫ら
『特別支援教育の基礎』大学図書出版．2018．pp.33-41.）

　う特別支援学校のセンター的機能を担当する教員，医療機関や福祉機関などの専門家を交えて学習面や行動面などにおける支援内容や支援方法を考えるものである．学校の学級担任などを含めた課題のある子どもにかかわりのある専門家による，少人数チームによる子どもを支えるひとつの仕組みである（図3）．

連携において大切なこと

　園および学校間の連携で大切なことは，子どもの学習面や行動面などの課題となることを具体化し，その課題の原因や背景にある理由を明らかにしたうえで必要な支援内容や支援方法を検討してチームで役割分担を共有し，支援を実行することである．基本的には表1のプロセスをたどる．このように学級担任や学校のみが抱え込むのではなく，学校内外の専門家を交えたチームで子どもを支えていくことが重要である．

③ 教育課程実施上の配慮事項

　小学校や中学校では**近年，全国的に子どもの数が減少しているが，通常の学級や特別支援学級に在籍または通級による指導を利用している特別な支援が必要な子どもの数は増加の一途を辿っている**．2012（平成24）年の文部科学省の調査によると，通常の学級における発達障害（学習障害，注意欠陥多動性障害，高機能自閉症など）の可能性のある子どもの在籍率は，6.5%程度（学級担任を含む複数の教員により回答されたもので，医師の診断によるものではない）と示されている．一方，特別支援学級や通級による指導においても，文部科学省の2018（平成30）年度の調査によれば，2008（平成20）年に比べて特別支援学級在籍者数は2.1倍，通級による指導の利用者数は2.5倍に増えている．これらは特別な支援が必要である子どもが増えているとも捉えられるが，通常の学級における個別的支援や特別支援学級や通級による指導に対する社会的理解の高まりとも考えられる．

ユニバーサルデザインについて

　小学校や中学校での支援において代表的なものとしては，ユニバーサルデザインに基づく学級全体の支援と合理的配慮に基づく個別的支援があり，特別な支援が必要な子どもに対しては，子どもの障害の状況と課題に応じて双方をバランスよく組み合わせることが大切である．

♂ ユニバーサルデザイン

　ユニバーサルデザインは，障害者権利条約において「調整又は特別な設計を必要とすることなく，最大限可能な範囲で全ての人が使用することのできる製品，環境，計画及びサービスの設計をいう」と定義されている．これを学校の授業におけるユニバーサルデザインとして考えると，「発達障害がある子だけでなく，すべての子にとって参加しやすい学校」（小貫，桂，2014）ということができる．学校の授業においてユニバーサルデザインに基づいた支援を行うことにより，学級のすべての子どもに共通した土台ができて学習環境が保障されることで，特別な支援が必要な子どもにとっても学習の取組への安定につながることが考えられる．また，学級の実態に合わせて物の配置や教室掲示などを工夫するといった「構造化（子どもが見たときに，何がどこにあるのか，どのようなことがあるのか，など，子どもがわかりやすいように環境を整えること）」により，子どもが自ら判断し理解して能動的に活動できるようになることが期待できる．

小貫悟，桂聖『授業のユニバーサルデザイン入門』東洋館出版社，2014.

　次に示すものは，国立特別支援教育総合研究所より公開されている「インターネットによる講義配信NISE学びラボ〜特別支援教育eラーニング〜」にある小学校体育科における授業のユニバーサルデザインの実践事例である．

　図4は座席配置の工夫である．先生の話を集中して聞くことが難しい子どもの場合は，先生の話が聞きやすいような配置にしたり，掲示物を指し示しなが

図4 先生の話を集中して聞くことができる座席配置

(国立特別支援教育総合研究所．特別支援教育研修講座「通常の学級における各教科等の学びの困難さに応じた指導」に関する
プログラム　各論1　学習に生じる困難さに応じた指導内容や指導方法の工夫　小学校体育．2020．を参考)

図5 学習課題に応じた環境設定の工夫

(国立特別支援教育総合研究所．特別支援教育研修講座「通常の学級における各教科等の学びの困難さ
に応じた指導」に関するプログラム　各論1　学習に生じる困難さに応じた指導内容や指導方法の工夫
小学校体育．2020．を参考)

図6　合理的配慮と基礎的環境整備の関係

合理的配慮と基礎的環境整備

「合理的配慮」と「基礎的環境整備」：障害のある子供に対する支援については，法令に基づき又は財政措置により，国は全国規模で，都道府県は各都道府県内で，市町村は各市町村内で，教育環境の整備をそれぞれ行う．これらは，「合理的配慮」の基礎となる環境整備であり，それを「基礎的環境整備」と呼ぶこととする．これらの環境整備は，その整備の状況により異なるところではあるが，これらを基に，設置者及び学校が，各学校において，障害のある子供に対し，その状況に応じて，「合理的配慮」を提供する．

学校における合理的配慮の観点（3観点11項目）
①教育内容・方法
　①-1　教育内容
　　①-1-1　学習上又は生活上の困難を改善・克服するための配慮
　　①-1-2　学習内容の変更・調整
　①-2　教育方法
　　①-2-1　情報・コミュニケーション及び教材の配慮
　　①-2-2　学習機会や体験の確保
　　①-2-3　心理面・健康面の配慮
②支援体制
　②-1　専門性のある指導体制の整備
　②-2　幼児児童生徒，教職員，保護者，地域の理解啓発を図るための配慮
　②-3　災害時等の支援体制の整備
③施設・設備
　③-1　校内環境のバリアフリー化
　③-2　発達，障害の状態及び特性等に応じた指導ができる施設・設備の配慮
　③-3　災害時等への対応に必要な施設・設備の配慮

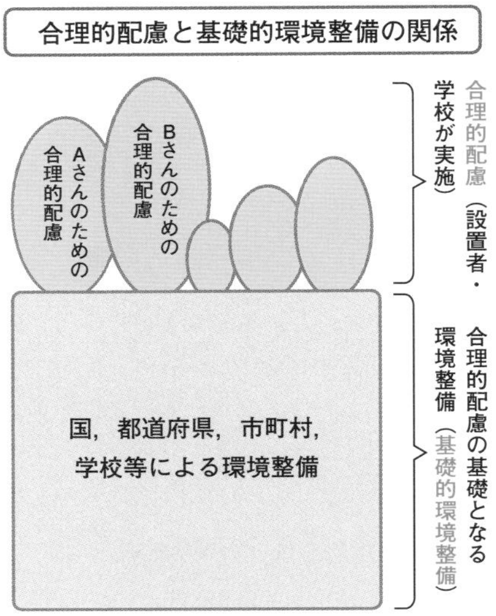

合理的配慮と基礎的環境整備の関係

基礎的環境整備（8観点）
①ネットワークの形成・連続性のある多様な学びの場の活用
②専門性のある指導体制の確保
③個別の教育支援計画や個別の指導計画の作成等による指導
④教材の確保
⑤施設・設備の整備
⑥専門性のある教員，支援員等の人的配置
⑦個に応じた指導や学びの場の設定等による特別な指導
⑧交流及び共同学習の推進

（文部科学省初等中等教育局特別支援教育課．インクルーシブ教育システム構築事業．2015．）

ら具体的に説明したりすることが大切になる．また，指示を具体的に端的に出すことは，先生の話を集中して聞くための支援になる．図5はバスケットボールの授業での工夫である．ゴール近くの床に投げる位置を四角で示し，バスケットゴールに×印をつけてボールを当てる位置を示すことで，ゴールしやすい位置と方向を視覚的に支援している．特別な支援が必要な子どものなかには，ボールを投げることができるものの自分のいる位置とゴールとの距離をつかんでシュートすることが難しいことがある．そのような場合は，ゴールできるためのヒントになるものを提示しておくことが有効になることがある．

表2 合理的配慮の実践事例

▶Aさん（中1）：中学校の通常の学級に在籍する，ADHDと自閉症スペクトラム障害のある生徒
　苦手なことに取り組むのが難しく，集中の持続が難しかったり相手の気持ちを考えず衝動的に行動してしまったりする課題がある．

▶合理的配慮の実際
・Aさんは相手の気持ちを考えて行動することが難しく，衝動的に行動し，ほかの生徒とトラブルになりやすいことから，通級による指導では人との適切なかかわり方ができるように，そのときの相手の表情や動作にどのような意味があるのかをデジタル教材や絵カードを用いて考えさせ，相手の気持ちを読み取るための指導を行っている．
【合理的配慮①教育内容・方法①-1-1】

・Aさんが在籍する通常の学級では，座席を教室の端にして特別支援教育支援員が個別に対応しやすくしている．注意が逸れたときやわからなくなったときは，さりげなく注意を促したり小声でヒントを出したりして個別に支援を行っている．わからないことがあるときには，Aさん自ら質問することが大切であることを伝えて，Aさんが自発的に質問できるように促している．
【合理的配慮①教育内容・方法①-1-1】

・教員が指示や説明をするときは，学級全体に注目して聞くように指示し，Aさんが注目していることを確認してから話をするようにしている．
【合理的配慮①教育内容・方法①-2-1】

・通常の学級の教室内に設置されている黒板に，1か月の行事予定，1週間の予定，1日の予定を記入し，見通しをもって学校生活を送ることができるようにしている．
【合理的配慮①教育内容・方法①-2-3】

▶成果と課題
・Aさんは衝動的に行動することが減少し，ほかの生徒とのトラブルも減っている．また，自ら質問したり，ほかの生徒と会話しようとしたりする姿が見られるようになってきている．
・Aさんへの具体的な関わり方について全職員に対する研修会を行ったことで，教職員が共通理解のもとでAさんに接することができるようになっている．

〔国立特別支援教育総合研究所．インクルーシブ教育システム構築支援データベース（インクルDB）．2014．を元に筆者作成〕

合理的配慮について

　学校において，特別な支援が必要な子どもがほかの子どもと平等に「教育を受ける権利」を行使するために，学校の設置者および学校が必要となる適当な変更・調整を行うことを「合理的配慮」とし，合理的配慮の基礎となる環境整備を「基礎的環境整備」としている．合理的配慮は3観点11項目，基礎的環境整備は8観点に整理されている（図6）．

合理的配慮
→p.14

　合理的配慮は特別な支援が必要な子ども一人ひとりの障害の状態や教育的ニーズに応じて決定されるもので，学校の設置者および学校と子ども本人・保護者により，子どもの発達の段階を考慮しつつ，合理的配慮の観点を踏まえ，可能な限り合意形成を図ったうえで決定し，提供されることが望ましい．また，合理的配慮の決定後も，特別な支援が必要な子ども一人ひとりの発達の程度，適応の状況などを勘案しながら柔軟に見直しできることを共通確認することが重要となる．なお，実践事例として，国立特別支援教育総合研究所より公開されている，インクルーシブ教育システム構築支援データベース（インクルDB）から中学校における実践を紹介する（表2）．

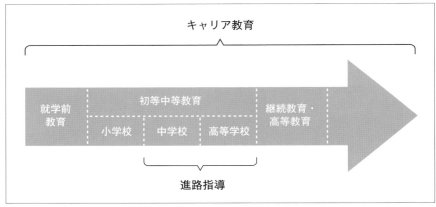

図7　進路指導とキャリア教育の関係

（文部科学省『中学校キャリア教育の手引き』教育出版．2011．）

進路指導

生徒が自らの生き方を考え，将来に対する目的意識を持ち，自らの意思と責任で進路を選択決定する能力・態度を身に付けることができるよう，指導・援助すること（中央教育審議会，2004）．定義・概念としては，キャリア教育との間に大きな差違は見られず，進路指導の取組は，キャリア教育の中核をなすということができる．

中央教育審議会，今後の学校教育におけるキャリア教育・職業教育の在り方について（答申）．2011．

④　進路指導とキャリア教育

進路指導とキャリア教育の違い

　進路指導は主に中学校と高等学校に限定された教育活動である．しかし，これまでの進路指導の取り組みに関する反省から，進路指導は子どもの進学や就職などの子どもの進路選択ばかりでなく，自己の将来設計を含めた多様な生き方を主体的に選択できるようにするための計画的，組織的な取組であることが求められている．

　一方，キャリア教育とは，「一人一人の社会的・職業的自立に向け，必要な基盤となる能力や態度を育てることを通して，キャリア発達を促す教育」（中央教育審議会，2011）である．さらに，就学前段階からすべての学校教育段階において，子どもが社会との関わりのなかで，生涯を通じて自分の役割を果たしながら自己実現や自己の確立に向けて学んでいく力を支援するためのものである．

　したがって，進路指導とキャリア教育は中学校や高等学校に限ればその違いを見出すことは難しいが，キャリア教育は中学校や高等学校での進路指導を包括した子どもの就学前段階からすべての学校教育段階において，子どもの将来設計を踏まえた自己実現や自己の確立のための実践と考えることができる（図7）．

学習指導要領におけるキャリア教育

　小学校と中学校の学習指導要領解説総則編（2018）では，小学校や中学校がともに狭義の意味での「進路指導」との混同により，特に特別活動に進路に関連する内容が存在しない小学校においては，体系的に行われてこなかったこと，中

学校では働くことの現実や必要な資質・能力の育成につなげていく指導が軽視されているのではないか，という指摘がある．こうしたことから子ども一人ひとりのキャリア発達を促すためには，将来の生活や社会，職業などとの関連を意識させる学習が必要であり，キャリア教育は「特別活動」を要としながら学校の教育活動全体を通して行うことが位置づけられている．

特別支援教育におけるキャリア教育

　キャリア教育に関する基本的な考え方は，子どもの障害の有無を問わずすべての学校種において共通であるが，キャリア教育を進める際には，小学校や中学校の学習指導要領を踏まえたうえで特別支援教育の対象である子ども一人ひとりの実態に合わせて指導を工夫することは必須である．

　特別な支援が必要な子どもにおけるキャリア教育の実践のために必要なこととして，教員による講義形式の授業も大切であるが，社会科見学や職場体験といった実体験，グループディスカッションやグループワークといった友達などとの協働学習を通して，子どもが自分から課題を発見して解決に導いていくことができるような授業があげられる．さらに，子ども一人ひとりの障害の状況や発達の段階，年齢などを丁寧に把握したうえで，各学校段階に応じて体系的できめ細かい支援に取り組むことが重要になる．そして，子ども一人ひとりの内面の成長に着目して学習の過程を分析的に見ること，子どもが自分のことを見つめ直したり自分の取り組んだことを自己評価したりする機会を積極的に設定することなどが大切になる．

◉ 文献
- 中央教育審議会．今後の学校教育におけるキャリア教育・職業教育の在り方について（答申）．2011．
- 国立特別支援教育総合研究所．個別の教育支援計画の策定に関する実際的研究．17．国立特別支援教育総合研究所プロジェクト研究報告（平成16年度〜17年度）．2006．
- 国立特別支援教育総合研究所．インクルーシブ教育システム構築支援データベース（インクルDB）．2014．（http://inclusive.nise.go.jp/）（最終閲覧：令和3年3月10日）
- 国立特別支援教育総合研究所．特別支援教育研修講座「通常の学級における各教科等の学びの困難さに応じた指導」に関するプログラム　各論1　学習に生じる困難さに応じた指導内容や指導方法の工夫　小学校体育．2020．（https://www.nise.go.jp/nc/training_seminar/online）（最終閲覧：令和2年12月25日）
- 花熊曉，近藤武夫．総論：個に応じた支援．監修：竹田契一，上野一彦ら『S.E.N.S養成セミナー　特別支援教育の理論と実践［第3版］Ⅱ−指導』金剛出版．2018．pp.19-33．
- 小貫悟，桂聖『授業のユニバーサルデザイン入門』東洋館出版社．2014．
- 宮寺千恵．第4章　通常学級での支援．編著：北島善夫，武田明典『教師と学生が知っておくべき特別支援教育』，北樹出版．2019．pp.44-53．
- 文部科学省『中学校キャリア教育の手引き』教育出版．2011．
- 文部科学省『小学校学習指導要領解説総則編』東洋館出版社．2018．
- 文部科学省『中学校学習指導要領解説総則編』東山書房．2018．
- 文部科学省初等中等教育局特別支援教育課．通常の学級に在籍する発達障害のある可能性のある特別な教育的支援を必要とする児童生徒に関する調査結果について．2012．（https://www.mext.go.jp/a_menu/shotou/tokubetu/material/__icsFiles/afieldfile/2012/12/10/1328729_01.pdf）（最終閲覧：令和3年3月10日）
- 文部科学省初等中等教育局特別支援教育課．特別支援教育資料（平成30年度版）．2020．

- 村井敬太郎．Q9　自己理解・自己管理能力・課題解決能力とは？．『特別支援教育の実践情報』明治図書．2020：198(20)．
- 高橋実．第10章　インクルーシブ教育構築に向かう特別支援教育．編著：上田征三・高橋実ら『基礎から学ぶ特別支援教育の授業づくりと生活の指導』ミネルヴァ書房．2017．pp.199-205.
- 山中ともえ．第4章　小・中学校の特別支援教育．編著：杉野学，長沼俊夫ら『特別支援教育の基礎』大学図書出版．2018．pp.42-51.
- 山梨県教育委員会．「個別の教育支援計画」の作成と活用の手引き．2018．（https://www.pref.yamanashi.jp/koukai-tokushi/tokubetsushien/documents/30_shienkeikaku-tebiki.pdf）（最終閲覧：令和3年3月10日）
- 和田美香．第3章　幼稚園等の特別支援教育．編著：杉野学，長沼俊夫ら『特別支援教育の基礎』大学図書出版．2018．pp.33-41.

自閉スペクトラム症の友だち関係を支援するバディ・システム

森脇 愛子（青山学院大学）

　自閉スペクトラム症（ASD）の特徴のある子どもたちのなかには，学校などで同年代の友だちができない，安定して良好な友だち関係を続けにくいという悩みをもつことは少なくない（反対に年長者や小さい子どもとのほうが良い関係を作りやすいASDの子どもは多い）．そのため，つい数年前までは，友だちとのコミュニケーションができるように「ASDの子どもには会話や遊びのスキルを教える」のが支援・指導の第一選択肢であった．

　しかし，ASDの子どもたちは一定のスキルを獲得できても，実際の友だち関係に結び付く良い効果は得られなかった．その理由はいくつかあるといわれてきたが，多くの刺激や情報のなかで注意や気分を調整し，大勢のなかで複雑なやり取りに対処するのに疲弊してしまうことがある．また安心して友だちとの会話や遊びに没頭したり楽しめていないこと，同年代との好みや楽しみ方の違い（こだわりが強い子どもも多い），あるいは煩わしいコミュニケーションから離れて1人でいることを選択することもあるようだった．つまりASDの友だちづくりに重要なのは，新しいスキルではなく，適度な刺激のある穏やかな環境で，安心して自分のペースで友だちと関わったり，関わらなかったりできるような，そんな関係づくりのフィールドなのではないかと考えた．

　そこで，私たちの研究グループはASDの子どもたちの友だち関係をゆるやかに応援する仕組みとして『バディ・システム』を開発した．バディ；Buddyはもともと海難救助の用語で，共通のミッションに向かう固定的・継続的な特定の2人組を基本単位とする活動をさし，「相棒」や「同志」という意味をもつ．私たちはASDの子ども2人組をバディと呼び，自由な遊びの時間や，創作・スポーツ・ゲーム・料理などの目的的な活動も含めた1年間のプログラムを準備した．また1人のバディに1人の支援者（＝見守り役）が付き，何かヘルプが必要な場合はそっと登場してバディの安全や安心感を保障した．2人組はコミュニケーションの最小単位でもあるため，同じ相手と繰り返し関わることができる．相手とのやり取りのパターンをよく知り，適度な距離感を調整し，親密さを感じながら友だち関係に至る経験をゆっくりじっくり積んでいく．

　実際に，バディの前だけでは言葉や表現が変化した子ども，バディで過ごすことに目的と期待をもってやって来る子ども，バディ活動への満足感が高まり日常的なメンタルヘルスが大きく改善される子どもがいた．ASDの特徴に応じた環境のなかでこそ，もてるスキルやその子らしさが発揮できるようになるということだろう．バディ・システムは友だちをつくることが目的ではない．人との関係づくりのプロセスを味わったり楽しむことを大切にしている．

12 特別な教育的ニーズのある幼児，児童および生徒の理解と支援

学習のポイント

1. 特別な教育ニーズのある子どもとして，貧困家庭の子どもと母国語の異なる子どもに対する理解を深めよう．
2. 貧困家庭の子どもと母国語の異なる子どもの生活困難に由来する，学習上の課題や支援を学ぼう．

≫ 貧困家庭の子ども

① 貧困家庭の子どもの生活困難

貧困とは

　家庭における経済的困窮は，絶対的貧困と相対的貧困に分けられる．絶対的貧困は，人として最低限の生存を維持することが困難な状態を意味する．具体的には，着るものがない，食べるものがない，住むところがないといった状態のことである．一方，相対的貧困は，その国の文化水準，生活水準と比較して困窮した状態を意味する．具体的には，世帯の所得がその国の等価可処分所得の中央値の半分に満たない状態のことである．ある国や地域の貧困率は，その国や地域の全人口において相対的貧困の状態にいる人が占める割合を示す相対的貧困率で表される．

　日本の相対的貧困率は，「2019年国民生活基礎調査の概況」(厚生労働省，2019)によれば15.4％であり国民の約6人に1人が貧困，17歳以下の子どもの貧困率は13.5％で約7人に1人が貧困ということになる(図1)．なお，こうした相対的貧困の指標となる貧困線(等価可処分所得の中央値)は127万円であり，それ以下の所得であれば相対的貧困ということになる(図1)．世界の主要先進国との比較では，**2017年の時点で日本はOECD加盟国35カ国のうち11位(15.7％)であり，日本の相対的貧困率は高いといえる**．

貧困の原因

　経済的困窮の原因として，まず，家計を支える所得者の収入の問題がある．たとえば，家庭の主たる所得者が失業して定職に就いていない，あるいは非正規雇用で給与が少ないという場合である．定職に就いていない理由としては，リストラ，失業，長期の病気療養などが考えられる．非正規雇用の場合は，雇

等価可処分所得

等価可処分所得とは，世帯の可処分所得(家計収入から税金や社会保険料などの非消費支出を差し引いたもの)を世帯員数の平方根で割った値．可処分所得をもとに世帯員の生活水準を表すように調整した値．

日本の相対的貧困率

2018年のOECD(経済協力開発機構)の所得定義の新基準に基づき算出した日本の相対的貧困率は15.8％，子どもの貧困率(17歳以下)は14.0％となっている．

厚生労働省．各種世帯の所得等の状況.『2019年国民生活基礎調査の概況』．2019.

図1 相対的貧困率の推移

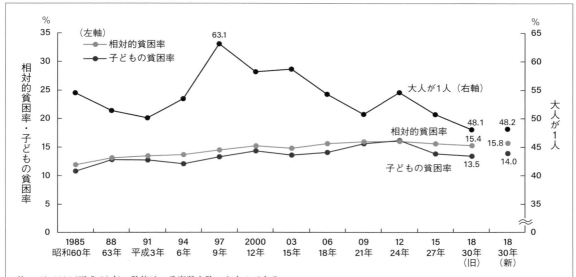

注： 1) 1994（平成6）年の数値は，兵庫県を除いたものである．
　　 2) 2015（平成27）年の数値は，熊本県を除いたものである．
　　 3) 2018（平成30）年の「新基準」は，2015年に改定されたOECDの所得定義の新たな基準で，従来の可処分所得から
　　　　更に「自動車税・軽自動車税・自動車重量税」，「企業年金・個人年金等の掛金」及び「仕送り額」を差し引いたものである．
　　 4) 貧困率は，OECDの作成基準に基づいて算出している．
　　 5) 大人とは18歳以上の者，子どもとは17歳以下の者をいい，現役世帯とは世帯主が18歳以上65歳未満の世帯をいう．
　　 6) 等価可処分所得金額不詳の世帯員は除く．

（厚生労働省．2019年国民生活基礎調査の概況．2019）

用が不安定で社会保障も受けられず，その結果転職を繰り返し，転職を重ねる
ほど給与水準が下がる，といったこともあるだろう．
　もうひとつの原因は，**ひとり親世帯**の問題である．「国勢調査」から見た父子
世帯と母子世帯の一般世帯に占める割合は，1990（平成2）年度には各々0.25％
と1.36％であったのが2015（平成27）年度には0.16％と1.42％となった．調査年
度によって値の増減はあるものの，父子世帯は減少傾向，母子世帯は増加傾向
といえる．一方，「2019年国民生活基礎調査の概況」（厚生労働省，2019）では，
子どもがいる現役世帯の貧困率は12.6％（約8人に1人が貧困）だが，そのうち
「大人が2人以上」の世帯が10.7％（約9人に1人が貧困）であるのに対し，「大人
が1人」の世帯は48.1％（約2人に1人が貧困）と大きな差がある．「平成28年度
全国ひとり親世帯調査結果報告」（厚生労働省，2016）によれば，ひとり親世帯
のうち母子世帯が全体の約86.8％を占め，また同報告では親自身の平均年収
（平成27年時点）は父子世帯の420万円に対して母子世帯は243万円と低い．さ
らに，東京都の状況ではあるが，「直近の調査に基づくひとり親家庭の現状」
（東京都福祉保健局，2019）においても，父子世帯の所得が「600～800万円未
満」（23.2％），「200～300万円未満」（14.3％），「500～600万円未満」（10.7％）
の順に高いのに比べ，母子世帯の所得では「100～200万円未満」（24.2％），

厚生労働省．各種世帯の所得等の状況．『2019年国民生活基礎調査の概況』．2019.

厚生労働省．I ひとり親世帯になった理由別の世帯構成割合，16 ひとり親世帯の平成27年の年間収入．『平成28年度全国ひとり親世帯調査結果報告』．2016.

東京都福祉保健局．直近の調査に基づくひとり親家庭の現状　令和元年5月27日．2019.

図2 貧困による「負の連鎖」

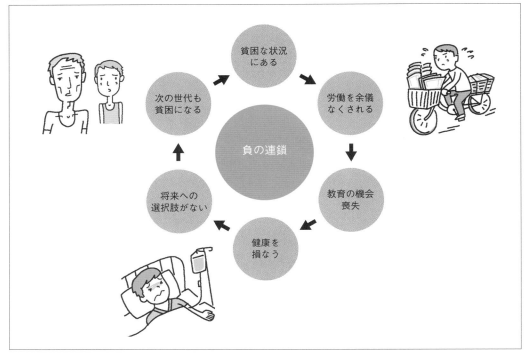

「200 〜 300万円未満」(23.4%)，「300 〜 400万円未満」(14.2%)の順に高い．こうしたことから，ひとり親世帯のなかでも母子世帯が増加しており，その困窮も深刻である．

貧困家庭の子どもの生活困難の状況

　貧困家庭の子どもは，経済的困窮から派生するさまざまな生活困難に直面している．家庭の経済的困窮から子ども自身が労働を余儀なくされた場合，睡眠不足やストレスを感じるなど心身の健康状態の低下といった発達上の困難さ，教育機会の喪失による学力や学習意欲の低下といった学習上の困難さ，あるいは家庭内不和による虐待や暴力，不登校・非行といった社会生活上の困難さが引き起こされることが懸念される．そして，長期的に見れば，キャリアの選択肢が狭められ，将来への展望が限定されてしまう．そうした状況が大人になっても継続すると，世代にわたる負の連鎖が生じる (図2)．

　こうした状況は，目に見える形で現れるとは限らない．経済的困窮を抱える家庭の子どもでも，服装などの見た目は普通である子どもは多い．また，生活上の困難を子どもは言おうとしない．その理由として，子ども自身に貧困であるという自覚がなく支援を求めないこと，友達など周囲の人々に経済的困窮を知られまいとすることがあげられる．また，頼れる親戚や近所づきあいがなく社会的に孤立し，言いたくても言えないでいることも考えられる．したがっ

て，周囲が気づいたときには，喫緊の支援が必要になってしまっていることも多い．子どもの貧困問題を考える際にはこうした難しさがあることを踏まえたうえで，支援の方法を模索し，負の連鎖が生じないような，あるいは連鎖を断ち切るような手立てを講じることが求められる．

② 学習上の課題と対応

経済的困窮がもたらす学力格差

経済的困窮が子どもにもたらす問題には，学習上の問題として，教育機会の喪失による学力の低下があげられる．これは，さらに子どもの進路を限定してしまうというキャリア選択の問題につながる可能性がある．

お茶の水女子大学の研究グループは，2017年度の全国学力・学習状況調査をもとにした「保護者に対する調査の結果と学力等との関係の専門的な分析に関する調査研究」（お茶の水女子大学，2018）において，子どもの家庭環境と学力との関係をまとめている．それによれば，①保護者の収入と子どもの学力の間には年収が高いほどおおむね子どもの学力が高い傾向がみられること，②親の学歴と子どもの学力との間には親の学歴が高いほど子どもの学力が高い傾向がみられること，③家庭の蔵書数と子どもの学力との間には蔵書数が多いほど子どもの学力が高い傾向がみられることが示された．①と②は家庭の社会経済的背景，③は文化的環境に関連する．現在の子どもは，学校での勉強や宿題だけではなく，学習塾や英会話などの塾通いを含めた習い事をしていることが多い．学校外での学習の機会が子どもの学力を担保している面もあり，経済状態にゆとりのない家庭の子どもはこうした機会をもてないことが多く，ほかの子どもとの学力差を生じさせている要因と考えられる．

また，子どもの学力をめぐる言葉に，「10歳の壁」という表現がある（渡辺，2011）．元来は聴覚障害を抱える子どもの小学3年から4年にかけて迎える学習上の困難さを示す言葉だが，それが援用され，一般の子どもの学習もこの時期に大きな節目を迎えることを意味するようになった．ところが，『「子供の生活実態調査」の結果について』（東京都福祉保健局，2017）では，貧困家庭の子どもの場合，小学校4年生以前に学習上の困難さが生じることを示唆している．この報告によれば，授業が「わからないことが多い」，「ほとんどわからない」と答えた小学5年生の子どもに，いつからわからなくなったのかを聞くと，全体では「4年生のころ」，「3年生のころ」，「1年生のころ」の順に高い．それに対して困窮層では「4年生のころ」に続いて「1年生のころ」で高い値を示し，小学校に入学して早い段階でわからなくなっていることが示された（図3）．こうしたことから，経済的困窮の状態にある子どもは，小学校低学年から学力の問題を抱えている場合がある．

国立大学法人お茶の水女子大学．保護者に対する調査の結果と学力等との関係の専門的な分析に関する調査研究　平成30年3月30日．2018．

渡辺弥生『子どもの「10歳の壁」とは何か？乗り越えるための発達心理学』光文社．2011．

東京都福祉保健局．第3部子供の学び．『「子供の生活実態調査」の結果について』．2017．

10歳の壁

9歳の壁，もしくは小4の壁とも表現される．聴覚障害児教育の分野で問題にされてきたもので聴覚障害を抱える子どもの学習上の困難が9歳から10歳，すなわち小学校3年生から4年生の間で現れることを示す言葉として用いられた．1970年代後半にはこの分野を超えて健常児の教育でも使われるようになった．明確なエビデンスがある訳ではないが，教育現場ではこの時期をつまずきからの飛躍の時期と捉えることもある．

厚生労働省．「生活保護受給世帯出身の大学生等の生活実態調査・研究」の結果（概要）．2018．

厚生労働省．16 ひとり親世帯の平成27年の年間収入．『平成28年度全国ひとり親世帯調査結果報告』．2016．

阿部　彩，埋橋孝文ら．「大阪子ども調査」結果の概要2014年2月．2014．

図3 生活困難別の授業がわからなくなった時期（小学5年生）

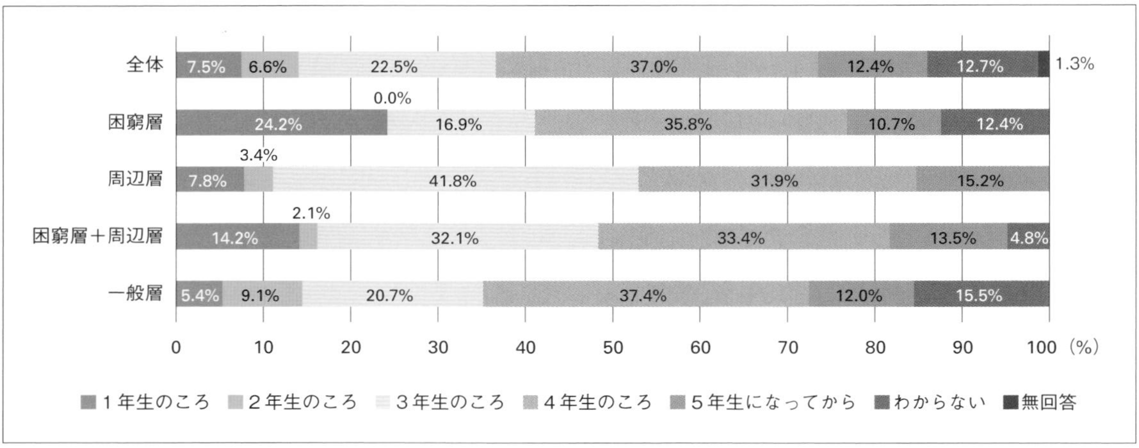

（東京都福祉保健局．「子供の生活実態調査」の結果について．2017）

経済的困窮がもたらすキャリア格差

　一方，経済的困窮による子どものキャリアへの影響も懸念される．たとえば，生活保護を受けている家庭の子どもは，そうでない家庭の子どもに比べて高等学校や大学進学率が低いことが示されている．「生活保護世帯出身の大学生等の生活実態調査」（厚生労働省，2018）によれば，2017年4月1日現在で生活保護世帯の子どもの高等学校進学率は93.6％で全体の進学率99.0％と比べてさほど差はないが，大学進学率は35.3％で全体の進学率73.0％と比べて半分以下である．また，「平成28年度全国ひとり親世帯等調査」（厚生労働省，2016）では，中学校卒業後の進学率が95.9％に対して高等学校等卒業後の進学率は58.5％と減少し，経済的困窮がキャリアに影響することが示唆される．

　また，キャリア形成に対する意欲についても，たとえば『「大阪子ども調査」結果の概要』（阿部，埋橋，矢野，2014）によれば，将来の夢が「ない」とした子どもの割合は，家庭の経済状況と関係しており，貧困層の小学5年生の子どもはそうでない子どもに比べて，将来の夢が「ない」と答える割合が多いという指摘がある（それぞれ24％と18％）．さらに，夢が「ない」とした理由について「かなうのがむずかしい」と「わからない」を合わせた回答を比較すると貧困層でそうした回答の割合が多い（それぞれ42％と31％）という結果を示した．これらの差は比較的小さいものの，将来への展望に違いがみられた．これは一例であるが，経済的困窮がキャリア形成への意欲にも影響することが示唆される．

課題への対応

　経済的困窮が学力低下やキャリアへの意欲低下をもたらすことを指摘した．こうした状態への対応を，学習支援と生活支援の観点から取り上げる．

表1 放課後児童クラブ（学童保育）と放課後子ども教室の比較

	放課後児童クラブ（学童保育）	放課後子ども教室
設置主体	厚生労働省　社会福祉課	文部科学省　生涯学習課
対象	親が共働き家庭の子どもで，おおむね10歳未満の子どもを対象とする	希望するすべての子どもを対象とする（全学年の児童）
趣旨	放課後等に子どもたちに宿題，遊び，休息できる「生活の場」を提供（児童福祉法第6条の2第2項に規定）	地域住民の参画を得て，学習やスポーツ・体験活動などを通した「学習・体験活動の場」を提供
実施場所	小学校の余裕教室，児童館，保育所，民家，保育所等	小学校の余裕教室，公民館，児童館，集会所，文化センター，公園等
指導員等	放課後児童指導員（専任）を配置	地域住民のボランティア，退職教員等を安全管理員や学習指導員として配置
開室時期	新年度4月1日から（原則）	開室時期は不確定（早くて入学式後，5月以降あるいは夏休み以降開室のところもある）
おやつの提供	あり	なし
終了時間	19:00まで（延長あり）	17:00まで（延長なし）
子どもの帰宅	保護者の迎え	子どもが自主的に帰宅
※ 一体型	放課後児童クラブと放課後子ども教室の一体型（※） 共働き家庭等も含めたすべての就学児童を対象に，共通の活動場所で多様な共通プログラムを実施．活動場所は学校の余裕教室や特別教室（家庭科室，理科室など），学校敷地内の専用施設等の安心・安全な活動場所を活用．	

放課後児童クラブ（学童保育），放課後子ども教室

　まず，学習の場や生活の場を子どもに提供することがあげられる．具体例としては，放課後児童クラブ（学童保育）や放課後子ども教室である（表1）．

　厚生労働省が主導する放課後児童クラブは，主に共働き世帯の10歳未満の児童を対象としていたが，すべての児童へと広がりを見せており，放課後児童指導員のもとで運営される．学校の余裕教室などを利用し，宿題，遊び，休息など子どもの体調や日課などに合わせて自主的に過ごす子どもたちの「生活の場」という位置づけである．文部科学省が主導する放課後子ども教室は，すべての児童を対象とし，地域住民のもとで運営されるものから民間業者に運営を委託するものまでさまざまである．学校の余裕教室や校庭などが学習支援や遊びの場として提供され，スポーツ活動や体験活動などのプログラムが実施されるため，子どもたちの「学習・体験活動の場」という位置づけである．こうした居場所を提供することにより，子どもの学習や生活体験を支援することで，学習上の問題への対応を図ることがめざされている．

保護者の働きかけ

　また，学習支援に家庭が果たす役割も無視できない．前述のお茶の水女子大

浜野　隆．保護者の年収や学歴が学力に影響するって本当なの？　編集：教育開発研究所『教育の最新事情がよくわかる本2020』．教育開発研究所．2019．pp.216-8.

非認知スキル

他者への思いやりや社交性に関わる能力，目標を達成するために自分の感情をコントロールする能力といった，自分や他者とうまくつきあっていく能力のこと．

子ども食堂

学による研究では，保護者の年収や学歴など社会経済的背景が低い子どもであっても高い学力を示す子どもが存在し（浜野，2019），そうした家庭の子どもは，**非認知スキル**が高い傾向にあることを示している．こうした能力は，子どもの良いところをほめて自信をもたせるなど，保護者の働きかけによって高めることが可能であると考えられ，社会経済的背景が子どもの学力に決定的な要因となるわけではないことを示すものである．したがって，子どもが生まれ育った環境によって左右されないことに，親あるいは保護者として向き合うことも重要と考えられる．

衣食住の支援

　一方，生活支援を中心とした課題への対応として，衣食住の支援があげられる．食事が摂れているか，通学用あるいは日常生活用の衣類等に不足することはないかといった支援である．そのなかで，たとえば子どもの食事を考えるとき，親が夜遅くまで働いていて，食事の提供がままならないような子どもがいる．こうした子どもへの支援として**子ども食堂**が果たす役割は大きい．子ども食堂とは，地域住民や自治体などが主体となり，無料または低価格で子どもたちに食事を提供するコミュニティの場を意味する．さらに食事の提供だけでなく，子どもの居場所，地域の交流作りの場などその機能は多岐にわたり，学習指導の場としての機能を果たす場合もある．

　上記のような支援と併せて，カウンセリングによる子どもの心のケアも重要である．自分の状況や本音を話すことができ，それを共有できる場を作ることでストレスをため込むことを予防し，子どもが抱える問題の早期発見・早期解決にも寄与することが期待される．こうしたことは，子どものアイデンティティや自尊感情を守ることにつながり，それが子どもの将来にも影響を与えるものと考えられる．

③ 支援組織

　学習上の問題を抱える子どもへの支援組織として，学校や地域社会あるいは家庭が果たす役割は大きいが，それとは別に学外の支援組織の役割も重要である．学校内での経済的困窮に関わる子どもの問題の相談は，担任が受けること

が多い．担任から学内の事務職員などを通して専門機関を紹介してもらうことになる．そのひとつに福祉事務所がある．福祉事務所は，社会福祉事業法で位置づけられ，いわゆる福祉六法に定める生活に困っている人の相談や指導，生活保護や母子福祉の実施などの業務を行っており，その支援には児童福祉も含まれる．家庭における児童福祉の向上を図るため，家庭児童相談室を設置し社会福祉主事や家庭相談員が対応にあたる．家計の維持に精一杯で，子どもの育児・養育にまで手が回らないようなひとり親世帯への支援も福祉事務所が相談窓口となる．

こうした学外の行政中心の支援組織以外のものとして，学習支援や生活支援に取り組むNPO法人があげられる．その活動には，何らかの事情で学校に行く機会をもてない子どもの教科学習や学習の仕方を身につけるための支援が含まれる．さらに，子どもの行動を見ながら心のケアをしたり，子どもの学習の間に母親の子育て・家族・職場の悩みを聞く場を提供したりするところもあり，そうした悩みに対するグループワークや研修会を企画・実施し，親を支援機関につなぐ機能を果たすこともある．

それぞれの子どもあるいは家庭の事情に応じて支援組織を利用することで，問題解決の糸口を見出すことが期待される．本来，家計の問題に関して学校は原則的には介入すべき立場ではないのだが，子どもへの指導で対応せざるを得ない場面も出てくるであろう．それを踏まえたうえで，学校は自らの地域にどのような支援組織があるかを，普段からよく把握しておくことが必要となる．

≫ 母国語の異なる子ども

① 母国語の異なる子どもの生活困難

母国語とは

母国語とは，自分が生まれた国や所属している国の公用語または国語とされている言語のことをいう．たとえば，日本で生まれた人の母国語は日本語であり，日本の国籍をもつ人の母国語は日本語ということである．つまり，母国語が異なる子どもとは，日本語以外の言語を母国語とする子どものことである．日本で生活している外国籍の家庭の子どもでも，これにあたる場合がある．また，母語という用語もある．母語とは，ある人が幼児期に周囲の人が話すことを聞いて自然に習得した言語のことをいう．母国語と混同されることが多いが，母国語と母語は必ずしも一致しないという点で，別のものである．しかし，母国語が異なる子どもの問題は，母語が異なる子どもにも

図4 公立学校における日本語指導が必要な児童生徒数の推移

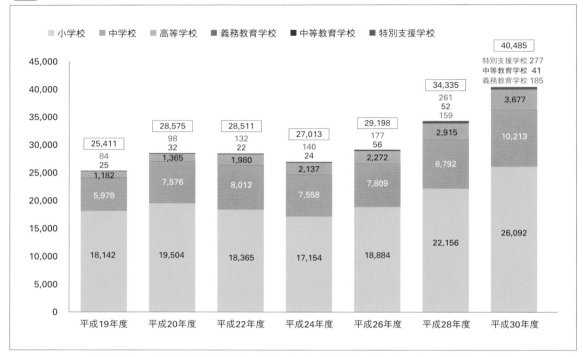

〔文部科学省．日本語指導が必要な外国人児童生徒の受入状況等に関する調査（平成30年度）の結果について．2019〕

通じるため，ここでは双方の用語を使用することがある．

　日本では，外国籍の子どもたちは基本的に義務教育を受けることができない．日本国籍をもつ子どもは，日本国憲法第26条および教育基本法第4条により，義務教育の対象とされ，親もしくは保護者に小学校・中学校への就学義務が課せられている．しかし，日本国籍をもたない子どもの親には，就学義務を課していない．こうした子どもたちが義務教育を受ける場合，日本の学校で受けるかそれ以外の教育機関で受けるかに大別できる．前者の場合は，親や保護者が地域の教育委員会に就学申請書を提出し，教育委員会の許可のもとに子どもは義務教育を受けることになる．後者の場合は，在日外国人学校かインターナショナルスクールのいずれかで受けることになる．在日外国人学校はある特定の国籍をもつ子どもやある特定の言語を母語とする子どもを対象とし，インターナショナルスクールはさまざまな国籍や母語をもつ多岐にわたる子どもたちを対象とする．

　「日本語指導が必要な外国人児童生徒の受入状況等に関する調査（平成30年度）の結果について」（文部科学省，2019）によれば，公立学校（小学校，中学校，高等学校，中等教育学校，義務教育学校，特別支援学校）で日本語指導が必要な外国籍の児童生徒数は，2018（平成30）年度には40,485名と2008（平成20）年度（28,575名）の約1.4倍となった（図4）．そのほかにも，外国籍だが日本で生

文部科学省．日本語指導が必要な外国人児童生徒の受入状況等に関する調査（平成30年度）の結果について．2019.

図5 日本語指導が必要な外国籍児童生徒の母語別在籍状況の推移

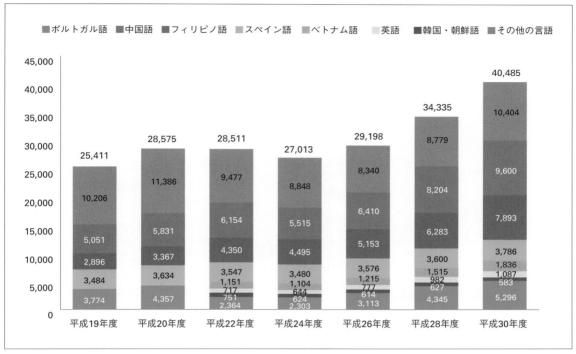

〔文部科学省．日本語指導が必要な外国人児童生徒の受入状況等に関する調査（平成30年度）の結果について．2019〕

まれ育った子どもや，国際結婚の家庭に生まれ国籍は日本だが母語が日本語ではない子どもも日本語指導を必要とすることがある．こうした子どもは年々増加傾向にあり，その母語は，ポルトガル語，中国語，フィリピノ語（タガログ語），スペイン語が多い（図5）．

母国語の異なる子どもの生活困難の状況

日本の学校で学ぶ母国語の異なる子どもは，オールドカマーの子どもとニューカマーの子どもに大別できる．前者は第二次世界大戦中から日本に居住している外国籍の子どものことで主に在日韓国・朝鮮人を指し，後者は1985年ころから日本経済のいわゆるバブル期を経て日本にやってきた外国人労働者を中心とする人々の子どものことで主に中国，フィリピン，タイ，ブラジル，ペルー，ベトナムなどの国籍をもつ人々を指す（田中，2013）．オールドカマーの子どもの受け入れ時の課題には，民族意識形成の文化的問題や祖父母世代との言語的コミュニケーションがあげられるが，ニューカマーの子どもの受け入れ時には，それらに加えて，子どもの日本語教育の問題や学校における教師とのコミュニケーション，学習支援の問題などの教育現場での課題がみられる（塘，2019）．すなわち，周囲の人との意思疎通上の困難さ，学校就学時の教授言語の理解の困難さ，日常生活上の文化的習慣の違いによって周囲の人との考え方

田中　宏『在日外国人　第三版—法の壁，心の溝』岩波書店．2013.

塘利枝子．第8章 学校と異文化間教育．編集：宮川充司ら『こどもの発達と学校［第3版］II 特別支援教育への理解』ナカニシヤ出版．2019. pp.109-23.

教授言語

主に学校教育における教授に使用される言語のことで，授業で使用される言語のことである．その地域の公用語，共通語，国語が教授言語である場合が多いが，そうでない場合もある．日本では教授言語として日本語が使われる場合が多いが，大学等ではそれ以外の言語（たとえば英語）を教授言語とする場合もある．

表2 つまずきの要因と具体的な影響例

つまずきの要因	具体的な影響例
母語喪失	親との絆の喪失・アイデンティティの揺れ
社会的言語能力の欠如	言葉のニュアンスや言外の意味が把握できない 場の空気を読むのが苦手
漢字習得の困難さ	熟語を見て読みが推測できない 漢字から意味が把握できない 教科語彙（漢熟語）が理解できない
教科の内容理解に必要な語彙の不足	抽象語・教科固有の語彙がわからない
母国との教育課程の違い	未習の学習内容，未習熟な学習技能があり，在籍する学年の学習についていくのが困難
学習方法の違い 学習習慣形成の難しさ	ノートの取り方・予習・復習・テスト準備の方法がわからない
将来の夢や展望が描けぬ環境 ロールモデルの不在 満たされぬ所属観	学習意欲の低下 自己肯定感の低下

（財団法人かながわ国際交流財団．日本生まれの外国につながる子どもたち
〜どうやってサポートすればいいの？〜．2011）

や行動上のギャップが生じ相互理解が滞るという困難さである．

　こうした困難さは，母国語の異なる子どものアイデンティティ形成にも関わると考えられる．2019年の出入国管理及び難民認定法の改正に伴い，外国につながりのある子どもの受け入れの充実がめざされるなか，日本の学校は母国語が異なる子どもに対する就学の問題に直面している．

学習上の課題と対応

学習上の課題

　母国語の異なる子どもが抱える学習上の課題として，日本語指導に関する特別な配慮を十分に受けられていないという状況があげられる．

　たとえば，ニューカマーの子どもには，編入や転校ではなく，初期の段階から日本の学校に通うケースが多い．そのため，日本語での日常会話（生活言語）は支障なくこなせるが，学校における教授言語としての日本語力（学習言語）が不足する場合がある．「くるま」はわかるが「自動車」が同じことを意味するとはわからないなど，漢字の習得に苦心することが指摘されている（表2）．また分数の読み方も，1/3を日本語では「さんぶんのいち」と分母から分子へと読むが，ポルトガル語では「um terço（ウン・テルソ）」と分子から分母へと読むなど，

話し合ってみよう

外国の計算の仕方〜割り算の筆算

　各国の小学校の算数の時間で扱う割り算の筆算の仕方について，ここでは日本，ペルー，ブラジル，オランダの例を示す．同じ128を9で割り算するときの筆算の仕方でも日本で学ぶやり方とは違いがあることがわかる．また国によって割り算を習う学年が異なる場合がある．授業のなかで外国の方法で解くことを通して，多文化で学ぶ楽しさや難しさを体験することもできるであろう．

日本

ペルー・ブラジル

オランダ

母国語の異なる児童が一緒に授業を受けるとき，どんな点に気をつけるべきか話し合ってみよう．

家庭と学校とで読み方に違いが生じる．こうしたことから，周囲の人が気づきにくい学習上のつまずきが生じることも考えられる．

　また言語習得については，**ダブルリミテッド現象**への対応も学習上の課題となるだろう．その影響として，子どもの学習面だけではなく，母語による保護者との意思疎通にも影響し，ひいては子どものアイデンティティの拠り所が希薄になったり失われたりすることが懸念される．こうした子どもへは，母語を

ダブルリミテッド現象

子どもの母語がよく身についていない時期に外国へ移住するなどして外国語での生活を余儀なくされた場合，母語と外国語の双方ともに年齢相応に使いこなせていないように見える現象のこと．

JSL（Japanese as a second language）

尊重しながら第二言語としての日本語（JSL）の習得がめざされる.

　さらに，こうしたことを理解した外国籍の子どもの指導にあたることのできる教員の確保も大きな課題である.

課題への対応

「入り込み指導」と「取り出し指導」

　母国語の異なる子どもに特別な配慮が必要かどうかは，日本語指導の必要性の検討に加えて，日本の学校や習慣にどの程度馴染んでいるかを考慮する必要がある. ここでは日本語指導上の配慮として，入り込み指導と取り出し指導を取り上げる.

♪ 入り込み指導

　入り込み指導とは，通常の授業のなかで日本語の支援を行うことを意味する. 在籍学級のほかの子どもたちとの一斉授業のなかで，日本語担当の指導者あるいは母語支援者が学級に入り込み，対象となる子どもに付き添って学習を支援する. 指導を受ける子ども本人も，ほかの子どもたちと同じ時間・空間で学習できるため，さほど孤立感を感じることがなく，学習への意欲の維持が期待できる. とくに，学校入学後の数週間や教科で新しい単元に入る授業では，入り込み指導が有効とされる. またその指導を通して，学級のほかの子どもたちの，母国語の異なる子どもへの理解が進むことも期待できる.

♪ 取り出し指導

　一方，取り出し指導は，授業時間を使って別の教室で個別に教える，通級の一形態と位置づけられる. 日本語担当の指導者あるいは母語支援者がこうした子どもを個別に指導することで，子ども一人ひとりの日本語能力あるいは母語能力に合わせて学習を進めるため，計画的に学習に取り組むことが期待できる. 2014年に学校教育法施行規則が改正され正規の授業時間として認められた指導である.

ダブルリミテッド現象への対応

　一方，ダブルリミテッド現象とみなされる状態として，中島和子は2006年2月18日に名古屋外国語大学で開催された研究会「ダブルリミテッド／セミリンガル現象を考える」の問題提起の場で，「どちらのことばを使っても，両方混ぜても，自分の言いたいことが言い表せない」，「人との関係がうまく築けず，情緒不安定，突飛な行動がみられる」，「会話はできるが，教科学習になると，どちらの言語でも学習困難」などを指摘している. そして，発達障害あるいは学習障害との接点について言及している. 通級指導や特別支援学級に入っているこうした子どもが，知能検査を実施すると発達障害と鑑別されないケースもある.

　ダブルリミテッド現象がみられる子どもへの対応は試行錯誤が続くが，現象を障害と捉えるのではなく，健常児がそのもっている能力を発揮できていない状態と捉える視点が重要と考えられる. また，対応として強調されることに，母語力の育成が指摘されることがある. とくに家庭のなかで使われる母語が年

群馬県太田市の外国籍の生徒が在籍する中学校では，日本語だけではなくポルトガル語やスペイン語を取り交ぜた指導ができる教員が，日本語の理解が十分でない生徒を対象として，クラス担任との連携のもと，入り込み指導と取り出し指導を行っているところがある. 太田市教育委員会では，こうしたバイリンガル教員制度を2005年度から市費で独自に導入している（上田，2019）.

上田　学. 小中水準の教育外国籍の子に. 2019. 朝日新聞DIGITAL

表3 母国語の異なる子どもを取り巻く支援環境と支援担当

支援環境	支援担当・支援組織
子どもが在籍する学校・学級	学級担任 日本語指導教員（加配教員） 母語指導教員（加配教員） 養護教諭 教育相談コーディネーター スクールカウンセラー 管理職（校長，教頭，学年主任）
都道府県・市区町村の教育委員会	担当指導主事
地域	各種NPO法人 ボランティア団体 国際交流協会 大学

齢相応に発達しにくい環境にいる場合，母語力の育成機会を逃したり十分に取れなかったりすることがある．**母語力は外国語習得，抽象概念の獲得，アイデンティティや自尊感情の確立の際に大きな役割を果たすのではないかと考えられる**．

　母国語の異なる子どもの多くは，日本での生活を継続し，日本で進学し，就職することになる．そのためにも，こうした検討が期待される．その点では貧困家庭の子どもの課題対応と共通する．

③ 支援組織

　母国語の異なる子どもへの支援として学校が果たす役割は大きい．子どもが就学する学校の在籍学級は，子どもの居場所あるいは学習の場として多くの時間を過ごす．したがって，生活面・学習面での指導について特段の配慮が求められる．そのため，**学級担任，教育相談コーディネーター，スクールカウンセラーに加えて，日本語指導や母語指導の加配教員，養護教諭，管理職など学内支援体制を充実させる必要がある**（表3）．

　また，都道府県や市区町村の教育委員会では，母国語の異なる子どもへの教育支援事業を行っている．教育委員会は，母国語支援のための母国語教室や日本語・学習支援のためのNPO法人と連携している場合がある．

　こうした母国語の異なる子どもへの支援組織のあり方は，自治体によって大きく異なる．それは，支援が必要な子どもが地域によって偏在しているためである．たとえば，日本語教育に携わる加配教員の配置は基準がなく，10名程度の母国語の異なる子どもに対して1名の教員が加配される学校もあれば，5

群馬県邑楽郡大泉町は，日本で最も外国人比率が高い地方自治体（2016年時点）で，ブラジル国籍の人々が多いことで知られている．そうした地域の特徴から，大泉町の公立小中学校に「日本語学級」を設置し，日本語指導が必要な子どもに対して，ポルトガル語で指導する日本語指導助手が日本語や日本の生活習慣を指導している．

埼玉県教育局義務教育指導課では，県内に在住する帰国児童生徒や外国籍をもつ児童生徒が学習面や生活面で安心して適応できるように，国際交流員，帰国児童生徒等支援アドバイザー，多文化共生推進員による帰国・外国人児童生徒への支援をすすめている．

神奈川県では，日本語以外の言語で教育相談を行っている支援組織や，進路ガイダンスやフリースクールを行っている団体が教育委員会のホームページで紹介されている．

文部科学省は，2019年に出された「外国人の子供の就学の促進及び就学状況の把握等について（通知）」において，母国語の異なる子どもの就学機会を担保する取り組みの一環として，義務教育課程を修了せずに学齢期を過ぎてしまった子どもへの対応として夜間中学を学びの場として位置づけ，各都道府県に1校以上の設置を求めている．

名程度に対して1名の教員が加配される学校もある．該当する子どもが多い地域では施策されるが，そうでない地域では施策されずに社会から見えない子どもとなってしまう．こうした自治体による扱いの違いへの対応は，今後の課題のひとつである．

◉ **文献**

- 厚生労働省．各種世帯の所得等の状況．『2019年国民生活基礎調査の概況』．2019．（https://www.mhlw.go.jp/toukei/saikin/hw/k-tyosa/k-tyosa19/dl/03.pdf）（最終閲覧：令和3年3月10日）
- 厚生労働省．1 ひとり親世帯になった理由別の世帯構成割合．『平成28年度全国ひとり親世帯調査結果報告』．2016．（https://www.mhlw.go.jp/file/06-Seisakujouhou-11920000-Kodomokateikyoku/0000188150.pdf）（最終閲覧：令和3年3月10日）
- 厚生労働省．16 ひとり親世帯の平成27年の年間収入．『平成28年度全国ひとり親世帯調査結果報告』．2016．（https://www.mhlw.go.jp/file/06-Seisakujouhou-11920000-Kodomokateikyoku/0000188167.pdf）（最終閲覧：令和3年3月10日）
- 東京都福祉保健局．直近の調査に基づくひとり親家庭の現状　令和元年5月27日．2019．（https://www.fukushihoken.metro.tokyo.lg.jp/kodomo/hitorioya_shien/hitorioyakeikaku/daiyonki/dai1kai.files/genjou.pdf）（最終閲覧：令和3年3月10日）
- 国立大学法人お茶の水女子大学．保護者に対する調査の結果と学力等との関係の専門的な分析に関する調査研究　平成30年3月30日．2018．（https://www.mext.go.jp/component/a_menu/education/micro_detail/__icsFiles/afieldfile/2018/07/10/1406896_1.pdf）（最終閲覧：令和3年3月10日）
- 渡辺弥生『子どもの「10歳の壁」とは何か？乗り越えるための発達心理学』光文社．2011．
- 東京都福祉保健局．第3部 子供の学び．『「子供の生活実態調査」の結果について』．2017．（https://www.fukushihoken.metro.tokyo.lg.jp/joho/soshiki/syoushi/syoushi/oshirase/kodomoseikatsujittaiyousakekka.files/05dai3bukodomonomanabi.pdf）（最終閲覧：令和3年3月10日）
- 厚生労働省．「生活保護受給世帯出身の大学生等の生活実態調査・研究」の結果（概要）．2018．（https://www.mhlw.go.jp/file/04-Houdouhappyou-12002000-Shakaiengokyoku-Shakai-Hogoka/gaiyou_1.pdf）（最終閲覧：令和3年3月10日）
- 阿部 彩，埋橋孝文ら．「大阪子ども調査」結果の概要　2014年2月．2014．（https://gpsw.doshisha.ac.jp/osaka-children/osaka-children.pdf）（最終閲覧：令和3年3月10日）
- 浜野 隆．保護者の年収や学歴が学力に影響するって本当なの？編集：教育開発研究所『教育の最新事情がよくわかる本2020』．教育開発研究所．2019．pp.216-8．
- 文部科学省．日本語指導が必要な外国人児童生徒の受入状況等に関する調査（平成30年度）の結果について．2019．（https://www.mext.go.jp/content/1421569_002.pdf）（最終閲覧：令和3年3月10日）
- 田中 宏『在日外国人　第三版—法の壁，心の溝』岩波書店．2013．
- 塘利枝子．第8章 学校と異文化間教育．編集：宮川充司ら『こどもの発達と学校［第3版］Ⅱ　特別支援教育への理解』ナカニシヤ出版．2019．pp.109-23．
- 上田 学．小中水準の教育　外国籍の子に．2019．朝日新聞DIGITAL．（http://www.asahi.com/area/gunma/articles/MTW201902221010601.html）（最終閲覧：令和3年3月10日）

第4部

学校における
特別支援教育の実践

13 通級による指導および自立活動

学習のポイント

1. 通級の対象者と時間数を理解しよう.
2. 障害別の指導方法について理解しよう.
3. 自立活動の目的と内容について理解しよう.

① 「通常級」と「通級」

「通級」に似た言葉として「通常級」がある. 両者とも学校現場ではごく自然に使われているが, 教育実習生やクラブの指導者, 特にPTAなどの保護者や地域住民にとっては言葉としてのなじみが薄いためその違いについてはしばしば混乱することがある.

「通常級」は,「普通級」や「一般級」と呼ばれることもあり, 1クラス40名(小学1年生は35名)を標準としてカリキュラムに沿って展開される, いわゆる通常の学級である. それに対して「通級」は「通級による指導」(通級指導教室)のことを指しており, **子どもは「通常級」に在籍してそこで大部分の通常の授業を受けながら, 一部, 障害特性に応じた特別な指導を特別な場で受ける指導形態のことである**(図1). これは, 文部科学大臣が別に定めるところにより, 特別の教育課程を編成することができ, 障害による学習上または生活上の困難を改善・克服するため, 各特別支援学校での学習指導要領の「自立活動」に相当する指導を行う(後述). 通級は, 一人ひとりの子どもの学びに合わせることが大きな特徴となる.

通級による指導に関する法令は, 主に学校教育法施行規則第140条および, 141条にある.

② 通級指導の対象と時間数

学校教育法施行規則第140条において**通級の対象となる種別は, ①言語障害者, ②自閉症者, ③情緒障害者, ④弱視者, ⑤難聴者, ⑥学習障害者, ⑦注意欠陥多動性障害者, ⑧その他障害のある者**で, この条の規定により特別の教育課程による教育を行うことが適当なもの, とされている. ⑧その他障害のある者については肢体不自由者, 病弱および身体虚弱者を指している〔2013(平成25)年10月4日25文科初第756号　文部科学省初等中等教育局長通知〕. なお, 知的障害者については実際の生活につながるような継続的な指導が必要となることから, 一定時間のみの特別な指導は適さないため通級の対象にはなってい

図1 通常級と通級

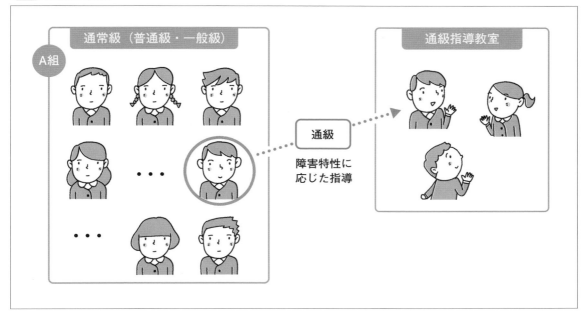

ない.

　小学校・中学校(義務教育学校, 中等教育学校の前期課程)において指導に係る授業時間数は, 言語障害者, 自閉症者, 情緒障害者, 弱視者, 難聴者, その他障害のある者(肢体不自由者・病弱および身体虚弱者)は年間35単位時間から280単位時間を標準とし, 学習障害者, 注意欠陥多動性障害者は年間10単位時間から280単位時間までを標準としている. また, 帰国子女, 外国人児童生徒や家庭内での主たる母国語が外国語であるなどの日本語に通じない児童または生徒で日本語の能力に応じた特別の指導を行う場合には年間280単位時間以内としている. 高等学校(中等教育学校の後期)では, 年間7単位を超えない範囲とされている(**表1**). なお, 高等学校学習指導要領〔2009(平成21)年3月〕では, 1単位時間を50分として35単位時間の授業を1単位として認められている.

> 最近では「学習障害」(LD)(p.94)は「限局性学習症」,「注意欠陥多動性障害」(ADHD)(p.104)は「注意欠如・多動症」,「自閉症」(ASD)(p.84)は「自閉スペクトラム症」と示されることもあるが, ここでは学校教育法施行規則に従い「学習障害」「注意欠陥多動性障害」「自閉症」と表記する.

③ 通級指導の内容

　通級指導の内容は種別によって異なっている. 特徴について**表2**(文部科学省, 2018)にまとめた.

> 編著：文部科学省『障害に応じた通級による指導の手引 解説とQ&A 改訂第3版』海文堂出版. 2018.

言語障害者

　口蓋裂, 構音器官のまひなど, 器質的および機能的な構音障害のある者, 吃音など話し言葉におけるリズムの障害のある者, 話す, 聞くなど言語機能の基

表1 通級による指導の対象と時間数

対象となる種別	時間数（小学校・中学校）		時間数（高等学校）
	標準	日本語に通じない児童生徒	
1　言語障害者 2　自閉症者 3　情緒障害者 4　弱視者 5　難聴者	年間35単位時間 ～280単位時間	年間280単位以内	年間7単位を超えない
6　学習障害者 7　注意欠陥多動性障害者	年間10単位時間 ～280単位時間		
8　その他障害のある者	年間35単位時間 ～280単位時間		

（文部科学省．学校教育法施行規則第140条の規定による特別の教育課程について定める件．
平成5年文部省告示第7号．平成28年一部改正．より筆者作表）

礎的事項に発達の遅れがある者で，通常級での学習におおむね参加でき，一部特別な指導を必要とする児童生徒が対象となる．個別指導が中心となり，正しい音の認知や模倣，構音器官の運動の調整，発音・発語の指導など構音の改善に関わる指導，流ちょうな話し言葉への改善や，吃音のある自分との向き合い方に関わる指導，読み書きに関する指導などがなされる．

自閉症者

　他者と社会的な関係を形成することが困難で，コミュニケーションの問題や行動上の問題，学習能力のアンバランスを併せ有するなど，通常級での一斉指導だけでは十分な成果が上げられない場合に，円滑なコミュニケーションのための知識・技能を身に付けることを主な指導内容とした個別指導が行われる．そして個別指導で学んだ知識・技能を音楽や運動，ゲームや創作活動などの実際的・具体的な場面で活用・適用して，実際の生活や学習に役立つようにすること，適切な対人関係を維持するための社会的ルールを理解することなど，社会的適応に関することをねらう指導が行われる．指導の際には，視聴覚機器などを有効活用し効果を高めることが大切であるとされている．また，**自閉症の児童生徒の場合，学習障害(LD)や注意欠陥多動性障害(ADHD)の特性をもつ場合がある**ため留意が必要となる．

情緒障害者

♪ 選択性かん黙

　心理的な要因による選択性かん黙などがある者で，通常級での学習におおむね参加でき，一部特別な指導を必要とする児童生徒が対象となる．特に選択性かん黙のある生徒児童については，情緒障害の状態になった時期やその要因，

表2 通級による指導の対象の特徴等と指導内容

対象となる種別	対象者の特徴	主な指導内容
1 言語障害者	・器質的および機能的な構音障害 ・吃音など ・言語機能の基礎的事項に発達の遅れがある	・正しい音の認知や模倣 ・構音の改善にかかわる指導 ・話しことばの改善と自分との向き合い方にかかわる指導 ・読み書きに関する指導
2 自閉症者	他者と社会的な関係を形成することが困難な者，コミュニケーションの問題や行動上の問題・学習能力のアンバランスを併せ有する	・円滑なコミュニケーションのための知識・技能を身につける指導 ・学んだ知識・技能を音楽や運動，ゲームや創作活動などの実際的・具体的な場面で適用して社会的適応をねらう指導
3 情緒障害者	心理的な要因による選択性かん黙等がある	・情緒障害の状態になった時期や，その要因と介入の経過を踏まえた指導
4 弱視者	拡大鏡等の使用によっても通常の文字，図形等の視覚による認識が困難な状態	・個別指導が原則 ・視覚補助具，コンピュータ等の情報機器，拡大教材などを活用
5 難聴者	補聴器等の使用によっても通常の会話における聞き取りが部分的にできにくい状態	・個別指導が原則 ・コンピュータや視聴覚機器等の教材・教具を活用
6 学習障害者	全般的な知的発達に遅れはないが，聞く，話す，読む，書く，計算するまたは推論する能力のうち特定のものの習得と活用に著しい困難を示す	・苦手なことに対して適した方法を指導して工夫させて理解させ，態度や習慣として身につけさせる ・ソーシャルスキルやライフスキルに関する内容の指導
7 注意欠陥多動性障害者	年齢または発達に不釣り合いな注意力，または衝動性・多動性が認められ，社会的な活動や学業の機能に支障をきたす	・不注意な状態を引き起こす要因を明らかにし自分に適した方法を指導して理解させて身につけさせる ・自己の感情や欲求をコントロールする自分に適した方法を理解させ身につけさせる ・ソーシャルスキルやライフスキルに関する内容の指導
8 その他障害のある者	肢体不自由者，病弱および身体虚弱者	・肢体不自由者には，身体の動きや環境の把握，身体各部位の理解と養護に関すること，各種の支援機器等を学習や生活に活用できるようにする指導 ・病弱および身体虚弱には健康状態の維持や管理，改善に関すること，心理的な安定や体力の向上を図るための指導

（編著：文部科学省『障害に応じた通級による指導の手引 解説とQ＆A 改訂第3版』海文堂出版．2018．より筆者作表）

カウンセリングなどの介入の時期と経過を踏まえた指導が重要となる．

弱視者

　拡大鏡などの使用によっても通常の文字，図形などの視覚による認識が困難な状態の者で，通常級での学習におおむね参加でき，一部特別な指導を必要とする児童生徒が対象となる．指導の内容は，主として視覚認知と手の協応，補助具の活用などの指導が中心となる．視覚的な情報収集や処理の方法を指導しなければ効果的に学習活動を行うことができない内容などについては，各教科

の内容を取り扱いながら指導することになる．原則として個別指導で行われ，視覚補助具，コンピュータなどの情報機器，拡大教材などを活用した指導となる．

難聴者

補聴器などの使用によっても通常の会話における聞き取りが部分的にできにくい者で，通常の学級での学習におおむね参加でき，一部特別な指導を必要とする児童生徒が対象となる．個別指導を原則とし，コンピュータや視聴覚機器などの教材・教具を活用し，言語指導では，日常の話し言葉の指導，語彙を広げるための指導，言語の概念形成を図る指導，日記などの書き言葉の指導などを行う．また，聞く態度の育成，音声の聴取および弁別の指導も必要となる．

学習障害者

知的発達に遅れはないが，聞く，話す，読む，書く，計算する，推論する能力のうち特定の習得と活用に著しい困難を示すもので，一部特別な指導を必要とする児童生徒が対象となる．聞くこと，話すこと，読むこと，書くこと，計算すること，推論すること，の指導では，苦手なことに対して適した方法を指導して工夫させて理解させ，態度や習慣として身に付けさせる指導となる．基本的には，自分の障害の特性とそれゆえに生じている困難を理解し，自身で工夫したり支援を求めたりするなどして困難な状態を軽減できるようになることをめざす．そのほかに，ソーシャルスキルやライフスキルに関する内容の指導がある．

注意欠陥多動性障害者

年齢や発達に不釣り合いな注意力，衝動性や多動性が認められ，社会的活動や学業に支障をきたすもので，一部特別な指導を必要とする児童生徒が対象となる．基本的には学習障害者と同様に，生じている困難を理解し自身で工夫したり支援を求めたりして，現状の困難の軽減を図ることができることを目標とする．具体的には，不注意による間違いを少なくする指導として，不注意な状態を引き起こす要因を明らかにし自分に適した方法を指導して理解させて身に付けさせる．衝動性や多動性を抑える指導としては，自己の感情や欲求をコントロールする自分に適した方法を理解させ身に付けさせることである．また，ソーシャルスキルやライフスキルに関する内容の指導も必要となる．

その他障害のある者

肢体不自由者，病弱および身体虚弱者で，通常級での学習におおむね参加でき，一部特別の指導を必要とする児童生徒が対象となる．肢体不自由者には，学習時の姿勢や言語表現，身体の動きや環境の把握，コミュニケーションなどの改善・向上を図る指導，また，身体各部位の理解と養護に関すること，各種

の支援機器等を学習や生活に活用できるようにする指導がある．病弱および身体虚弱者には健康状態の維持や管理・改善に関すること，心理的な安定や体力の向上を図るための指導がある．

④ 交流および共同学習

「交流および共同学習」は2004（平成16）年の障害者基本法の一部改正において示された．学校現場においては，障害のある子どもたちと障害のない子どもたち，地域社会の人たちがふれ合い，共に活動する機会を設けた〔小学校指導要領第1章第4の2の(12)2008（平成20）年3月，中学校指導要領第1章第4の2の(14)2010（平成22）年11月など〕．これは，校長のリーダシップのもと学校全体で組織的に取り組む体制を整え，学校，子どもたち，保護者の関係者がその意義やねらいなどについて十分に理解し共通理解をもって進めることが大切とされる．

実際に障害のある子どもたちを指導する際の注意すべき点は，通級指導とも関連するため参照されたい（表3）（文部科学省，2019）．

「交流及び共同学習ガイド（文部科学省）」によると，相互の触れ合いを通じて豊かな人間性を育むことを目的とする交流の側面と，教科などのねらいの達成を目的とする共同学習の2側面を分かちがたいものとして捉えられている．

文部科学省：交流及び共同学習ガイド．2019．

⑤ 通級における自立活動

先に述べたように通級による指導は，特別支援学校小学部・中学部学習指導要領，または特別支援学校高等部学習指導要領で示される自立活動の内容を参考として指導を行うものとされる．その際には具体的な目標や内容を定めて効果的な学習が行われるように各教科，教師間の連携に努めることが求められる．

⑥ 自立活動の目標

特別支援学校の指導要領において，自立活動は，「個々の児童または生徒が自立を目指し，障害による学習上又は生活上の困難を主体的に改善・克服するために必要な知識，技能，態度及び習慣を養い，もって心身の調和的発達の基盤を培う」ことをねらいとしている（特別支援学校小学部・中学部学習指導要領第7章第1，特別支援学校高等部学習指導要領第6章第1款）．つまり，児童生徒は主体的に自己の力を可能な限り発揮してよりよく生きていこうとし（自立し），日常や学習場面においてその障害によるつまずきや困難の軽減・解消に努めること，また，障害があることを受容することが目的となる．さらに，一人ひとりの発達の遅れや不均衡の改善，発達の進んでいる側面を伸ばすことで

表3 交流および共同学習での注意点

種別	注意点
言語障害	話すことが苦にならなく楽しい雰囲気づくりに心がける．はっきり，ゆっくりと話しかけ，聞くときには話し終わるまで丁寧に笑顔で聞く．子どもが話したくなるように話の内容に耳を傾ける．急いで話したり，言い直しをさせたりしない．
自閉症 情緒障害	計画された活動を急に変えたりしない．子ども同士で誤解によるもめごとがないように留意する．自分の意志や考えを訴えようとしているということに留意する．少人数の活動から徐々に人数を増やす．子ども同士の相性を考慮する．刺激に過敏であることに留意し，環境や人との接触について考慮する．
視覚障害 （弱視）	教材の提示は言葉と触手を用いる．場所は，指示代名詞（「あそこ」等）を避け具体的に指示する．周囲の状況を説明しながら一緒に歩いて案内する．教材の提示は照明等に配慮して見やすくする．衝突による事故に注意する．
聴覚障害 （難聴）	口元がはっきり見えるように話しかける．必ず声を出して話す．書字を多用する．確認のために周囲を見たりすることがあることに留意する．視覚的手掛かりを多用する．
学習障害	個人の得意・不得意の活動を把握する．得意な能力を生かした活動ができるよう工夫する．具体的な言葉と同時に視覚的な情報を活用する．大きな文字を用い，必要な情報を示す．
注意欠陥多動性障害	教師に注目していることを確認し，一つのことを簡潔に伝える．活動は短く区切り，次の内容を明確にする．思い出せるように指示内容を簡潔に書いて提示する．好ましくない行動にはそれがよくないことを簡潔に伝え，どのように行動するか具体的に伝える．興味が移らないよう活動に不必要なものは片づけておく．
病弱 身体虚弱	保護者，担当医等の注意事項を確認する．発作を防ぐため過度な負担にならないよう留意する．個々の病状や体力に応じた活動を工夫する．無理な運動をせず，主体的な活動ができるように工夫する．疾病により教室に来られない場合にはICTを活用する．いじめや不登校を経験している場合には子どもの気持ちを尊重しながら活動を広げていく．
知的障害	興味・関心をもてるよう工夫する．　言葉のみならず視覚的なものにより理解を深める．　繰り返しできる活動などで見通しを立てやすくする．　得意とする活動などで活躍できる場面を多くする．　子ども同士が理解しあい友達になれるようにする．

（文部科学省．交流及び共同学習ガイド．2019．より筆者作成）

遅れている側面の発達を促すようにしたりして（調和的発達の基盤），発達を促進させることも目標となる．

 自立活動の内容

　自立活動の内容は，**①健康の保持，②心理的な安定，③人間関係の形成，④環境の把握，⑤身体の動き，⑥コミュニケーション**の6つの区分，合計27項目で示されている．詳細は表4（文部科学省，2018）にまとめた．これらは，項目ごとに独立して指導するのではなく，個々の児童生徒の指導目標を達成するために相互に関連付けて設定し指導することになる．

①健康の保持：日常生活を行うために必要な健康状態の維持や改善について，身体的な側面を中心として5項目設定されている．

文部科学省．特別支援学校教育要領・学習指導解説自立活動編（幼稚部・小学部・中学部）．2018．

表4 自立活動の内容

1 健康の保持 (1) 生活のリズムや生活習慣の形成に関すること. (2) 病気の状態の理解と生活管理に関すること. (3) 身体各部の状態の理解と養護に関すること. (4) 障害の特性の理解と生活環境の調整に関すること. (5) 健康状態の維持・改善に関すること. **2 心理的な安定** (1) 情緒の安定に関すること. (2) 状況の理解と変化への対応に関すること. (3) 障害による学習上または生活上の困難を改善・克服する意欲に関すること. **3 人間関係の形成** (1) 他者とのかかわりの基礎に関すること. (2) 他者の意図や感情の理解に関すること. (3) 自己の理解と行動の調整に関すること. (4) 集団への参加の基礎に関すること.	**4 環境の把握** (1) 保有する感覚の活用に関すること. (2) 感覚や認知の特性についての理解と対応に関すること. (3) 感覚の補助および代行手段の活用に関すること. (4) 感覚を総合的に活用した周囲の状況についての把握と状況に応じた行動に関すること. (5) 認知や行動の手掛かりとなる概念の形成に関すること. **5 身体の動き** (1) 姿勢と運動・動作の基本的技能に関すること. (2) 姿勢保持と運動・動作の補助的手段の活用に関すること. (3) 日常生活に必要な基本動作に関すること. (4) 身体の移動能力に関すること. (5) 作業に必要な動作と円滑な遂行に関すること. **6 コミュニケーション** (1) コミュニケーションの基礎的能力に関すること. (2) 言語の受容と表出に関すること. (3) 言語の形成と活用に関すること. (4) コミュニケーション手段の選択と活用に関すること. (5) 状況に応じたコミュニケーションに関すること.

〔文部科学省. 特別支援学校教育要領・学習指導解説 自立活動編（幼稚部・小学部・中学部）. 2018. より筆者作成〕

②**心理的な安定**：心理的な側面をコントロールして適切に対応すること，障害による困難を主体的に改善・克服する意欲の向上，さらに自己のよさに気づくことの観点から3項目設定されている.

③**人間関係の形成**：自分と他者への理解を深め，対人関係を円滑にして，集団への参加についての基礎を培うことを目標として4項目設定されている.

④**環境の把握**：空間や時間といった概念を手掛かりとして周囲の状況を把握，環境と自己の関係の理解，そして的確に判断して行動できることをねらって5項目が設定されている.

⑤**身体の動き**：生活や作業に必要な基本動作を習得して適切な身体の動きができることを目的として5項目設定されている.

⑥**コミュニケーション**：コミュニケーションを円滑に行えるようにする観点から5項目設定されている.

⑧ 通級教室との情報連携

通級の指導時間は，実質週あたり1時間から8時間程度となることから，当

図2 自校と他校の通級教室の連携の違い

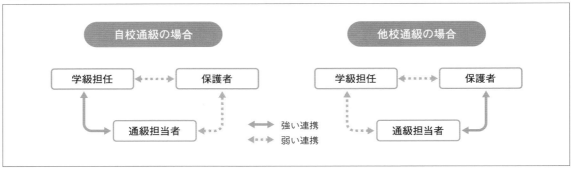

（山本有己日ら．通級指導教室と通級在籍学級との連携について．和歌山大学教育学部紀要 教育科学．2013：63．59-66）

ハブ（hub）とは，コンピューターシステムやネットワークなどでの中継器のこと．中心・拠点という意味もある．

山本有己日ら．通級指導教室と通級在籍学級との連携について．和歌山大学教育学部紀要 教育科学．2013：63．59-66．

加藤康紀『はじめての通級 これからの通級―通級指導担任あるあるQ&A』学研プラス．2015．

然ながら家庭や通常級での指導時間が多くを占めている．また，重度の障害を抱えているなど，特別支援学校や特別支援教室へ通学することが困難な児童・生徒に対しては，教員が家庭や病院，施設などを巡回して指導をすることがある．さらに，児童生徒は，自分の学校に通級が設置されていないときには，設置されている学校で指導を受けることもある．これらのことからも各方面との情報の連携が必要となる．

　自校での通級指導の場合と，他校での通級指導の場合における，学級担任，保護者，通級担当者の3者の関わりにおいて，自校での通級では通級担当者と学級担任において強い連携を示し，他校での通級では通級担当者と保護者において強い連携を示すことが示されている（山本ら，2013）（図2）．これは，連携のしやすさが反映されていると考えられるが，重要なことは必要な情報が必要なところへ伝わることである．また，成果の出ている通級は，通級設置校が中心となって各学校，教育委員会，家庭，関係機関との情報連携を促進するための主軸となるハブ機能を果たしているといわれている（加藤，2015）．

◉ 文献
• 編著：文部科学省『障害に応じた通級による指導の手引 解説とQ&A 改訂第3版』海文堂出版．2018．
• 文部科学省．特別支援学校教育要領・学習指導解説 自立活動編（幼稚部・小学部・中学部）．2018．
• 文部科学省．交流及び共同学習ガイド．2019．
• 山本有己日ら．通級指導教室と通級在籍学級との連携について．和歌山大学教育学部紀要 教育科学．2013：63．59-66．
• 加藤康紀『はじめての通級 これからの通級―通級指導担任あるあるQ&A』学研プラス．2015．

障害者スポーツにおける
メンタルサポート

荒井 弘和（法政大学）

　私はスポーツメンタルトレーニング指導士という資格をもって，アスリートやコーチの心理面のサポート（メンタルサポート）を行っています．2006年度からは，日本パラリンピック委員会（JPC）医・科学・情報サポート事業の競技団体サポートスタッフとして，パラアスリート（最近は障害のあるアスリートをこう呼びます）のメンタルサポートを行ってきました．JPCには，私を含めて15名ほどのメンタルサポートを担当するスタッフが登録されています．私たちは，各競技団体の強化選手が参加する合宿や試合に帯同して，パラアスリートが試合で実力を発揮するためのスキルを個別に提供したり，チームの一体感を高めるための実践を行ったりしています．

　ここでは内田（2012）を参考に，パラアスリートにメンタルサポートを行う際に，私が注意していることを紹介します．たとえば，アスリートに視覚障害がある場合，他の選手と同様にイメージトレーニングを行うことは難しいかもしれません．聴覚障害がある場合は，「さぁ行くぞ〜！」といったかけ声や，アップテンポの音楽を聴いて気持ちを盛り上げることはできません．手足が欠損していたり，手足の機能が不足していたりする場合は，手足を使ったリラックス法を行うことができないことがあります．知的障害があるアスリートのなかには，自己理解が困難な方もいるので，自己コントロール能力を高めることが難しい場合もあります．

　障害者スポーツの現場では，関係者と連携することが求められます．関係者とコミュニケーションをとることを怠らず，わからないことがあれば，お互い率直に聞くことが大切です．障害者スポーツの現場には，パラアスリートを介助するアスリートや送迎を担当するご家族など，他のスポーツ現場よりも多様な関係者がいます．場合によっては，関係者を通じて，アスリートにメンタルサポートを行うことが有効な場合もあります．

　そもそも，アスリートに障害があってもなくても，そのアスリートの課題を明確にして，その課題に対する改善策をアスリートとともに考えるという原則は，どのような現場でも普遍です．パラアスリートでは，やや個別性の程度が高いかもしれませんが，それは程度の問題でしかありません．アスリートをサポートするなかで困難に直面したら，そのアスリート自身，関係者，他のメンタルサポートのスタッフの知恵を拝借して，その困難を乗り越えればよいのです．

　これからも私は，パラアスリートに寄り添って，パラアスリートを尊重しながら，メンタルサポートを実践したいと考えています．

【文献】　内田若希. パラリンピック選手に対する心理サポート. 体育の科学. 2012：62（8）. 576-80.

14 個別の指導計画および個別の教育支援計画

学習のポイント

1. 特別支援教育における計画について学ぼう.
2. 計画作成にかかわる諸問題について理解しよう.

① 個別の指導計画

通常学級においては，相対評価や絶対評価のように数値で表されるものが多く，一律に達成できているかどうかという点で，評価者と対象の幼児・児童・生徒にとって理解されやすい．しかし，特別支援学校においては，数値化をすることで評価が低い数値となってしまうことから，個別に指導目標を設定して評価がなされる「個別の指導計画」が活用されることとなった．「個別の指導計画」は，1999（平成11）年3月の特別支援学校小学部・中学部学習指導要領の改訂にて，重度障害者の指導，自立活動の指導について，「個別の指導計画を作成すること」と示された．

このような計画は，それ以前からも特別支援学校において作成され指導などに運用され実践が行われていた．しかし明確に定められるようになった理由としては，本人や保護者の願いを反映し，学校および教師の指導観の変化，そして幼児・児童・生徒それぞれの実態を把握し，適切に学習を深めていくために「個別の指導計画」が必要となったからである．

作成時期

2学期制か3学期制かによって異なっており，教育委員会もしくは学校によって決められる．たとえば2学期制であれば，4月に入って生徒の実態に応じて指導目標と手立てを作成し，9月までの評価を記述する．10月から3月までの流れも同様に行われる．

対象

障害のある幼児・児童・生徒が対象である．特別支援学校および特別支援学級においては作成しなければならないが，平成29・30年の学習指導要領の改訂により，幼稚園教育要領，小学校学習指導要領，中学校学習指導要領，高等学校学習指導要領の総則編に「指導に当たって，例えば，障害のある児童一人一人について，指導の目標や内容，配慮事項などを示した計画（個別の指導計画）を作成し，教職員の共通理解の下にきめ細かな指導を行うことが考えられ

個別の指導計画

る」と明記された.

「個別の指導計画」の内容 (図1～3)

　指導内容は,通常学級の学習指導要領に準ずるかたちで示されているが,知的障害の場合は下学年,下学部の指導内容を選定することが認められている.なお,保護者面談をとおして必要な指導内容などを聞き取りながらすすめていく.

▶ **指導目標**:指導内容を深め達成するために,焦点を絞って作成する.個々の指導目標は達成できそうな項目を選定する必要があるため,段階的な指導目標を作成しておくとよい.

▶ **手立て(支援方法)**:指導目標を達成していくために,幼児・児童・生徒がチャレンジしつつも達成が難しいときにどのような支援が必要となるかを記述するものである.本来であれば,個別の目標だけで済むところではあるが,達成が難しいと判断されるような場合に,手立てをあらかじめ決めておく必要がある.また,この手立ても指導目標と同様に,ひとつに絞るものではなく段階的に支援を入れられるよう複数の手立てを準備しておくとより良い支援となる.

▶ **評価**:2学期制や3学期制など,評価時期は学校によって違いがみられる.個別の指導計画で示される指導目標がどのように達成できたのか,また達成できなかったがどのような環境であればできたかなど,記述による評価を作成する.

作成の流れ

　基本的には学級担任が作成を行うが,教科などにおいては教科担当がいるなど学級担任以外の教員が作成することもあり,教員連携のもと作成をしていくことになる.作成を終えると,教務担当,主幹教諭,管理職という順番で適正かどうか複数の目で確認され,指摘事項があれば修正が行われる.その後,保護者へ通知表などと同じように配布される.

図1 個別の指導計画の見本

（様式1）

個別の指導計画

県立△△総合支援学校

学年・組	中学部2年○組	校長氏名印	担任氏名印	期間
氏　名	○○　○○	○　○　○　○	○　○　○　○	平成○○年4月〜平成○○年3月

教育支援計画 長期目標 （概ね3年間）	①一日の学校生活に見通しをもち、次の活動に取りかかることができる。 ②様々な手段や方法で、相手に要求や意思表示をすることができる。	教育支援計画 重点目標 （概ね1年間）	①写真カードや文字カードを手がかりに、次の授業場所への移動や学習の準備をすることができる。 ②ことばや指さし、クレーン現象やサインなどで、自分から要求や意思表示を伝えようとすることができる。

教科等		児 童 生 徒 の 様 子	年 間 指 導 目 標
教科	日常生活の指導	・更衣はほぼ自分ですることができる。 ・連絡帳を決められた場所に自分で提出することができる。 ・給食の配膳は、牛乳瓶を8本ケースに入れてしっかり持ち、教室まで運ぶことができる。 ・掃除は、膝を伸ばして廊下の雑巾がけを1〜2往復することができる。	・教員が声かけをしなくても、自分から着替えを持って更衣室へ行き、着替えて教室へ戻ることができる。 ・日課表を見ながら、学級の日課カードを翌日の日課に取り替えることができる。 ・給食の配膳で、牛乳瓶をお盆の上に1本ずつ落とさないように配ることができる。 ・自分から廊下の雑巾がけを3往復続けることができる。
	生活単元学習	・集団での活動は、雰囲気に慣れるまでに時間がかかる。 ・活動に見通しをもつことができるようになると、友達と一緒に活動に取り組むことが少しずつできるようになってくる。	・いろいろな場面での集団の雰囲気に少しずつ慣れて、友達との活動を楽しむことができる。 ・経験を重ねて見通しがもてるようになった活動については、自分から取りかかることができる。また、続けて取り組むことができる。
領域・教科	国語	・ひらがなやカタカナは、ほぼ正しく読み書きすることができる。 ・簡単な漢字を読むことができる。	・自分が経験したことや気持ちを、二語文で表現することができる。 ・知っている漢字を使って文章を書くことができる。
	社会	・山口県の地図を見て、自分が住んでいる市の位置が分かる。 ・郵便局で切手やはがきを買うことができる。	・地図を見て、自分が行きたい場所に近いバス停や駅を探すし、時刻を調べることができる。 ・公共機関の役割りや利用の仕方について知る。
	数・学	・10までの数は、具体物とのマッチングで正しく数えることができる。 ・十円玉と百円玉が分かる。	・具体物とのマッチングで、30までの数を正しく数えることができる。 ・硬貨を組み合わせて、何百何十円を作ることができる。
	理科	・ジョウロで水やりをすることができる。 ・野菜を傷つけないように気をつけながら、手やはさみで収穫することができる。	・ポットから野菜の苗を上手に取り出して、畑に植えることができる。 ・テレビやラジオで地元の天気予報を知ることができる。
	音楽	・童謡が大好きで、曲に合わせて身体表現をすることができる。 ・太鼓をリズムよく叩くことができる。	・いろいろな音楽を聴き、歌ったり体を動かしたりしながら楽しむことができる。 ・曲のリズムを意識しながら、太鼓を叩くことができる。
	美術	・自分で絵筆を持って、上下の向きに大きく動かすことができる。明るい色を好む。 ・はさみは教員が手を添えて使う。	・自分で色を選んで、画面いっぱいに描くことができる。 ・ちぎったり切ったり、貼ったりする活動に慣れ、いろいろな作品を作ることができる。
	保健体育	・ボールのパスやドリブルができる。 ・マットの前転をしたり、平均台の上を歩いたりすることができる。	・体を動かすことを楽しみながら体力をつける。 ・ボールを使った簡単なゲームを楽しむことができる。 ・簡単なサーキットのコースに自分で取り組むことができる。
	自立活動	・言葉を聞いて理解することができるが、声を出すことは少ない。 ・手指に若干の緊張があり、巧緻性を要する動作や両手の協応動作が不十分である。	・身振りやサイン、言葉で自分の思いを伝えることができる。 ・手指の巧緻性を高め、操作する活動に意欲的に取り組むことができる。
	総合的な学習	・給料をもらうためには働かなければいけないことを知っている。	・売れる製品を作ろうと意識することができる。 ・材料費や売上を計算することができる。 ・参観日に雑巾をたくさん売ろうと、ポスターやチラシを工夫して作ることができる。 （雑巾作りと販売活動を中心に指導を行う）

（山口県特別支援教育推進室．特別支援教育における「個別の指導計画」の記入例について．2010．）

図2 個別の指導計画の見本

（様式2）
個別の指導計画
県立△△総合支援学校

| 学年・組 | 中学部2年○組 | | 氏　名 | ○　○　○　○ |

教科等	4月	5月	6月	7月	9月	10月	11月	12月	1月	2月	3月
日常生活の指導	・登校、連絡帳の提出、荷物の整理 ・更衣　乾いた洗濯物をたたむ、収納する ・朝の会（健康観察、日課の確認、行事の確認） ・給食（準備、運搬、配膳、食事、片付け）　歯磨き ・掃除（机を運ぶ、掃く、拭く） ・終わりの会（連絡帳の記入、翌日の日課の確認、持参物の確認）　洗濯をする、干す ・下校								→		
生活単元学習	新しい学年や学級へ向けて	集団宿泊学習へ向けて	集団宿泊学習	心と体の学習	実習へ向けて進路学習	実習実習の反省	校外学習へ向けて	校外学習学年レクリエーション	3年生を送る会へ向けて	3年生を送る会	次学年へ向けて進路学習
国語	先生や友達の名前	生活の中でよく使う漢字	丁寧なことばづかい	暑中見舞い状	経験したことを文章に書く	手紙文	新聞を読む	年賀状	書き初めカルタ	図書室やパソコンの利用	文集を作る
社会	学校の近くの地図	学校がある市の地図	山口県の地図	郵便局の利用	校外学習へ向けて時刻調べ	校外学習へ向けて料金調べ	公共機関の役割について		修学旅行先について調べる		
数学	お金について	値段を調べる	買い物学習	会計簿をつける	時計を読む時刻表を読む	活動の計画を立てる	校外学習時計を見ながら活動する	郵便局で年賀状を買う	重さを量る	長さを測る	記念品の材料費を計算して買う
理科	学級農園作り	野菜の苗を植える	観察	夏野菜の収穫	天気予報について	花の苗を植える	さつまいもの収穫	焼き芋	パソコンの利用		学級農園の整備
音楽	いろいろな音楽を聴く	好きな楽器の演奏	みんなで合奏	グループで発表会	運動会の音楽を聴く	学習発表会へ向けて		ハンドベルの演奏	ハンドベルの発表会	自分が好きな歌や楽器の練習	みんなの前で発表会
美術	色鉛筆やクレヨンで描く	絵の具で描く	テーマを決めて作品を作る	七夕飾りを作る	粘土で作品を作る	段ボールで作品を作る	落ち葉で作品を作る	クリスマスの飾りを作る	切ったり貼ったりして作品を作る		みんなで共同作品を作る
保健体育	走るサーキット	ボール運動	水泳		運動会へ向けて	サッカー	持久走		マット跳び箱	簡単なゲーム風船バレー	

自立活動
①日常的なあいさつや要求 ————————→
②日常生活での簡単なやりとり ————————→
③文や絵カードとサインや言葉のマッチング ————————→
④手指の細かい作業 ————————→
①②③は、主に日常生活の指導、生活単元学習、国語の時間において指導する。
④は、主に日常生活の指導、生活単元学習、音楽、美術の時間において指導する。
この他、学習活動全体においても適宜指導する。

| 総合的な学習 | | | | | 計画を立てる
材料を買う | 雑巾を作る | 販売の準備をする | 参観日に販売する
会計報告 | | | |

※雑巾作りと販売活動を中心に指導を行う。

（山口県特別支援教育推進室．特別支援教育における「個別の指導計画」の記入例について．2010.）

図3　個別の指導計画の見本

（様式3）

個別の指導計画（1学期）　　県立△△総合支援学校

学年・組	中学部2年○組	氏　名	○　○　○　○

教科等	学期の指導目標	指導内容・指導方法・手だて等	指導の 目標	指導の 内容	指導の 方法	指導の経過と評価	検討課題（次学期に向けて）
日常生活の指導	・自分で連絡帳を所定の場所に提出することができる。	・所定の位置がわかりやすいように、本人の名前と写真シールを貼る。	4 3 2 1	4 3 2 1	4 3 2 1	・写真を手がかりにして位置を覚え、自分で提出することができるようになった。	・名前シールのみを手がかりとする。・連絡帳以外の学用品や衣服を所定の場所に置くようにする。
日常生活の指導	・掃除で、机を運ぶ、廊下のモップがけ、ごみ捨ての活動の流れを一人で取り組むことができる。	・掃除のはじめに活動の流れをことばと黒板に貼った写真カードで伝え、視覚的に順番を確認できるようにする。	4 3 2 1	4 3 2 1	4 3 2 1	・自分で写真カードを確認しながら、順番に取り組むことができるようになった。	・写真カードにかわる手がかりの検討（文字カードとことば）
生活単元学習	・学級開きの会や集団宿泊学習の流れを理解し、自分から取り組むことができる。	・日程を示した流れ図を示し、次の活動に必要なものを考えさせる。・絵カードを示し、活動の流れを理解させるとともに、友達の手伝いをするよう促す。	4 3 2 1	4 3 2 1	4 3 2 1	・日程表を見て、自分から更衣をすることができた。・給食との環境の違いから、飲み物の配膳が難しかった。	・工程表を作成し、実習にスムーズに取り組めるようにする。・給食の配膳等パターン化した活動に変化を与え般化を図る。
国語	・経験したことを、二語文で書くことができる。	・写真や教員との話などを手がかりにして、経験したことと言葉を結びつけながら書いていく。	4 3 2 1	4 3 2 1	4 3 2 1	・視覚的な写真を手がかりに、自分で思い出しながら書くことができた。	・詳しく書いたり自分の気持ちを書いたりすることができるように支援する。
社会	・地図で自分の学校の位置が分かる。・学校や家の近くのバス停や駅が分かる。	・パソコンなどを活用して、視覚的にわかりやすい地図を準備する。	4 3 2 1	4 3 2 1	4 3 2 1	・パソコンを活用することで、興味をもって意欲的に活動できた。	・調べる方法の選択肢を増やしていくことが大切。
理科	・ポットから野菜の苗を上手に取り出して畑に植える。	・事前に大まかな活動の流れを写真、文字カードで伝える。・ひとつひとつの活動については、実際に目の前でやって見せることで伝える。	4 3 2 1	4 3 2 1	4 3 2 1	・導入部分で視覚的な提示をすることで、活動への取りかかりがスムーズにできた。	・経験したことを覚えており自分の力にすることができる。いろいろな経験の積み重ねが大切。
音楽	・教師の拍子打ちやリズム打ちを太鼓で模倣したり、友達とリズム合奏をしたりする。	・最初は簡単なリズム打ちをゆっくり行う。・簡単なリズム絵譜や文字譜を使う。	4 3 2 1	4 3 2 1	4 3 2 1	・教師の手拍子に合わせて太鼓を叩くことができた。・合奏に意欲的だったが、自分のペースで叩き続けた。	・友達のリズムをしっかり聴いてから、自分のリズムを合わせる活動を設定する。・自由に演奏する時間を確保する。
美術	・いろいろな形や色を使って七夕飾りを作ることができる。	・色鉛筆やクレヨン、絵の具を自由に使わせ、好きな色を選ばせる。・基本的な形に合わせてはさみで切り、のりで貼り付ける。	4 3 2 1	4 3 2 1	4 3 2 1	・基本的な形や色を理解し、自分で選べるようになった。・自分の作品を大切にしていた。	・形や色の組み合わせによる感じの違いに気付かせたい。・友達の作品と見せ合う時間を設定する。
保健体育	・ジグザグ、S字などのコースに沿ってドリブルができる。・水の中でばた足をすることができる。	・コースの幅を広くし、タイムを計測する。・教師が体幹を支える援助をしたり、手をつないだりして、不安を除くようにする。	4 3 2 1	4 3 2 1	4 3 2 1	・タイムが短縮されるのを励みに取り組んだ。・手すりを持ってのばた足ができるようになった。	・サーキットを毎時間の最初に実施する。・簡易ルールでバスケットボールをする。・ビート板を使ったばた足に取り組む。
自立活動	・身振りやサインで思いを伝えることができる。	・サインを正確に出しているか確認しながら進める。・言葉で表現しようとした場合には、言葉の表出を促し、待つようにする。	4 3 2 1	4 3 2 1	4 3 2 1	・覚えているサインはすぐに出すが、未習得のものは、教師を模倣するようになってきた。	・身振りやサインで表現できる言葉を増やす。・サインを生活の中で活用する。
自立活動	・結ぶ、めくる等の手指の巧緻性を伴う動作ができる。	・手指のマッサージを行い、緊張を緩める。・紐結び、ボタンかけ等の練習を行う。	4 3 2 1	4 3 2 1	4 3 2 1	・手指を使う意欲はあるが、細かい作業をスムースに行うのは難しい。	・日常生活用品を使用して、手指を使う動作を練習する。
総合的な学習	※2学期より記入		4 3 2 1	4 3 2 1	4 3 2 1		

（山口県特別支援教育推進室．特別支援教育における「個別の指導計画」の記入例について．2010．）

情報収集

　前述の学級担任以外の教員によるものや，担任個人の記録によるものは重要な情報資源ではあるが，他にも情報収集して押さえておくべきことがある．学級担任は面談や日頃の様子をやりとりする連絡帳などをとおして保護者からの情報を得る．学校生活において子どもの様子を知ることはできるが，家庭での様子は保護者からの情報が一番である．やりとりをすることで，学級担任が知らない一面（学校ではおとなしいが，家では家族の誰よりも一番おしゃべりをする，など）を垣間見ることができる．

　また，前年度の個別の指導計画や進学前の学校（たとえば高等部であれば，中学部に作成されたもの）の「個別の指導計画」などを参考に情報を収集することも必要なことである．

個別の教育支援計画

　2003（平成15）年3月に，「今後の特別支援教育の在り方について（最終報告）」のなかでは，特別支援教育を支える大きな柱のひとつとして「個別の教育支援計画」についての概念が導入された．幼児・児童・生徒の障害の重度・重複化や発達障害への対応などとともに，障害児（者）を取り巻く福祉や医療などの社会制度の改正や，障害者の権利に関する条約批准に向けた動きを加速するためであった．

　2008（平成20）年の学習指導要領改訂では，幼・小・中の総則における指導計画の作成などに当たっての配慮事項として，「障害のある児童（生徒）などについては，特別支援学校の助言又は援助を活用しつつ，例えば指導についての計画又は家庭や医療，福祉等の業務を行う関係機関と連携した支援のための計画を個別に作成することにより，個々の児童（生徒）の障害の状態等に応じた指導内容や指導方法の工夫を計画的に行うこと」と明記された．これは，学校を中心として作成しつつ，関連する機関のサポートを受けながら教育できる環境整備を計画的に実施していくためのものであるといえる．そして2017（平成29）年3月告示の小学校学習指導要領及び中学校学習指導要領，2018（平成30）年3月告示の高等学校学習指導要領において，通級による指導を受けている生徒についても「個別の教育支援計画」を作成することが示された．2018年8月には，学校教育法施行規則が一部改正され，「個別の教育支援計画」の作成に当たっては，「関係機関等と当該幼児児童生徒の支援に関する必要な情報の共有を図ること」とし，関係機関等との連携推進が示された．

作成時期

　4月から5月にかけて，幼児・児童・生徒の実態を把握し，また面談をとおして保護者とのやりとりをすすめてから6月から7月ごろ学級担任が中心となって作成される．昨年度のものを参考にし，変更があれば随時更新をしていくことになる．課題の変化や支援機関の変更などが生じた場合には，年に数回の更新がなされる場合もある．

対象

　「個別の指導計画」と同様である．

「個別の教育支援計画」の内容 (図4)

- 特別な教育的ニーズの内容(本人の願い・保護者の願い)
- 適切な教育的支援の目標と内容
- 障害の状態を克服・改善するための教育・指導を含め必要となる教育的な支援の目標および基本的内容を明らかにする．福祉，医療等教育以外の分野からの支援が必要となる場合はその旨を併せて記述する．
- 支援機関(病院・福祉事務所・児童相談所・子ども家庭センター・放課後等デイサービス　など)
- 評価(年度末に行われる)
- 本人・保護者のサイン

作成の流れ

　就学段階においては，学級担任や学校内および他機関との連絡調整役となるコーディネーター的役割を有する者が中心となって具体的な内容を確定する．昨年度のものを活用しつつ，保護者とのやりとりをして実態に即した指導目標や手立てを決定していく．「個別の指導計画」と同様に校内での確認を終え，本人と保護者の署名をもらう(難しい場合は保護者のみ)．この署名には支援機関への開示を承諾していただく意味合いが含まれていることから，事前にこれら内容を含めて説明をする．

　なお，学校が作成するため，「個別の"教育"支援計画」とよばれる．他の支援機関が作成することもあり，その場合は「個別支援計画」などとよばれることもある．類似する用語が並ぶため混同しないよう気をつけておく必要がある．

「個別の移行支援計画」

　「個別の移行支援計画」は，障害のある生徒一人ひとりの就業を促進して各生徒が就労先を得て社会生活を営むために計画され，主に特別支援学校高等部3年生を対象に作成されていた．しかし，近年では進学に至る際(たとえば中学校特別支援学級から特別支援学校高等部への進学)にも活用されている．基本

「個別の支援計画」の中に「個別の教育支援計画」が位置づけられ，つまり「個別の教育支援計画」は学校用としてその名称が使用されている．

図4 個別の教育支援計画の見本

知的障害 高等部1年生（特別支援学校）のケース

作成日	年 月 日
評価日	年 月 日

個別の教育支援計画

【○○特別支援学校】

本人氏名			性　別		生年月日	
保護者氏名			学部・学年・組		高等部　1年　○組	
住　　所			（TEL　　　　　　　　　）			
生活の様子	得意なこと 好きなこと	・中学校ではバスケットボール部に所属した経験があり、運動、特に球技が好きである。 ・示範を見ることで活動内容を理解できる。 ・畑作業で天地返しや畝立てなどをしたり、電動工具を安全に使って細かな作業をしたりすることができる。				
	苦手なこと	・作文や会話では助詞の使い方が間違っていることがある。 ・お金や時間の計算が苦手である。 ・善悪の判断が不確実なときがあり、友達の影響を受けやすい。 ・家事の経験はほとんどなく、料理や洗濯、掃除など一人で行うのは苦手である。				
本人・保護者 の　願　い	本　人	・一般就労したい。大工になりたい。 ・自分の給料で家族と一緒においしい物を食べたい。 ・車の運転がしたい。				
	保護者	・一般就労してほしい。 ・お金の管理ができるようになってほしい。 ・将来は親元を離れて暮らしてほしい。 ・善悪の判断ができるようになってほしい。				
合理的配慮	①－1－2　学習内容の変更・調整 ・読める漢字を増やすために、本人への配付資料はできるだけ漢字を使い、振り仮名を付けて配付する。 ・プリント学習だけでなく、実物を操作したり、ICT機器を使用したりして、理解促進を図る。 ①－2－2　学習機会や体験の確保 ・掃除機の使用やレトルト食品での調理など、一人でできる家事を多く経験する。定着を図るため、短期間に複数回設定する。					
長期目標 （期間：3年）	・一般就労に必要な力（態度や集中力、コミュニケーション力など）を身に付ける。 ・家事や社会生活で必要な事柄を一人でできるようになる。					
関係機関と の　連　携	・放課後デイサービス○○（担当○○：水曜日利用、情報や手立ての共有） ・相談支援事業所○○（担当○○：サービス利用計画、情報の共有）					
作　成　者	学級担任：　　　　　　　　　　　　特別支援教育コーディネーター：					

　　　　　年　　月　　日　保護者氏名　　　　　　　　　　　　　　　　　㊞

（青森県総合学校教育センター．個別の教育支援計画と個別の教育指導計画の様式例．2019.）

図5 個別の教育支援計画

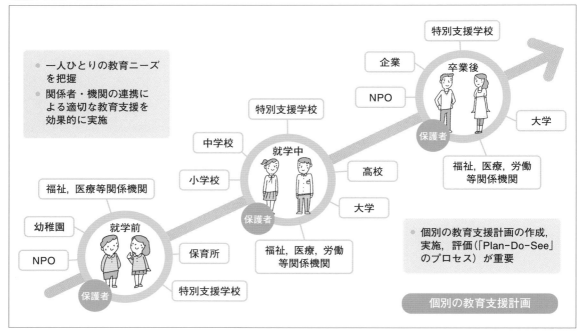

（国立特別支援教育研究所，2005．および文部科学省教職課程部会・特別支援教育部会，2015を参考に筆者作成）

的な形態は「個別の教育支援計画」ではあるが，加えて進路相談，進路学習，インターンシップ・現場実習などの日程や課題，具体的な手立てなどを記述して，進路先または就業先へ引き継ぐための資料として用いられる．作成される時期は，卒業前の1〜3月ごろである．

③ 「個別の教育支援計画」と「個別の指導計画」の関係性

　「個別の教育支援計画」（図5）は，障害のある子どもが生活していくうえで必要な支援を保健，福祉，医療，労働等の各機関との緊密な連携協力体制のもとで，学校等の教育機関が中心となって作成するものである．このことは，障害のある子どもを地域社会に住む一員として，地域社会全体で支援していくという考え方に立って，児童生徒や保護者等の家族一人ひとりが必要としているニーズに対して，地域社会のなかで生涯にわたって必要な支援をしていくことでもある（姉崎，2013）．一方，「個別の指導計画」は，これまでの学校内での障害のある子ども一人ひとりの教育課程をより具体化したもので，一人ひとりの指導目標や指導内容・方法を明確にしたものであり，個に応じたきめ細かな指導を行うために作成されるものである．障害のある子ども一人ひとりの障害の

姉崎　弘，編集：石部元雄，上田征三ら『よくわかる障害児教育』（やわらかアカデミズム・わかるシリーズ）．ミネルヴァ書房，2013，pp.148-51．

状態や発達段階等に応じた適切な指導目標を設定して指導を行うよう，自立活動に限らず各教科等の指導において作成される(姉崎，2013)．

　両者とも観点は異なるが，障害のある子どもを支援し，指導していくうえで不可欠なツールである．平たくいえば，「個別の教育支援計画」は，主に学校から外部機関向けとするものであり，「個別の指導計画」は学習を深めていくためにきめ細かな指導や支援に役立てるために行うものであるといえる．

姉崎　弘．編集：石部元雄，上田征三ら『よくわかる障害児教育』(やわらかアカデミズム・わかるシリーズ)．ミネルヴァ書房．2013．pp.148-51.

計画書の管理

個人情報管理

　作成に当たっては，多くの関係機関や関係者が関わることになるため，作成者(主に学級担任もしくは特別支援教育コーディネーター)を明示しておく必要がある．またデータにはパスワードをかけ，紙媒体のものについては2重3重に鍵の掛かる棚に保管するなど，個人情報を管理しているということを強く意識しなければならない．なお，原本は保護者が保管し，学校は複写を保管しておくことが多い．

保管期限

　文部科学省〔今後の特別支援教育の在り方について(最終報告)2015〕では，「その管理や使用の具体的なあり方について十分に検討することが必要」とされ，各教育委員会や学校により違いがみられる．学校に保管される表簿についてはほとんどが5年で廃棄される．そのため，個別の指導計画および個別の教育支援計画も合わせて廃棄されることが多い．

保護者とのやりとり

　保護者とのやりとりをするときには，専用のケースに計画書などを入れる．特に学校から持ち帰るときには，通常のお知らせプリントとは区別するようにしたり，名前の箇所が誰もが見えるかたちにしたり，入れ間違いなどを防止する工夫が必要である．

外部機関への開示

　保護者承諾のもと外部機関への開示を行う．複写を送付する場合や保護者が持参をする場合など，状況によって開示の仕方は違うが，必要な支援を受けるためには素早い対応が求められることもあり適正に開示される必要がある．

事例 "できる"ことさがし

　知的障害のあるAさんは，特別支援学校高等部1年生に在籍している．4月から担任となったB先生は，Aさんの様子を見ながら，「〇〇ができない」「××もできない」と記録ノートにつけていた．

　入学して数週間が経ち，そろそろ生徒の実態がつかめたところで個別の指導計画を作成する時期となった．B先生は，自分の記録ノートを取り出し，Aさんの指導目標や手立てを考えようとしたが，「〇〇ができない」「××もできない」という記録からそのまま"できない"ことを抜き出して"できる"ようにさせようと指導目標を立てた．先輩のC先生に内容を確認してもらったところ，この目標はAさんにとって本当に妥当なのか指摘をされた．B先生は困ってしまったがAさんの様子を話し始め，「掃除の時間に雑巾がけもできないんです．このままだと就労するときに本人がきっと困ってしまいます…」と伝えたところ，C先生は「いつもできないことばかりに目を向けていませんか？」という言葉をB先生へと投げかけた．実際にB先生の記録ノートには，"できない"ことがずらりと並んでいた．C先生は続けて「Aさんのできることは何ですか？」という質問をしたところ，B先生は言葉に詰まってしまった．

　C先生からの指摘を受けて，その後のAさんの"できる"ことを発見しようと試みた．次の掃除の時間，Aさんはひとりで雑巾を絞ることは難しいようだったので，絞った雑巾を手渡すと床に置き，両手で力強くこすり始めたのである．

　B先生は，そのときに水に濡れた雑巾を絞れなかったために，拭く動作には着目していなかったことに気づいたのである．できないことばかりに目を向けていると，本人はできないことで苦しくなり，また教師もできない理由を探そうとしてしまうため適切な指導や支援に結び付かない．特別な支援を考えていくときにトップダウンの見方はときに必要ではあるが，できることからスタートして徐々に増やしていくボトムアップの見方をしなければ，子どもたちの"できる"を発見することは難しい．"できる"を"よりできる"レベルに引き上げていくことが，教員の腕の見せどころであろう．

◉引用文献

- 山口県教育委員会ホームページ：山口県特別支援教育推進室「個別の指導計画」記入例15. 2010. p.2-4 （https://www.pref.yamaguchi.lg.jp/cms/a503001/induction/text.html）（最終閲覧：令和3年3月10日）
- 青森県総合学校教育センター「個別の教育支援計画と個別の指導計画の様式例」2019. p.32. （https://www.pref.aomori.lg.jp/bunka/education/tokushi_shiryou.html）（最終閲覧：令和3年3月10日）
- 国立特別支援教育研究所「個別の教育支援計画」の策定に関する実際的研究　平成16年度〜平成17年度プロジェクト研究. 2005. p.17.
- 文部科学省教職課程部会・特別支援教育部会「個別の指導計画」と「個別の教育支援計画」について（資料7）. 2015
- 姉崎　弘. 編集：石部元雄, 上田征三ら『よくわかる障害児教育』（やわらかアカデミズム・わかるシリーズ）. ミネルヴァ書房. 2013. pp.148-51.

◉参考文献

- 大南英明『中教審答申 特別支援教育のキーワード解説』明治図書. 2006. p.30-1.

15 支援体制

学習のポイント

1. 地域の社会資源とも連携した，学校内の支援システムの構築とはどういうものかを知ろう．
2. 保護者にとって安心を感じられる支援とは何かを考えてみよう．

≫ 学校内における特別支援教育体制

校長の責務と組織的・計画的な体制整備

これからの特別支援教育では，担任になった教員が一人で頑張る支援からチームでの支援への移行，またそれを可能にしていくために，**地域の社会資源とも連携した学校内の支援システムの構築**を行っていくことが求められている．このような体制を構築していくうえにおいて，後述する「校内委員会」や「特別支援教育コーディネーター」に期待される役割は大きい．

また，これらが校内できちんと機能し特別な支援を必要とする児童等への教育を充実させていくためには，校長が，「特別支援教育実施の責任者として，自らが特別支援教育や障害に関する認識を深めるとともに，リーダーシップを発揮しつつ，次に述べる体制の整備等を行い，組織として十分に機能するよう教職員を指導する」こと，「特別支援教育に関する学校経営が特別な支援を必要とする幼児児童生徒の将来に大きな影響を及ぼすことを深く自覚し，常に認識を新たにして取り組んでいく」ことが重要である（文部科学省，2007）．表1に校長の責務について掲げる（文部科学省，2017）．

② 校内委員会

校内委員会の設置

各学校においては，校長のリーダーシップのもと，全校的な支援体制を確立し，教育上の支援を必要とする児童等の実態把握や支援内容の検討などを行うため，特別支援教育に関する校内委員会を設置することとなっている．

校内委員会のメンバー構成については，学校の規模や実情に合わせ決められるものの，学校としての支援方針を決め，支援体制を作っていくうえで，必要なメンバーを校長が判断し決定する．ガイドラインではその一例として，校

文部科学省初等中等教育局長．特別支援教育の推進について（通知）．2007.

文部科学省．発達障害を含む障害のある幼児児童生徒に対する教育支援体制整備ガイドライン．2017.

表1 学校内での教育支援体制の構築と運営における校長の責務

- 校内委員会を設置して，児童等の実態把握を行い，学校全体で支援する体制を整備する．
- 特別支援教育コーディネーターを指名し，校務分掌に明確に位置付ける．
- 個別の教育支援計画及び個別の指導計画の作成に努め，管理する．
- 全ての教職員に対して，特別支援教育に関する校内研修を実施したり，校外での研修に参加させたりすることにより，専門性の向上に努める．通級担当教員，特別支援学級担任については，特別支援学校教諭免許状を未取得の教員に対して取得を促進するなど育成を図りつつ，特別支援教育に関する専門的な知識を特に有する教員を充てるよう努める．
- 教員以外の専門スタッフの活用を行い，学校全体としての専門性を確保する．
- 児童等に対する合理的配慮の提供について，合意形成に向けた本人・保護者との建設的対話を丁寧に行い，組織的に対応するための校内体制を整備する．

(文部科学省．発達障害を含む障害のある幼児児童生徒に対する教育支援体制整備ガイドライン．2017.)

表2 校内委員会の役割

- 児童等の障害による学習上又は生活上の困難の状態及び教育的ニーズの把握．
- 教育上特別の支援を必要とする児童等に対する支援内容の検討(個別の教育支援計画等の作成・活用及び合理的配慮の提供を含む)．
- 教育上特別の支援を必要とする児童等の状態や支援内容の評価．
- 障害による困難やそれに対する支援内容に関する判断を，専門家チームに求めるかどうかの検討．
- 特別支援教育に関する校内研修計画の企画・立案．
- 教育上特別の支援を必要とする児童等を早期に発見するための仕組み作り．
- 必要に応じて，教育上特別の支援を必要とする児童等の具体的な支援内容を検討するためのケース会議を開催．
- その他，特別支援教育の体制整備に必要な役割．

(文部科学省．発達障害を含む障害のある幼児児童生徒に対する教育支援体制整備ガイドライン．2017.)

長，教頭，特別支援教育コーディネーター，教務主任，生徒指導主事，通級指導教室担当教員，特別支援学級教員，養護教諭，対象の幼児児童生徒の学級担任，学年主任，その他必要と思われる者とされている．特に特別支援学校においては地域の特別支援教育におけるセンター的な機能を担うことが期待されるため，それを可能とする体制づくりを進めることが求められている．

校内委員会の役割

　ガイドラインに示されている具体的な役割については表2の通りである(文部科学省，2017)．**校内委員会は「チーム学校」を支えるシステムの要となるもの**である．教師や保護者の気づきを足がかりとした実態把握(障害のあるなしに関わる判断を教員が行うわけではない)に始まり，ケース会議や個別の教育支援計画・指導計画を活用し，指導の目標や課題の設定，対応，今後の方針といった支援のあり方の検討，評価，校内外の資源との連携といった具体的な支援へと進んでいく．

　校内委員会やケース会議の場で，在籍している児童等の状態や課題，その他

文部科学省．発達障害を含む障害のある幼児児童生徒に対する教育支援体制整備ガイドライン．2017.

　知り得た情報(他の教員や保護者からの情報)などを全体で共有し，児童等への理解や対応を学内で共通のものとするとともに，各参加者が自身の専門性やこれまでの経験などから，児童等の見立てや対応について意見を出し合い，よりよい支援を考えていくこととなる．状況の見立てや支援方針に迷うケースの場合は，外部の専門家(教育委員会の専門家チームや巡回相談，児童等の担当医など)から意見を聞くこともできる．

　ケース会議などで見立てや対応について意見を出し合い，また実際に行った個別の配慮や指導の評価を行うことによって，教員の児童一人ひとりを見る目が深まり，早期の気づきや支援の力量形成の場として校内委員会が機能していくことも期待される．しかも，行動面や生活面，学習面でさまざまなつまずきのある子どもについて，教師一人ではなく，関係者のチームによる話し合いによって必要な支援・対応を決めていくことで，その場限りの対応ではなく，<mark>学校として一貫性のある対応を取っていくことを可能とし，また担当する教師の負担感を減らしていくこともできる</mark>．

　下記の図1に支援に至るまでの一般的な手順の図を示したが(文部科学省，2004)，校内委員会は対象児童等の実態把握，対応策の検討，さらには巡回相

文部科学省．小・中学校におけるLD(学習障害)，ADHD(注意欠陥／多動性障害)，高機能自閉症の児童生徒への教育支援体制の整備のためのガイドライン(試案)．2004．

図1　支援に至るまでの一般的な手順

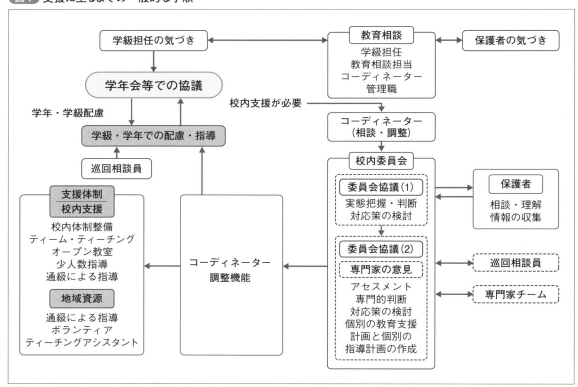

〔文部科学省．小・中学校におけるLD（学習障害），ADHD（注意欠陥／多動性障害），高機能自閉症の児童生徒への教育支援体制の整備のためのガイドライン（試案）．2004．〕

図2 巡回相談員と専門家チームとの連携

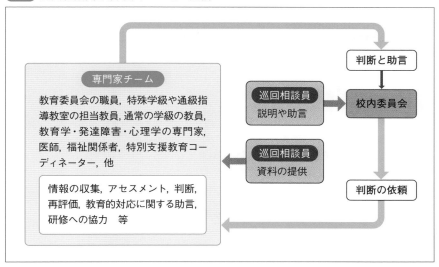

〔文部科学省．小・中学校におけるLD（学習障害），ADHD（注意欠陥／多動性障害），高機能自閉症の児童生徒への教育支援体制の整備のためのガイドライン（試案）．2004．〕

談員や専門家チームと連携をしながら，「個別の教育支援計画」や「個別の指導計画」の作成を担当することが予定されており，学校としての支援方針を決め，支援体制を構築する一翼を担うことが期待されている．

③ 実態把握と校外のリソースの活用

専門家チーム，巡回相談員

　都道府県や指定都市などの教育委員会は，各学校において専門家による指導・助言などの相談支援が受けられるよう，巡回相談員の配置，専門家チームの設置および特別支援学校のセンター的機能の充実に必要な措置を行うこととなっている．「専門家チーム」は，教育委員会の職員，特別支援学校（盲・聾・養護学校）の教員，心理学の専門家，理学療法士，作業療法士，言語聴覚士，医師などで構成され，児童等の障害による困難の内容についての判断や，対応方針についての専門的意見を示すことを目的として，教育委員会に設置されている．

　「巡回相談員」は各学校を訪問し，児童一人ひとりのニーズを把握し，教員に対して支援内容や方法などに関する助言を行うとともに，支援の実施や評価についても学校に協力することを目的として，教育委員会によって委嘱される専門知識をもった者のことを指す．学校は校内委員会を中心に専門家チームなどと図2のような有機的な連携を行いながら，その助言や支援をもとに，個別の指導計画の作成をし，具体的な指導や支援を進めていくこととなる（文部科学

文部科学省．小・中学校におけるLD（学習障害），ADHD（注意欠陥／多動性障害），高機能自閉症の児童生徒への教育支援体制の整備のためのガイドライン（試案）．2004．

表3　専門家チームと巡回相談員の役割

専門家チーム	❶ 障害による困難に関する判断 ❷ 児童等への望ましい教育的対応についての専門的意見の提示 ❸ 校内における教育支援体制についての指導・助言 ❹ 保護者，本人への説明 ❺ 校内研修への支援　等
巡回相談員	❶ 対象となる児童等や学校の教育的ニーズの把握と支援内容・方法に関する助言 ❷ 校内における教育支援体制づくりへの助言 ❸ 個別の教育支援計画等の作成への協力 ❹ 専門家チームと学校の連携の補助 ❺ 校内での実態把握の実施に関する助言　等

（文部科学省．発達障害を含む障害のある幼児児童生徒に対する教育支援体制整備ガイドライン．2017.）

文部科学省．発達障害を含む障害のある幼児児童生徒に対する教育支援体制整備ガイドライン．2017.

省，2004）．

　専門家チームや巡回相談員については，ガイドラインにおいてその役割などが示されている（表3）（文部科学省，2017）．

外部機関との連携

　児童等のなかには，これまでに何らかの診断を受けていたり，療育センターに通所したりしたことのある者もいる．その場合には，保護者の協力のもと，対象の機関と連携を取ることは非常に有効である．これまでにどのような支援を受けてきたのか，その子の特性に合わせて学校ではどのような対応をしていくべきなのかなどについて，外部の諸機関と連携し，情報を得ることは校内での支援を考えていくうえで重要であり，また，学校のような集団場面での様子を伝えることも，病院での診断や服薬の判断，療育センターでの課題の設定や支援方針の決定などにおいて有益となる場合も多い．

　さらに，教育上特別な支援が必要となる背景に虐待や養育環境の問題があるなど，家庭へのサポートが必要な場合については，児童家庭支援センターや児

童相談所との連携が必要となる．いずれの場合もその子にとってどうするのが一番よいのかを第一優先に考え，連携していくこととなる．

特別支援教育支援員などの活用

小・中学校に在籍する発達障害を含む障害のある子どもたちを適切に支援するにあたって，教師のマンパワーだけでは十分な支援体制の構築が困難な場合が想定される．そのため，食事や排泄などの日常生活動作の介助や，学習のサポート，健康・安全の確保，学校行事の支援，周囲への障害や困難さに対する理解の促進を行う目的で特別支援教育支援員が配置されている．

特別支援学級や通級による指導の対象者が増加していることや，通常の学級に在籍する発達障害のある児童生徒への教育的対応がますます求められていること，児童生徒の障害の状態が多様化してきていることからも，教育委員会のもつ人的リソースを活用し，教室内での支援の充実を図っていくことも重要となる．

 ## 特別支援教育コーディネーター

特別支援教育コーディネーターとは

特別支援教育コーディネーターとは，各学校における特別支援教育の推進のため，主に，校内委員会・校内研修の企画・運営，関係機関・学校との連絡・調整，保護者の相談窓口などの役割を担う者をいう．校内委員会が「チーム学校」のシステムの中心だとすれば，特別支援教育コーディネーターは実務面において，児童等の支援に関わる多様なリソース同士をつなぐキーパーソン的存在といえる．

特別支援教育コーディネーターは，校内委員会の推進役として校内支援体制が組織的に機能していくために中心的な役割を担うが，活動にあたっては，担任への支援や保護者からの相談など校内の特別支援教育に関する事柄をすべて一人で抱え込むといったやり方ではなく，校内外のリソースを活かすことが重要であり，その他の校務分掌や委員会などとも連携し，それぞれに役割分担をしていくことが重要である．

指名にあたっての配慮事項

特別支援教育コーディネーターの指名は校長が行い，校務分掌のなかに明確に位置づけることが求められている．また校長は，合理的配慮を実施していくにあたって，児童等・保護者と学校間での合意の形成，その提供・評価・引継ぎなどの一連の過程において，特別支援教育コーディネーターが重要な役割を担うことを理解し，学校内の教職員への理解を促すと同時に，特別支援教育コーディネーターが校内組織のなかで有機的に機能できるようサポートをするこ

表4	特別支援教育コーディネーターの職務

1	学校内の関係者や関係機関との連絡・調整

（1）学校内の関係者との連絡・調整
（2）ケース会議の開催
（3）個別の教育支援計画及び個別の指導計画の作成
（4）外部の関係機関との連絡・調整
（5）保護者に対する相談窓口

2	各学級担任への指導

（1）各学級担任からの相談状況の整理
（2）各学級担任とともに行う児童等理解と学校内での教育支援体制の検討
（3）進級時の相談・協力

3	巡回相談員や専門家チームとの連携

（1）巡回相談員との連携
（2）専門家チームとの連携

4	校内の児童等の実態把握と情報収集の推進

（文部科学省. 発達障害を含む障害のある幼児児童生徒に対する教育支援体制整備ガイドライン. 2017.）

とが求められている．特別支援教育コーディネーターの職務は多岐にわたり，「チーム学校」の考え方のもと，担任のみならず他の教職員の協力が得られなければその職務を遂行していくことは非常に難しい．そのため，校長が強いリーダーシップのもと，特別支援教育コーディネーターをバックアップしていくか否かは，その活動に大きく影響することとなる．

　指名にあたっては，校内の実情に合わせて適切な者を指名することとなるが，特別支援教育コーディネーターには，特別支援教育に関する理解，教育上特別なニーズをもつ児童等のアセスメントや支援方法に関する知識やスキルに加え，校内外の関係者を活用できる調整力，教育相談に関わる知識やスキルなど，職務に必要なさまざまな資質をもっていることが求められる．そのため，うまく機能させていくためには適切な人材を選ぶことがまず重要であり，同時に十分な活動ができるよう，時間の確保などが課題となる．「特別支援教育を推進するための制度の在り方について（答申）」（平成17年）（文部科学省，2005）では，「研修等を通じて人材養成を推進しつつ，可能な限りコーディネーターとしての公務に専念できる必要な配慮が行われるようにすることや，いじめや不登校等に対応する小・中学校の生徒指導体制の整備と関連付けた活用も含め，一層効果的・効率的運用を促す」ことが求められている．

特別支援教育コーディネーターの職務

　通常の小・中学校の特別支援教育コーディネーターの職務について表4に示した（文部科学省，2017）．このように特別支援教育コーディネーターの職務は非常に多岐にわたる．**支援の提供にあたって診断は必要なく，その対象は「特**

特別支援学校においては，特別支援教育コーディネーターの機能強化，人材育成，円滑な引き継ぎなどを考慮し，複数名の指名することも考えられる．

文部科学省中央教育審議会.
特別支援教育を推進するための制度の在り方について
(答申). 2005.

文部科学省. 発達障害を含む障害のある幼児児童生徒に対する教育支援体制整備ガイドライン. 2017.

別な支援を必要とする幼児児童生徒」と非常に裾野が広い．学習や生活面での支援が必要となる児童等の背景要因は障害だけではなく，いじめなど友人関係の問題，虐待や貧困，親の疾病や離婚などの家庭の問題が隠れている場合もある．支援の必要性に関しては，障害の有無ではなく児童等の困り感を基準に判断されるべきであり，特別支援教育の理念にてらせば，こういったケースも特別支援教育の枠組みのなかで支援が行われていくことが期待されている．

　また，校内での遅刻の多発や離席行動，暴力・暴言のような教員から目につきやすい行動・情緒面での不安定さがある場合と違い，たとえばADHD（注意欠陥・多動性障害）であっても，不注意や集中の苦手さといった特性が強く，静かにボーッとして過ごすことが多いためあまり目立たないタイプの児童の場合のように，教員からは見えにくいものの特別な支援を必要としている児童等も存在する．こういった児童等の見落しを防ぐためにも，担任一人の目だけではなく学校全体での実態把握や，支援に関する情報の確実な引き継ぎ，個別の教育支援計画を活用した前在籍校（幼・保含む）との連携による情報の把握など，特別支援教育コーディネーターに期待される役割は大きい．

>> 保護者との連携

① 保護者への対応のあり方

保護者への関わりにあたっての基本姿勢

　児童等の支援を行っていくにあたって，保護者との連携・協力は必要不可欠である．「教育支援体制整備ガイドライン」（平成29年）（文部科学省，2017）では，「通常の学級の担任は，保護者が児童等の教育に対する第一義的に責任を有する者であることを意識し，保護者と協働して，支援を行います」と明記されている．こういった考え方のなかで，「協働支援者」としての保護者の立ち位置のみがクローズアップされ，相談に応じてくれない，協力してくれない，学校の状況などを理解してくれないといった保護者への不満が学校の側から聞かれることも多い．もちろん保護者と学校が協働して支援にあたることは教育的な効果の高まりにつながり，好ましいことには違いないが，実際に保護者が学校の期待する役割を担うことができるかどうかは，保護者の養育能力やさまざまな要因によって，難しい場合もあるということを忘れてはいけない．障害がある児童等を育てている保護者は，障害がある児童等とともに，時に支援される側の立場でもある．目の前にいる保護者の話を丁寧に聞きながら，保護者の置かれている状況を理解し，どんなストレスを抱えているのか，どんな思いでわが子と向き合っているのかを知ることによって，

文部科学省．発達障害を含む障害のある幼児児童生徒に対する教育支援体制整備ガイドライン．2017.

🔑 協働支援者

日々子どもに向き合っている保護者に対してリスペクトする姿勢が高まるとともに，必要以上に保護者に求めてしまうことは少なくなるだろう．

保護者の心理や置かれている状況を理解する

障害のある子どもをもつ家族は，貧困率，離婚率（シングルマザー率），母親の抑うつ状態の割合が，健常児を育てている家族よりも高いことがさまざまな研究からわかってきている．

また，発達障害のある児童等の保護者は，わが子が周りの子どもたちに迷惑をかけているのではないかと不安を感じたり，周囲の無理解から「しつけがなっていない」といった批判の目を受けることによって，学校や習い事などでの保護者同士の付き合いや隣近所のコミュニティから孤立していることも多い．

こういった状況を鑑み，「発達障害者支援法」では，第13条で「都道府県及び市町村は，発達障害者の家族その他の関係者が適切な対応をすることができるようにすること等のため，児童相談所等関係機関と連携を図りつつ，発達障害者の家族その他の関係者に対し，相談，情報の提供及び助言，発達障害者の家族が互いに支え合うための活動の支援その他の支援を適切に行うよう努めなければならない」と家族への支援の必要性を明記している．

また，「発達障害者支援法の施行について（通知）」（平成17年）（厚生労働省，2005）では，家族支援にあたっては，「特に，家族の障害受容，発達支援の方法などについては，相談及び助言など，十分配慮された支援を行うこと．また，家族に対する支援に際しては，父母のみならず兄弟姉妹，祖父母等の支援も重要であることに配慮すること」と記され，両親のみならず，兄弟姉妹，祖父母などに対する支援の重要性が指摘されている．

さらに，保護者自身にも発達障害などの傾向がある場合もあり，人との関わりや言葉での説明が苦手な人もいる．うまく答えられないことが繰り返されると，話すこと自体が嫌になり，教員との関わりを避けるようになってしまうことにもつながるため，答えやすい形での質問や伝え方の工夫が必要となる．

厚生労働省，発達障害者支援法の施行について（通知），2005.

図3 保護者との協力体制

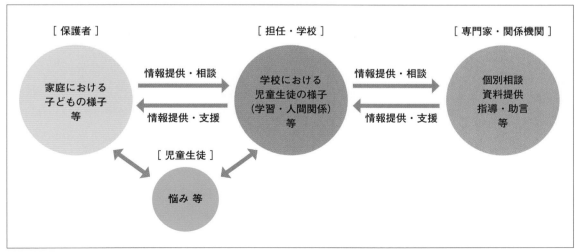

〔文部科学省．小・中学校におけるLD（学習障害），ADHD（注意欠陥／多動性障害），高機能自閉症の児童生徒への
教育支援体制の整備のためのガイドライン（試案）．2004.〕

② 保護者との協働

保護者との信頼関係の構築

　「教育支援体制整備ガイドライン」（平成29年）（文部科学省，2017）では，「保護者との信頼関係の構築にあたって，学級に教育上特別の支援を必要とする児童等がいることに気付いた場合，保護者との情報共有を行うことが重要」であると書かれている．このときのポイントとして，たとえ気づきをもとにコミュニケーションを開始するにしても，何か問題が起こってから初めて保護者と面談するのではなく，普段から定期的なコミュニケーションを図っておくことが重要である．問題の指摘を中心としたコミュニケーションは，保護者からすると非難されているという感覚をもちやすく，トラブルに発展してしまうケースも少なくない．まずは，保護者と教員との信頼関係を築くことが大切となる．

実態把握と個別の教育支援計画などの策定

　普段からの保護者とのコミュニケーションを図ることで，家庭での児童等の状況を把握することができ，それが学校での問題解決に役立つ情報となることも多い．また，保護者が子育てを通して感じた，または本人から学校での話を聞くなかで把握している，その児童等の学習面，行動面，対人関係などについての困り感を直接確認することができる．

　同時に，児童等の示す困り感の背景をアセスメントし，特別な教育的支援の手立てを考えていくにあたっては，家庭の状況，生育歴，医療機関の受診歴，就学前の様子や前在籍校での状況など，関連情報についても保護者の同意を得

文部科学省．発達障害を含む障害のある幼児児童生徒に対する教育支援体制整備ガイドライン．2017.

保護者と教員の間では，家庭と学校の環境や活動の違いから，児童等を捉える視点のズレが生じやすい．教員が感じていることと保護者が感じていることは，必ずしも一致しないということを前提に，丁寧な説明を行う必要がある．

て収集する必要がある．学校は得られた情報をもとに，保護者と協働しながら個別の教育支援計画や，個別の指導計画の策定を行う．この際には保護者に対し，必要に応じて聞き取った情報を校内・校外の関係者にも提供し，助言や支援の提供を受ける場合があることなど，個人情報の取り扱いについて丁寧に説明し同意を得る必要がある．また，学級の担任と保護者だけで情報の共有を行っても，課題の解決へ向けた支援内容が見つけにくい場合には，特別支援教育コーディネーターをはじめとする校内の他の教職員や校外の専門家などにも相談し，保護者と共にケース会議を開催することも考えられる．

　保護者との連携・支援には，さまざまな配慮や工夫が必要な場合もある．しかしながら，自分自身のなかでも子どもに対する葛藤を抱え，社会から孤立してしまっている保護者にとって，**最も安心を感じられる支援は，担任や特別支援教育コーディネーターを中心に学校全体で自分の子どもが当たり前に受け入れられ，支えられていることを実感できること**である．保護者も含めた「チーム学校」としての一貫した支援の取り組みを推進していくことは，慢性的な悲哀による苦痛や悲しみの感情を味わっている保護者にとって，社会への安心感を醸成し，支えとなる有効な支援策のひとつだということができる．

◉ 引用文献
- 文部科学省初等中等教育局長「特別支援教育の推進について（通知）」〔2007（平成19）年〕．
- 文部科学省「発達障害を含む障害のある幼児児童生徒に対する教育支援体制整備ガイドライン」〔2017（平成29）年〕．
- 文部科学省「小・中学校におけるLD（学習障害），ADHD（注意欠陥／多動性障害），高機能自閉症の児童生徒への教育支援体制の整備のためのガイドライン（試案）」〔2004（平成16）年〕．
- 文部科学省中央教育審議会「特別支援教育を推進するための制度の在り方について（答申）」〔2005（平成17）年〕．
- 厚生労働省「発達障害者支援法の施行について（通知）」〔2005（平成17）年〕．

◉ 参考文献
- 文部科学省初等中等教育局特別支援教育課．パンフレット「『特別支援教育支援員』を活用するために」〔2007（平成19）年〕．
- 文部科学省「通常の学級に在籍する発達障害の可能性のある特別な教育的支援を必要とする児童生徒に関する調査結果について」〔2012（平成24）年〕．
- 文部科学省中央教育審議会「共生社会の形成に向けたインクルーシブ教育システム構築のための特別支援教育の推進（報告）」〔2012（平成24）年〕．
- 文部科学省中央教育審議会「チームとしての学校の在り方と今後の改善方策について（答申）」〔2015（平成27）年〕．
- 柘植雅義『特別支援教育の新たな展開―続・学習者の多様なニーズと教育政策』勁草書房．2008．
- 相澤雅文，清水貞夫ら『特別支援教育コーディネーター必携ハンドブック』クリエイツかもがわ．2011．
- Drotar D, Baskiewicz A, et al. The adaptation of parents to the birth of an infant with a congenital malformation:a hypothetical model Pediatrics. 1975：56（5）．710-7.

おわりに

　この書籍で学ぶ皆さんのなかには，特別支援教育の教員免許状と同時に，中学校や高等学校の各教科の免許状の取得もめざしている人が多いのではないのでしょうか．

　そこで，本書の最後に学校教育全般の視点から，次の3つのことを考えていただけたらと思います．

　まず，「涵養（かんよう）」ということばについてです．

　日頃は見かけないことばですが，学習指導要領にときどき出てきます．たとえば『特別支援学校小学部・中学部学習指導要領』（平成29年4月告示）では，第1章総則第2節の「道徳教育や体験活動，多様な表現や鑑賞の活動等を通して，豊かな心や創造性の涵養を目指した教育の充実に努めること」と「学びに向かう力，人間性等を涵養すること」の2か所で使われています．

　ふつうに育成と言えばいいような気もしますが，考えてみると味わい深いことばです．「涵す」と書いて「ひたす」と読みます．つまり「涵養」とは，「植物を水にひたして徐々に育てるように，長い時間をかけて養い育てる」という意味です．

　学習指導要領は，道徳教育や人間性などについて，長い時間がかかるぞと言っていますが，その他の点についても子どもは教員が思うようにはなりません．

　皆さんが教員になれば，子どもや保護者にとって，良く言えば何でも相談できて信頼できる存在，悪く言えば強い権力をもった怖い存在になります．しかし，常に「かけがえのない大切な子どもを預からせていただいている」という気持ちを忘れないでください．周りから見て困った子ども，勉強や運動が苦手な子どもも大切にして，根気強く工夫しながら成長を助けてください．

　次に，キャリア教育についてです．

　文部科学省の定義では，キャリア教育は「一人一人の社会的・職業的自立に向けて必要な基盤となる資質・能力を育み，キャリア発達を促す」教育などとされています．「キャリア発達」というのは，ここでは「自分らしい生き方の実現」という意味です．

　そして，2017年と2018年に改訂された小・中・高・特別支援学校のいずれの学習指導要領にも「特別活動を要（かなめ）としつつ各教科等の特質に応じて，キャリア教育の充実を図ること」と示されました．具体的には小・中・高等学校における特別活動の学級活動(3)・ホームルーム活動(3)の内容が「一人一人のキャリア形成と自己実現」になり，特別支援学校でもこれに準じた指導を行います．

また，2020 年度からはどの学校も「キャリア・パスポート」をキャリア教育に活用することになりました．特別支援学校や特別支援学級では，児童生徒の個々の障害の状態等に応じた「キャリア・パスポート」を作成したり，個別の教育支援計画や個別の指導計画等を活用したりしてキャリア教育を進めます．

　学級活動・ホームルーム活動やキャリア・パスポートについて，基本的な考え方や指導内容を確認しておく必要があります．

　最後に，学習指導要領についてです．

　学習指導要領はわかりにくい，というイメージがあるかもしれませんが，確かにそのとおりです．私は，公立中学校の教員として 20 年間務めましたが，正直なところ学習指導要領をほとんど読んだことがありませんでした．日々の仕事に追われていたこと，教科書が学習指導要領に沿って作成されており教科指導に困らなかったこと，そして，読んでも意味がよくわからなかったことなどの理由からです．それでもなんとか教員としてやっていけたような気がしていましたが，今思えば反省すべき指導も多く，当時の生徒や保護者の方々に申し訳なく思っています．

　特別支援学校の教育課程は，小学校，中学校，高等学校の教育課程に準じます．小・中・高等学校の学習指導要領を障害の状態等に応じて弾力的に運用します．学習指導要領について学ぶべきことは多いのですが，基本的な考え方を理解することが最も大切です．多くのことが書かれていますが，まず，大きな枠組みを学んでください．あとは教員として働いているうちに少しずつ理解できます．仕事を通じて理解できた知識は必ず役に立ちます．

　さて，2017 年と 2018 年に改訂された学習指導要領の大きな枠組みが「社会に開かれた教育課程」という考え方です．学習指導要領にはじめて「前文」が加えられ，そのなかで次のように記されています．

　　教育課程を通して，これからの時代に求められる教育を実現していくためには，①よりよい学校教育を通してよりよい社会を創るという理念を学校と社会とが共有し，②それぞれの学校において，必要な学習内容をどのように学び，どのような資質・能力を身に付けられるようにするのかを教育課程において明確にしながら，③社会との連携及び協働によりその実現を図っていくという，社会に開かれた教育課程の実現が重要となる．

（前文は「小・中・高・特別支援学校学習指導要領」とも同じ．丸数字は筆者が加えた．）

　注目すべきは，②の「それぞれの学校において，必要な学習内容をどのように学び，どのような資質・能力を身に付けられるようにするのかを教育課程において明確にしながら」です．

これからは，一つひとつの教育活動についてその意義や方法を明確に示すことが求められます．大変なことですが，避けて通ることはできません．

　すぐに答えが見つかることではありませんが，学習指導要領の各教科等で，各教科等の「見方・考え方」を働かせながら，①②③の資質・能力を育てるという3つの目標が設定されたこと，3つの目標は，「学力の三要素」からつながる「資質・能力の三つの柱」を各教科等の特質にあわせて設定したものだということ，これらの学習指導要領の基本的な考え方や枠組みを，教員になる前にできるだけ学んでおくことが，皆さんのこれからの教育活動の大きな助けになると思います．

日本体育大学体育学部教授

三好 仁司

索引

中山書店の出版物に関する情報は，小社サポートページを御覧ください．
https://www.nakayamashoten.jp/support.html

本書へのご意見をお聞かせください．
https://www.nakayamashoten.jp/questionnaire.html

特別支援教育

2021 年 6 月10日　初版　第 1 刷発行
2024 年 4 月10日　　　　第 2 刷発行

監修 ── 松浪健四郎　藤田主一　三好仁司

編集 ── 齋藤雅英　宇部弘子　市川優一郎
　　　　長沼俊夫　舟橋　厚　村井敬太郎

発行者 ── 平田　直

発行所 ── 株式会社 中山書店
　　　　　〒112-0006　東京都文京区小日向 4-2-6
　　　　　TEL 03-3813-1100（代表）
　　　　　https://www.nakayamashoten.jp/

本文デザイン ── ビーコム

装　丁 ── ビーコム

イラスト ── 小倉靖弘

印刷・製本 ── 三報社印刷株式会社

Published by Nakayama Shoten Co., Ltd.　　　　　　Printed in Japan
ISBN　978-4-521-74890-0
落丁・乱丁の場合はお取り替え致します